일상의 경영학

한 끗 차이를 만드는
일상의 놀라운 발견

이우창 지음

책세상

차례

PART 02 일상의 경영학, 철학을 만나다

PART 03 | 일상의 경영학, 문학을 만나다

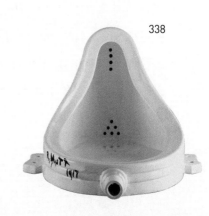

저자서문

"돈 몇 푼 더 버는 데 도움 받아보겠다고 이 강의장에 온 것이라면 잘못 찾아왔습니다. 인문학은 그런 걸 가르치는 학문이 아닙니다."

인문학 열풍이 뜨겁던 시절, 꽤나 유명하다는 강사 한 분이 따끔하게 꼬집었다. 맞는 말이다. 인문학은 돈벌이를 위한 학문이 아니다. 문학과 철학, 그리고 역사를 통해 인간은 어떤 존재인가에 대한 성찰을 얻게 해주고, 그러한 깨달음을 통해 자신과 세상을 보는 시야를 폭넓게 해주는 학문이다. '어떻게 하면 매출을 조금 더 높일 수 있을까?' '부하 직원을 좀 더 잘 다룰 수 있을까?' 하는 질문에 답을 주지 않는다. 이런 사실을 부정하고 싶은 생각은 눈곱만큼도 없다.

하지만 입장을 바꿔보자. 내려오는 눈꺼풀을 밀어 올리며 강사의 얘기를 한마디라도 건져보겠다고 앉아 있는 청중은 도대체 그 자리를 왜 지키고 있는 것일까? 중년을 넘긴 나이에 뒤늦게나마 자신을 돌아보고 인간에 대한 깊이 있는 성찰을 해보겠다고 그 자리를 지키고 있는 것만은 아닐 것이다. 학창 시절에 배운 지식만으로는 조직을 이끌고 성과를 내는 데 한계를 느끼기 때문에 '인문학에서라도 뭔가 얻어갈 게 있지 않을까?' 하는 절박한 심정에 강사의 구박에도 그 자리를 지키고 있는 것은 아닐까? 강의로 돈을 버는 강사의 입장에서는 청중이 고객일 텐데, 이왕이면 현업에서 써먹을 수 있도록 좀 쉽고 재미있게 풀어주면 안 될까 싶었다.

MBC 라디오 〈손에 잡히는 경제〉에서 이진우 기자와 함께 '10분 경영학'이라는 코너를 1년 넘게 진행했다. 조직의 리더들을 염두에 두고 경영 노하우를 10분 동안 설명하는 코너였다. 딱딱한 경영 이론을 쉽게 푸는 작업이 쉽지 않았다. '어떻게 하면 복잡하고 어려운 이론을 쉽게 풀어낼 수 있을까? 사례로 설명하면 좋을까? 진행자에게 퀴즈를 내볼까?' 이런저런 고민을 하다 보면 일주일이 어떻게 지나가는지 모를 정도였다.

하지만 라디오 프로를 진행하면서 정말 어려웠던 점은 따로 있었다. 청취자를 동네에서 자영업하는 분들에게 맞춰달라는 방송국의 요구였다. '경영 이론이라는 것이 대기업은 아닐지라도 최소한 어느 정도 규모를 갖춘 회사에서나 통용되는 것이지, 동네에서 식당하시는 분들에게 해당 사항이 있겠어? 경영학을 잘 모르는 방송국 작가가 너무 무리한 요구를 하네' 싶었다. 그런데 그 순간 머릿속을 퍼뜩 스치고 지나가는 생각이 있었으니 '혹시 내가 그동안 흉봐왔던 인문학 강사와 같은 생각을 하고 있는 것은 아닐까?' 하는 것이었다.

  다소 거친 표현인 것은 인정하지만, 결국 경영이란 사람들을 잘 조직해서 돈을 버는 과정이 아닌가? 그렇다면 대기업이나 동네 빵집이나 본질은 다를 것이 없다. 돈을 버는 기술과 사람들이 열심히 일하게 만드는 방법은 큰 회사나 자영업자에게나 똑같이 적용할 수 있는 것이다. 이처럼 경영을 '회사'라는 틀 밖으로 옮겨놓고 바라보면 일상이 경영이 아닌 것이 없다. 도박장에서 던져지는 주사위나 여행을 하다 우연히 마주치는 사람들의 모습, 페이스북에 글을 올리는 사람들의 심리나 심지어 벽에 노상 방뇨하는 사람들의 행동에서도 경영은 모습을 감추고 있다. 똑같은 현상을 보더라도 그 '모습'을 보는 사람은 고민의 실마리를 찾아내지만 그렇지 못한 사람은 문제조차 파악하지 못한다. 어떤 사람은 하나의 장면에서 수많은 내용을 읽어내지만 어떤 이는 많은 의미가 담겨 있는 모습에서 아무것도 읽어내지 못한다. 그 차이는 어디에서 비롯될까? 바로 관점이다.
  결국 중요한 것은 관점이다. 어떤 관점으로 보느냐에 따라 해석하는 방식이 달라지고 다다르는 결과도 달라진다. 관점을 바꾸면 보이지 않던 것들이 보이기 시작한다. 경영에 대한 사람들의 생각을 바꾸고 싶었다. 경영 노하우라는 것이 대단한 그 무엇이 아니라 우리가 살아가는 매일의 일상을 더 잘 꾸려가기 위한 실질적인 지식이라는 점을 알리고 싶었다. 그래서 〈10분 경영학〉에서는 항상 일상의 작은 에피소드에서 시작해 조직을 이끄는 경영 노하우로 연결되게끔 이야기를 풀어갔다.

이 책 《일상의 경영학》을 쓰면서는 욕심을 조금 더 내봤다. 일상의 작은 관찰에서 경영의 노하우로 연결되는 과정에 인문학적 통찰을 가미한 것이다. 인문학이라고 하니 거창해 보이지만 사실 그리 대단할 것도 없다. 평소 즐겨 읽던 문학 작품이나 역사 및 철학책들, 그리고 좋아하는 예술 작품들에서 받은 인사이트를 적용해본 것이다. 그랬더니 신기하게도 의미가 서로 통하는 것을 확인할 수 있었다.

특별한 의미 부여 없이 지내는 하루하루의 일상이나, 대단해 보이는 인문학적 통찰이나, 실체적인 경영 지식이나 모두 연결되어 있는 것이다. 그러니 세상을 보는 관점을 조금 바꾸면 매일의 일상에서나 인문학 책을 읽으면서도 실질적인 성취를 가능하게 해주는 지식을 습득할 수 있는 것이다. 이 책은 그런 새로운 관점들을 제시한다. 책을 읽는 독자들은 일상의 작은 에피소드에서 실질적인 성과를 만들어가는 여러 새로운 관점들을 만나게 될 것이다. 그렇게 습득한 새로운 관점이 개인적인 성취를 넘어서 조직을 이끄는 리더로서의 성공으로 이어질 수 있으면 바랄 나위가 없겠다.

일 년을 넘게 붙잡고 있던 책을 마무리하면서 가족에 대한 고마움을 빠뜨릴 수 없다. 아마 본인은 모르고 있겠지만 딸 정민은 내가 이 책에서 사용한 여러 에피소드를 떠올릴 수 있도록 해주었다. 이 책에 대한 아내 보윤의 논평은 단순한 비판을 뛰어넘어 내용 자체를 만들어내는 데 중요한 역할을 했다. 아내의 도움이 없었더라면 이 원고를 마무리하지 못했을 것이다. 사랑하는 딸과 아내에게 지면을 빌려서 고마운 마음을 전한다.

2015년 6월
저자 이우창

일상의 경영학,
역사를 만나다

-

조선 왕의 사망 원인 1위는 과로사
개인과 조직의 상생을 위한 선택

○● 조선의 왕 스물일곱 명의 사망 원인을 조사해보았다. 요즘과는 달리 종기로 인해 세상을 뜨신 왕들이 압도적으로 많았다. 당뇨, 중풍, 심장병 이 그 뒤를 잇는다. 자살로 생을 마감하기도 했고, 거식증으로 굶어 죽기 도 했으며, 심지어 문둥병으로 의심되는 피부병을 앓기도 했다. 보통 사람 들보다는 좀 우아한 질병에 시달렸을 줄 알았는데, 현실은 그렇지 않았다. 오히려 "왕 노릇하기 힘들었겠다"는 말이 나올 지경이었다.

조선 왕들의 평균 수명은 47세에 불과했다. 한창 일할 나이에 세상을 뜬 셈이다. 왕들을 죽음으로 이끈 질병을 좀 더 자세히 들여다보자. 태조와 선조를 괴롭힌 중풍, 그리고 세종, 성종, 효종이 앓은 소갈(오늘날의 당뇨) 이 나 명종과 순종을 사망으로 몰고 간 심장병은 모두 성인병이다. 문종, 효종, 정조, 순조의 사인인 종기 역시 크게 다를 바가 없다. 한의학에서 말하는 종기의 원인은 '습'과 '열'이다. 습열을 만드는 중요한 요인은 정신적 스트레스다. 결국 과로와 스트레스에 시달리느라 운동할 시간조차 내기 어려운 삶을 살다 갔다는 의미다. 왕들이 누구인가? 자기 마음대로 하고 싶은 일만 하면 되는 최고 권력자 아닌가. 꼼짝없이 직장에 매여 지내느라 운동도 제대로 못하고 끼니도 제때 챙겨먹지 못하는 현대인이나 걸릴 법한 질병을, 왜 임금들이 앓아야만 했을까? 도대체 조선 왕들에게 무슨 일이 있었던 것일까?[1] ○ ●

왕이 되기 위한 통과의례, 국상

대부분의 조선 왕은 선왕의 승하와 동시에 왕이 되었다. 그래서 자연히 국왕은 국상으로 정사를 시작했고, 이 때문에 건강을 해치는 경우가 많았다. 고대 주나라의 예법을 충실하게 복원한 조선시대의 상례는 가히 살인적이었다. 국상을 당하는 경우, 상주가 된 왕은 삼년상을 치러야 하는 것은 물론이고, 고기는커녕 곡류 섭취까지 엄격하게 제한되었다. 뿐만 아니라 상중에 입는 복식도 엄청났다. 겨우 사극에 몇 시간 출연하는 연기자들도 촬영이 끝나면 몸살이 날 지경인데, 삼년상을 치른 조선의 왕은 오죽했겠는가? 체력 소모가 극심했을 것은 불문가지다.

세종은 조선의 상례로 인한 첫 번째 희생자였을지도 모른다. 《조

| 그림 | 조선 마지막 황제 순종의 장례식

선왕조실록朝鮮王朝實錄》을 근거로 세종의 건강을 살펴보자. 세자 시절, 세종의 건강에는 특별한 문제가 없었다. 그런데 재위 4년이 되자 '허손'이라는 병에 걸려 여러 달 고생했다는 기록이 나온다. 병세가 중해 온갖 약을 썼지만 효험이 없었다는 기록도 보인다. 허손은 피로가 극심해 생기는 병이다. 22세에 왕위에 오른 세종이니 재위 4년 차면 26세밖에 안 되는 나이다. 뿐만 아니라, 즉위 7년이 되던 29세에는 관을 짜서 죽음을 준비해야 할 만큼 심각한 병에 걸린다. 한창 나이인 20대에 피곤해서 죽을 지경까지 갔다는 것은 무슨 의미일까? 세종 집권 초반에 무슨 일이 있었는지 알아보면 답이 금방 나온다.

세종이 즉위하던 해, 동생인 성녕대군이 세상을 떠났다. 1년이 지나자 큰아버지인 정종이 돌아가셨고, 2년 차엔 어머니 원경왕후가,

4년 차엔 아버지 태종이 숨을 거뒀다. 줄초상도 이런 줄초상이 없다. 상주 노릇을 해본 사람은 삼일장을 치르는 것도 얼마나 어려운 일인지 잘 안다. 하물며 삼년상을 연속으로 치러야 한다면? 그것도 불편한 복식을 갖추고 식사도 제대로 못하면서 말이다. 아무리 혈기 왕성한 나이라지만 견디기 쉬운 일은 아니었을 것이다.[2]

조선 왕의 하루

상사가 끝났다고 다가 아니다. 조선 왕의 일과는 스트레스의 연속이었다. 왕은 아침 해가 뜨기 전인 새벽 4~5시면 일어나야 했다. 일어나 가장 먼저 하는 일은 의관을 차려 입고 궁궐의 웃어른들께 인사를 드리는 일이었다. 효는 조선사회를 유지하는 근본 질서였다. 왕이라고 해서 예외가 될 수는 없었다. 아침 식사를 마치면 해 뜰 무렵부터 공식 일정인 경연을 시작한다. 경연은 임금과 신하가 함께 유교 경전을 공부하는 것이다. 경연이 끝나면 각종 국정 현안을 논의하는 정치 토론의 자리가 이어졌을 것이다.

아침 경연이 끝나면 조회를 한다. 각 행정부서 별로 돌아가면서 올리는 업무 보고를 받고 지시를 내리는 자리다. 조회를 마치면 주요 대신들과의 협의와 각종 회의, 그리고 신하들과의 접견이 기다리고 있다. 어느덧 오전 시간이 다 간다. 점심 식사를 간단히 마치고 나면 오후 업무가 시작된다. 오후엔 주로 지방에서 올라온 신하들의 보고를 받는다. 외국의 사절 등도 만난다. 오후 네 시가 되면 궁궐을 지키는 군사들과 야간 숙직자들에게 암구호를 정해준다.

저녁 식사 후엔 다시 대비전에 문안 인사를 드린다. 그런데 저녁 문안은 간단한 인사만 드리는 것이 아니다. 그날 있었던 이야기를 하다 보니 자연스럽게 정치가 중심이 될 수밖에 없다. 정치적 이해관계가 다른 경우엔 반드시 화기애애한 분위기만은 아니었을 것이다. 이것으로 끝이 아니다. 전국에서 올라온 상소문을 읽어야 한다. 다음날 경연을 위한 독서도 빼놓을 수 없다. 그러다 보면 자정이 다 되어야 잠자리에 들 수 있었을 것이다. 과로에 시달리는 오늘날의 직장인 못지않다. 왕인데도 말이다.

휴가는 있었을까? 요즘에는 휴가가 법으로 보장되어 있지만 조선 왕들에겐 공식적인 휴가도 없었다. 명절에 며칠 쉬거나 고위 관리가 죽었을 때 위로 차 며칠 쉬는 것이 고작이었다. 이렇듯 격무에 시달리던 왕들은 각종 질병으로 고생하다가 대개는 이른 나이에 세상을 떴으니 조선의 국왕으로 태어난 것을 꼭 행운이라고 볼 수도 없을 듯하다.[3]

조직과 개인 모두 상생하기 위해서는 권한을 나눠야

조선 왕들의 일생을 살피다 보니 문득 정도전이 떠올랐다. 그는 신하들이 국가의 주요 현안을 결정해야 한다는 주장을 펴다가 왕권의 약화를 우려한 태종 이방원의 손에 죽었다. 권력이 신하들에게 나눠져야 하는지, 왕에게 집중되어야 하는지는 쉽게 판단할 수 있는 문제가 아니다. 하지만 왕들의 건강 측면에서만 보더라도 자신의 권한 중 일부라도 신하들에게 위임했더라면 어땠을까? 아쉬움이 든다. 그렇게 했다면 평균 수명이 몇 년은 올라가지 않았을까?

왕들이 권한을 나누지 못한 이유는 권력이 약해질 것이 두려웠기 때문이다. 이런 심리는 현대의 리더라고 해서 다를 것이 없다. 중요한 업무를 부하에게 할당하고, 결정에 대한 책임을 위임하며, 업무 수행에서의 범위와 판단의 자율성을 증대시키고 관리자의 승인 없이 행동할 수 있는 권한을 부여하는 조직 관리 방법을 권한위임이라고 한다.

최근 들어 권한위임의 중요성은 더욱 강조되고 있다. 2012년 IBM이 64개국 1,700명의 경영진을 대상으로 한 연구는 탁월한 기업 성과를 위한 3대 필수 요소 중 하나로 부하 직원들에 대한 권한위임을 제시하고 있을 정도다. 하지만 조직 내 권한위임 수준을 살펴보면 아직은 미미한 수준이다.[4]

권한위임이 안 되는 이유는 여러 가지가 있다. 권한을 받을 부하 직원의 역량이 부족하다든지 자유재량이 부족하기 때문일 수도 있고, 동료 간의 경쟁이 과도하거나 관료적인 분위기 때문일 수도 있다. 하지만 무엇보다 리더에게 그 원인이 있다. 권한위임을 하면 자신의 권한이 축소될 것을 우려한다든지, 불명확한 업무 처리로 인해 발생하는 갈등이 부담스러워 권한을 못 넘기는 경우가 대부분이다.

효과적인 권한위임

일단 첫째로 권한위임은 권한 분배가 아니라 권한 확장임을 명심해야 한다. 리더가 권한에 지나치게 집착하면 자신의 역량에만 의존하여 부하 직원의 역량 개발은 물론 조직의 성공에도 악영향을 끼치게 된다.

헨리 포드는 1903년 포드 자동차 회사를 설립했다. 그는 평범한 근로자가 자동차를 구입할 수 있어야만 자동차 산업이 발전할 수 있다고 믿었다. 당시 그는 이렇게 말했다. "나는 일반 대중을 위해 차를 만들겠다. 평범한 직장인이라도 비싸서 사지 못하는 일이 없도록 하겠다." 그리고 T-모델로 자신의 비전을 실현시켰다. 그것은 20세기 미국인의 삶을 혁명적으로 변화시켰다. 1914년까지 미국에서 만들어진 차의 절반가량은 포드사에서 생산한 것이었다.

아름다운 이야기는 딱 여기까지였다. 포드는 자신이 개발한 T-모델을 너무 아낀 나머지 직원들이 그것을 바꾸거나 개량할 수 있는 권한을 허락하지 않았다. 어느 날엔가 설계부서 직원들이 개량형 모델을 시험하는 것을 보자 심지어 문짝을 부숴버리기까지 했다. 거의 20년간 포드사에서는 포드가 개발한 T-모델 한 가지만 생산했다. 1927년이 되어서야 그는 마지못해 새로운 A-모델의 개발을 허용했으나 이미 경쟁 제품에 비해 한참이나 낙후된 기술이나 디자인을 따라잡기는 역부족이었다. 경쟁사보다 월등히 앞서 있던 포드사의 점유율은 1931년이 되자 전체 자동차 시장의 28퍼센트에 불과했다.[5]

다음으로 명심해야 할 것은 명확한 업무 가치를 정하고 이를 공유해야 한다는 점이다. 권한위임에서 갈등이 일어나는 이유는 합의되지 않은 원칙과 기준 때문이다. 리더는 권한과 업무를 위임하기 전에 부하 직원과 함께 업무 수행에서의 원칙과 기준이 되는 '업무 가치Work Value'를 명확하게 설정하고 이를 공유해야 한다.

듀폰은 1802년 설립된 이래 모든 업무 처리의 우선순위를 '안전'에 두고 있다. 사업 초창기 주요 제품은 화약이었는데, 안전사고라도 일어나는 날이면 수십 년 동안 쌓아온 자산을 한꺼번에 잃을 수 있기 때문이었다. 출장지에서 어떤 교통수단을 활용해서 어떻게 이동할 것인가를 결정할 때, 본사에 전화를 걸어 물어보지는 않는다. 그 정도의 소소한 권한은 말단 직원에게까지 전적으로 위임되어 있다. 비록 작은 권한이지만, 이런 경우에도 업무 가치는 공유되어야 한다. 다음과 같은 상황을 가정해보자. 듀폰의 직원 두 명이 출장 중 택시를 타고 이동해야 하는 상황이다. 안전을 중요한 가치로 삼는 회사니만큼 이동하는 경우, 안전벨트를 반드시 착용해야 한다. 하지만 출장지의 택시에는 승객을 위한 안전벨트가 앞 좌석에만 부착되어 있다. 이 경우 듀폰의 직원이라면 어떤 의사결정을 내려야 할까? 앞 좌석에 포개 앉을까? 아니면 한 사람이 운전대를 잡고 기사더러 잠시 뒷자리에서 편히 가시라고 해야 할까? 답은 분명하다. 택시를 2대 이용하면 된다. 그럼 비용이 2배로 든다. 그럼에도 불구하고 안전한 방법을 선택하라는 것이 바로 '안전'이라는 업무 가치가 의미하는 내용이다.

권한을 위임하기 전에는 먼저 업무 가치가 분명하게 공유되어야 한다. 그래야지만 갈등과 논란을 줄일 수 있고, 신속한 의사결정도 가능해진다. 일일이 상사에게 물어볼 필요가 없기 때문이다. 뿐만 아니다. 가치에 따른 일관된 행동으로 리더와 부하 직원 간에 신뢰를 높일 수도 있게 된다.

○● 권한위임은 한쪽이 권한을 받는 만큼 다른 한쪽은 권한을 잃어버리는 제로섬 게임이 아니다. 권한을 위임할수록 리더와 부하 직원 모두의 권한이 확장되는 윈-윈 게임이다. 권한위임을 통해 부하 직원이 더 많은 업무를 해내고 인정받게 되면, 결국 리더의 권한은 더욱 확대되기 때문이다. 이제 우리 조직에서도 성공적인 권한위임을 위한 준비를 하나씩 해나가 보자. ○●

퇴로를 불태워 아즈텍을 가진 사나이
선택지를 줄여 결정마비에서 벗어나기

○● 앞자리에 앉아 있는 아가씨가 마음에 든다. 그녀도 내가 싫은 것 같지는 않다. 정식으로 사귀자고 말해볼까도 싶지만 왠지 아쉽다. 중매업체에 100만 원이나 내고 가입한 뒤 만난 첫 번째 상대이기 때문이다. 더 아쉬운 것은 중매업체가 약속한 열 번의 소개팅이 아직 아홉 번이나 남아 있다는 사실이다. 그러니 한 번 만에 싱겁게 상대를 결정할 수는 없는 노릇이다.

상대방이 마음에 들어 계속 만나는 경우, 중매업체는 더 이상 새로운 사람을 소개해주지 않는다. 중매업체에는 데이트 사실을 알리지 않고 계속 다른 아가씨를 소개받기 서너 번. '업계 최고의 성혼률'이라는 광고가 거짓이 아니었는지 만나는 사람 모두 그럭저럭 괜찮다. '이렇게 쉬운 것을……. 왜 그동안 내 짝을 만나지 못했던 것일까?' 허탈할 정도다. 이제 새로운 사람은 그만 만나고, 지금 만나는 상대 중에서 선택을 해야겠다. 그런데 생각보다 쉽지가 않다. 외모가 빼어난 상대는 직업이 아쉽고, 집안이 좋은 아가씨는 성격이 안 맞는다. 미적거리며 시간만 끌다 보니 이제는 상대 역시 심드렁한 눈치다. 차라리 한 사람만 만났더라면 마음을 정하기가 훨씬 쉬웠을 텐데, 상대가 늘어나니 그중 한 사람을 고르기가 어려워진다. 대안이 많아지면 결정이 쉬워져야 하는데, 상황은 반대가 되어버렸다. 이런 고민을 하다 보니 '이런 상황이 조직을 이끄는 리더들에게도 그대로 적용되겠구나. 사람을 움직이려면 때로는 선택지를 줄일 필요도 있겠다'는 생각이 든다. ○ ●

에르난 코르테스, 500명으로 50만 명을 이기다

언젠가 《라이프LIFE》가 '지구상에 살다간 100명의 위인'을 뽑았는데, 에르난 코르테스Hernán Cortés라는 인물이 42위를 차지했다. 코르테스가 누구냐면 아즈텍 왕조를 멸망시켜 스페인 왕조에 멕시코를 헌납한 인물이다. 큰일을 해낸 인물이지만 젊은 시절만 놓고 보면 위인과는 거리가 멀었다. 짓궂고 싸움을 좋아한 것은 물론이고, 여자를 얼마나 좋아했는지 유부녀 집에서 도망치다가 다쳐 한동안 누워 있기도 했다. 사고만 치고 다니기가 미안했는지 이탈리아 전쟁에 참전하기로 결심하지만, 항구인 발렌시아에서 빈둥거리느라 1년을 허송

세월하기도 했다. 하지만 아메리카에서 보물을 가득 싣고 들어오는
배들은 그에게 깊은 인상을 준 듯하다. 결국 코르테스는 1504년 지
금의 도미니카 공화국인 산토도밍고 섬으로 떠난다. 그의 나이 19세
였다.

환경이 바뀐다고 사람까지 달라지는 것은 아니다. 코르테스가 산
토도밍고에서 가장 먼저 한 일은 매독에 걸린 것이었고, 그 때문에
남아메리카 원정대에 끼지 못했다. 1511년 병이 다 낫자 가까스로
디에고 벨라스케스 데 쿠에야르Diego Velázquez de Cuellar의 쿠바 원정에 이
름을 올릴 수 있었다. 점령이 끝난 후, 스페인 왕실은 벨라스케스를
쿠바 총독으로 임명했고 코르테스에게는 출납관 자리를 줬다. 하급
관리에 불과했지만 코르테스는 이 자리를 이용해서 자신의 입지를
굳혀나갔고, 그런 그에게 마침내 기회가 왔다.

벨라스케스가 그를 멕시코 원정의 지휘관으로 임명한 것이다. 멕시코 지역의 정보를 수집하고 금을 찾아 자금을 확보하는 것이 코르테스에게 부여된 임무였다. 선발대 역할을 하고 빠지라는 것이다. 야심이 큰 벨라스케스는 '멕시코 정복자'라는 타이틀을 다른 사람에게 넘길 생각이 없었다. 문제는 코르테스 역시 생각이 같았다는 점이다. 이를 눈치 챈 총독은 그를 해임하려 했고, 코르테스는 잘리기 직전에 11척의 배를 이끌고 몰래 항구를 빠져나왔다. 해명은 나중 일이었다.

1519년 3월, 코르테스는 멕시코의 동부 해안에 상륙했다. 그의 목적은 분명했다. 멕시코 지역을 다스리는 아즈텍 왕조를 멸망시키는 것이었다. 그들은 마을을 건립하고 아즈텍 왕조와 사이가 좋지 않은 부족들을 회유해서 동맹을 맺어나갔다. 문제가 있다면 벨라스케스가 심어놓은 첩자들이 코르테스가 하는 일마다 딴죽을 걸었다는 것이다. 첩자들은 코르테스의 부하들을 꼬드겼다. "500명 병력으로 50만 아즈텍 인들과 대적하는 게 말이 된다고 생각하나? 아즈텍인들이 얼마나 무서운 줄 알잖아? 포로의 살을 뜯어먹고 피부를 벗겨 옷을 만든다네. 우린 이미 지리적 정보도 얻었고 금도 충분히 확보했지 않은가? 이 척박한 땅에 머물러야 할 이유가 도대체 무엇이란 말인가?" 그러자 부하들은 앞으로 전진하려 들지 않았다.

배를 불태워 선택지를 줄이다

코르테스는 고민했다. '부하들이 머뭇거리는 이유는 뭘까?' 그 이유는 벨라스케스의 첩자나 무서운 아즈텍 전사들 때문도 아니었고

| 그림 | 코르테스의 아즈텍 정복

거칠고 삭막한 자연 환경 때문도 아니었다. 갈등하는 부하들의 마음이었다. 그들은 아즈텍과 싸우는 것 외에도 다른 대안이 많았다. 선발대 역할은 성공적으로 마무리됐겠다, 자기 몫의 금을 챙겨 쿠바로 돌아가도 문제될 것이 없었다. 아내가 기다리고 있는 고향으로 갈 수도 있었다. 벨라스케스의 군대로 복귀해서 정식 명령 체계를 따르는 것도 한 방법이었다. 이처럼 많은 대안을 가진 부하들을 어떻게 하면 아즈텍 정복이라는 하나의 목표에 집중하게 할 수 있을까?

코르테스는 조타수들에게 뇌물을 주어 11척 선박 모두를 불태워 버렸다. 그가 보기에 선박은 단순한 이동 수단이 아니었다. 안전한 쿠바, 떠날 수 있는 자유, 벨라스케스와의 연락 수단 등 숱한 가능성들의 총합이었다. 문제를 확인하고 나자 해결책은 간단했다. 선박을 없애 선택지를 줄이는 것이었다. 부하들이 갖고 있던 대안을 제거함으로써 그들이 아즈텍 정벌이라는 목표에 몰입하게 만들려는 의도였다.

다른 대안이 없어지자, 부하들의 관심은 아즈텍 정벌이라는 하나의 목표에 집중되었다. 불평불만, 이기심, 탐욕 따위는 모두 사라졌다. 그들은 무자비하게 싸웠고, 선박이 침몰한지 두 해가 지난 후 인디언 동맹의 도움을 받아 마침내 아즈텍 제국을 정복할 수 있었다.[6]

구체적인 행동 메시지로 결정 마비에서 벗어나야

여러 여성 중 한 명을 선택하지 못하는 청년이나, 여러 대안 중에서 하나에 집중하지 못하는 병사들의 심리를 '결정마비Decision Paralysis'라고 부른다. 선택지가 늘어날수록 오히려 의사결정이 더 어려워지는 현상을 일컫는 말이다. 선택지가 많아지면 가장 좋은 하나를 골라내기가 쉬워져야 하는데, 왜 이런 일이 벌어지는 것일까? 그것은 뇌의 작용과 관련되어 있다. 하나의 결정은 그냥 내려지는 것이 아니다. 그 결정을 위해서 우리 뇌는 여러 경우의 수를 고민하고 장단점을 따져야 한다. 선택권이 많아질수록 지칠 수밖에 없다. 과부하가 걸리는 것이다. 거칠게 표현하자면 선택지들이 뇌를 짓누른다고도 할 수 있다.[7]

이제 경영 분야로 넘어와서, 조직에 있는 결정마비의 원천들을 떠올려보자. 비즈니스 의사결정이란 결국 매력적인 대안들 가운데 하나를 선택하는 것이다. 매출을 올려야 할까, 수익성을 확보해야 할까, 품질에 완벽을 기하기 위해 납품 일자를 늦춰야 할까, 아니면 일단 시판부터 해야 할까? 이런저런 옵션들을 조합하면 결정마비를 위한 확실한 조리법이 나온다.[8]

이런 경우, 대부분의 리더들은 큰 그림만 제시하고 자신의 역할을 다했다고 여긴다. "나는 큰 방향성을 정해줄 뿐 세부 사항은 내 몫이 아니야" 하는 식이다. 물론 큰 그림은 중요하지만 그것만으로는 충분치 않다. '큰 그림 리더십'만으로는 부하 직원들의 행동 변화를 이끌어낼 수 없다. 행동을 바꾸는 데 있어 가장 결정적인 장애물, 즉 결정마비는 디테일한 세부 사항에서 오기 때문이다. 따라서 부하 직원의 행동 변화를 이끌어내려는 리더는 반드시 구체적인 행동 메시지까지 보여주어야 한다. 여러 대안으로 해석되는 모호한 '큰 그림'은 행동 변화를 가로막는 가장 큰 걸림돌이다.

이나모리 가즈오는 어떻게 일본 항공을 구했나?

일본항공 JAL은 2010년 2월 도산했다. 당시 부채는 우리나라 돈으로 약 21조원, 이미 자본금은 100퍼센트 잠식되어 주식은 휴지 조각에 불과했다. 그러고 나서 3년. JAL은 일본 증시에 재상장되며 완벽하게 부활에 성공했다. JAL을 다시 이륙시킨 원동력은 구원투수로 투입된 이나모리 가즈오 회장이었다. 교세라의 창립자인 이나모리 회장은 탁월한 경영 능력과 화려한 실적으로 일본에서는 '살아 있는 경영의 신'이라 불리기도 한다. 추락하고 있는 JAL을 다시 본 궤도에 올려놓을 적임자로 회장직을 요청받았을 때, 그는 80세를 눈앞에 둔 고령이었다. 은퇴를 몇 번이나 했을 시점에 새로운 도전을 수락한 그는 먼저 JAL의 문제점부터 살펴봤다.

JAL의 문제는 한두 가지가 아니었다. 매번 정부 지원에 기대어 경영 위기를 모면하려다 보니 근본적인 문제는 해결되지 않고, 사내 정치와 대정부 교섭을 중시하는 인물들이 회사의 요직을 차지하고 있었다. 임직원들의 기강 해이도 심각했다. 8개나 되는 노동조합이 저마다 자신들의 이익을 주장했고, 3억 원이 넘는 연봉을 받고 있는 조종사는 안전을 볼모로 더 좋은 처우를 요구하고 있었다. 정부 눈치를 보느라 이익이 나지 않는데도 끌어안고 있던 노선이나 비대한 조직 구조도 심각한 문제였다. 어디서부터 손을 대야 할지 몰라 우왕좌왕하고 있는 리더들에게 이나모리 회장은 구체적인 행동 메시지를 던졌다.

"거짓말을 하지 말자." "다른 사람의 마음을 속이지 말자." "먼저 기본 소양부터 다지자." 최고 경영자의 말이라기보다 도덕 교과서에나 있을 법한 얘기지만, 이나모리 회장은 이 메시지를 되풀이하면서 직원들의 의식 개혁에 힘썼다. 관료주의와 부정부패, 무관심한 관리에 익숙해져 있던 직원들은 기본적인 정신 무장부터 다시 하게 되었다. 시간이 흘러 직원들의 마음이 하나로 합쳐졌다는 확신이 들자 이나모리 회장은 새로운 지침을 주었다. "전 직원을 10명의 팀으로 재조직하라"는 것이었다. 작은 팀으로 조직이 재편성되니 월말마다 팀 별 성과를 측정할 수 있게 되었다. 평가가 명확해지자 남의 성과에 묻어

가려는 무임승차자가 없어졌다. 그 이후엔 비용 절감 캠페인을 펼쳤다. 조종사가 종이컵 대신 개인 컵을 가지고 다녔고 정비사는 기름때 묻은 장갑을 빨아서 다시 쓰는 등 전 직원이 실적 개선에 동참하면서 회사는 활력을 찾아갔다. 이 모든 것이 쌓여서 마침내 놀라운 회복을 이루게 된 것이다.

알코아를 살린 폴 오닐의 행동 메시지

1987년 6월 알루미늄을 제조하는 알코아에 폴 오닐Paul H. O'neil이 부임했다. 당시 알코아의 상황은 좋지 못했다. 밖으로는 품질 문제가 불거지고 있었고, 안으로는 굼뜬 직원들이 생산성을 갉아먹고 있었다. 이런 상황에서 최고 경영자 한 사람이 바뀌었다고 해서 회사가 환골탈태하지는 않는다. 전임 경영자 역시 "회사가 달라져야 한다"고 역설했지만 직원들은 파업으로 응수했을 뿐이었다.

그래서 오닐은 노동조합과 경영진 모두가 중요하다고 인정하는 사항부터 명확한 행동 메시지로 전달해야겠다고 생각했다. 오닐에게 모든 조직원을 하나로 묶을 수 있는 구심점은 순이익, 매출, 주가 같은 것이 아니었다. 그런 걸로는 명확한 행동 메시지를 줄 수 없었다. 오닐은 직원들의 부상으로 인한 노동 시간의 손실에 주목했다. 오닐은 근로자들을 만났다. "어떤 문제든 여러분들과 기꺼이 협상하겠습니다. 하지만 절대로 협상하지 않을 것이 있으니, 그것은 여러분들이 안전 수칙을 반드시 준수해야 한다는 것입니다." 노동조합이나 경영진이나 근로자의 안전 문제에 대해 반론을 제기할 수는 없었다. 당연한 얘기였기 때문이었다. 하지만 '회사에 산적해 있는 문제가 한두 가지가 아닌 상황에서 안전 수칙 준수가 제일 과제라니! 너무 한가한 것 아닌가' 하는 의심은 모두가 하고 있었다.

제조수율 향상, 신규 시장 개척, 비용 절감을 통한 수익성 제고 등 해결해야 할 과제가 산더미처럼 널려 있다는 점을 오닐이라고 모르는 바는 아니었다. 하지만 오닐은 그중 가장 영향력이 크고 쉽게 행동으로 옮길 수 있는 것 하나만 골라냈다.

안전 습관이 바뀌자 회사의 다른 부분들도 급속도로 달라지기 시작했다. 개별 노동자의 생산성 평가와 같이 노동조합이 수십 년 동안 반대했던 제도들도 하루아침에 수용되었다. 생산성 평가가 공정에서 어떤 점들이 안전하지 않은지 파악해서 그것을 개선하는 데 도움을 주었기 때문이다. 또한 생산 라인의 속도가 너무 빨라 속도를 못 따라가는 경우 생산자들이 라인을 멈출 수 있는 자율권을 부여하는 정책은 관리자들이 한사코 반대해왔던 것이지만, 이것은 사고를 미연에 방지할 수 있는 훌륭한 방법이었기 때문에 쉽게 받아들여졌다.

오닐은 노동자의 안전을 우선시한다고 알코아의 이익이 증가할 것이라고 단언하지는 않았다. 하지만 그가 제시한 구체적이고 분명한 행동 메시지가 조직원들의 행동을 바꿔놓자 비용이 자연스럽게 절감되었고 품질이 향상되었다. 따라서 생산성도 급격히 올라갔다. 1986년 오닐이 부임하던 당시 3만 5,000명 종업원을 고용한 29억 달러 가치의 회사였던 알코아는 2000년 말에 14만 명의 임직원을 거느린 299억 달러짜리 회사로 성장했다.[9] 따지고 보면 누구도 생각하지 못했던 비책이 있었던 것도 아니다. 이나모리 가즈오나 폴 오닐이 회사를 변화시킬 수 있었던 가장 큰 이유는 명확한 행동 메시지로 직원들의 결정마비를 방지했기 때문이다. 모호하고 애매한 '큰 그림' 대신 각 단계마다 요구되는 구체적인 행동 메시지를 부여함으로써 직원들이 쉽게 변화에 동참할 수 있게 만든 것이다.[10]

○● 조직이 나아갈 큰 방향을 제시하는 것이 리더의 역할이란 점에는 의심의 여지가 없다. 하지만 실질적인 변화를 가져오기 위해서는 큰 그림만으로는 부족하다. 큰 그림만 던져놓고 나 몰라라 하는 것은 반쪽짜리 리더이다. 부하 직원들이 결정마비에 빠져 우왕좌왕하지 않도록 구체적인 행동 메시지까지 주는 리더야말로 성과를 만들어내는 완전한 리더다. 이제 방향만 가리키며 서 있지 말고, 목적지까지 갈 수 있는 구체적인 로드맵을 제시하자. 진정한 리더십은 디테일에서 완성된다. ○●

타이타닉과 1:29:300의 법칙
재앙을 막으려면 작은 실수부터 차단하라

○● 평소 다니는 길에 자동차가 서 있다. 뒷문 유리창이 깨져 있다. 그런데 다음날에도 깨진 유리창이 그대로 방치되어 있다면 당신은 어떤 생각을 할까? '주인이 차에 대해 전혀 신경을 안 쓰는데……' 아니면 '혹시 누가 버린 차인가?' 이런 생각이 이어지다 보면 바지 주머니 속에 쑤셔 넣었던 휴지를 차 안에 버려도 괜찮을 것이라는 마음이 들지도 모른다. 그런 생각을 하는 사람이 비단 당신만은 아닐 것이다. 그렇다면 며칠 안에 그 자동차 주변은 온통 쓰레기장이 될 것이다. 심지어 자동차의 유리란 유리는 모두 깨져버릴지도 모른다.

이처럼 사소해 보이는 무질서라도 방치하게 되면 커다란 범죄로 전염될 수 있다는 이론을 '깨진 유리창 이론Broken Windows Theory'이라고 한다. 이 이론은 개인이나 기업은 물론 공공행정에도 적용된다. 커다란 사고는 운이 나쁘거나 우연히 일어나는 것으로 보이지만 그 이면에는 수많은 실수와 전조들, 즉 깨진 유리창들이 숨어 있다는 것이다. 그렇다면 별 것 아닌 것으로 보이는 유리창들을 고침으로써 큰 사고를 미리 예방할 수 있는 것은 아닐까? ○ ●

가라앉지 않는다던 배의 침몰

건조 당시 타이타닉의 별명은 '침몰하지 않는 배'였다. '격벽'이라 불리는 칸막이 때문이었다. 배가 침몰하는 이유는 내부로 물이 들어오기 때문이다. 물이 차니까 가라앉는 것이다. 배에 물이 들어오는 주된 이유는 다른 선박과 부딪히거나 암초에 걸리는 바람에 선체에 구멍이 나기 때문이다. 타이타닉은 당시로서는 획기적으로 16개의 방수 격벽을 설치했다. 달리 말하면, 배의 앞부터 뒤까지를 16개의 방수 칸막이로 나눠놓았다는 의미다. 만약 선박의 중간 부분에서 물이 새들어오기 시작하면 얼른 격벽을 닫아버리면 된다. 혹시 격벽 밖으로 물이 넘어가 2개 구역에 물이 차더라도 배는 가라앉지 않게끔 설계했다. 선수 쪽에는 좀 더 신경을 썼다. 다른 선박이나 빙산과 충돌하더라도 선수부 4개 구역 이상 물이 들어오지 않는 한 배는 침몰하지 않는다. 격벽은 제어실에서 원격으로 쉽게 열고 닫을 수 있다. 그러니 타이타닉을 보유한 화이트스타라인 선사에서 이 배를 '가라

| 그림 | 타이타닉이 건조될 당시의 모습(1909~1911년)

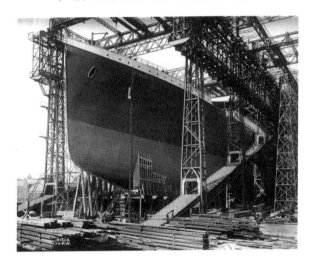

앉지 않는 배'라고 선전한 것도 거짓말은 아니었던 셈이다. 그 배가 결국 가라앉았다는 것만 제외하고는 말이다.

1912년 4월 14일 밤 11시 40분, 북해에는 안개가 무겁게 내려앉아 있었다. 당직을 서던 선원의 눈에 뭔가 희뿌연 것이 나타났다. 높이가 20미터가 넘는 빙산이었다. 거리는 불과 500미터에 불과했다. 그는 급히 무전을 쳤으며 선장은 곧바로 선수를 최대한 꺾고, 만일의 사태를 대비해 보일러실의 방수 격벽을 닫으라고 지시했다. 조타수는 지시에 따라 왼쪽으로 최대한 키를 돌렸고, 기관실에서도 배의 속도를 늦추기 위해 엔진 출력을 낮추었다. 하지만 타이타닉은 250미터가 넘는 거대 선박이다. 자동차 좌회전하듯 금방 방향을 바꿀 수는 없었다. 회전에 필요한 거리가 확보되어야 하는데, 빙산이 너무 가까

일상의 경영학

있다. 결국 선수 오른편이 빙산을 비스듬히 긁고 지나갔다. 충돌 이후 항해사는 배를 더 꺾어 빙산으로부터 벗어나는 한편, 방수 격벽 폐쇄 스위치를 작동시켰다. 타이타닉은 더 이상 움직이지 않았다.

조타실에서는 빙산으로 인한 피해가 그리 크지 않을 것이라 예상했지만, 빙산이 할퀴고 간 상처는 생각보다 컸다. 배 오른쪽이 90미터 넘게 찢어졌고, 그 틈으로 엄청난 해수가 쏟아져 들어왔다. 차라리 정면으로 충돌하는 편이 나을 뻔했다. 그랬다면 설령 물이 들어온다 해도 격벽 덕분에 4개 구획 이상 물이 들지는 않았을 것이고, 그 정도 침수는 견딜 수 있었을 것이다. 하지만 빙산이 찢고 지나간 길이가 4개 구획을 넘으면서, 배가 버틸 수 있는 한계를 벗어나버렸다. 무거워진 뱃머리는 서서히 앞으로 기울었고, 시간이 흐르자 해수면 아래로 점점 들어가기 시작했다.

|그림| 타이타닉 설계도(1912년)

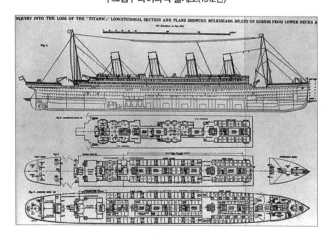

1:29:300의 법칙

미국의 보험회사에 다니고 있던 허버트 하인리히Herbert W. Heinrich는 업무상 많은 통계를 다루고 있었다. 요즘 빅데이터를 분석하듯, 그는 회사에 있는 7만 5,000건의 사고 자료를 대규모 사고, 작은 사고, 경미한 실수로 구분해보았다. 그리고 그 비율이 1:29:300이라는 사실을 밝혀냈다. 숫자가 가진 의미를 풀어보면, 한 번의 큰 사고가 발생했다면 그 전에 같은 원인으로 발생한 작은 사고가 29번 있었고, 사고로까지는 이어지지 않은 사소한 실수가 300번이나 있었다는 것이다. 즉, 심각한 사고나 재앙은 갑자기 우연한 계기에 의해 터지는 것이 아니라 눈에 보이는 사소한 실수와 작은 사고들이 반복되는 상황 속에서 발생한다는 뜻이다. 그러므로 깨진 유리창이 보이는 즉시 잘만 대처하면 큰 사고를 미리 예방할 수 있다고 하인리히는 주장했다.

깨진 유리창의 관점에서 타이타닉을 살펴보자. 타이타닉은 지어질 때부터 문제가 많았다. '첨단 공학기술의 결정체'라는 찬사를 받았지만, 사실 설계 단계부터 문제가 있었다. 선체에 흘러 들어온 해수가 다른 구역으로 흘러가지 못하도록 막아주는 격벽은 두 종류가 있어야 제 기능을 다 할 수 있다. 하나는 선수부터 선미까지를 구획하는 횡격벽이고, 다른 하나는 배의 왼쪽부터 오른쪽을 격자로 나누는 종격벽이다. 하지만 설계자인 토머스 앤드류Thomas Andrew는 종격벽을 만들지 않았다. 종격벽이 있었다면 우현에서 물이 들어와도 배의 중앙부까지 물이 넘어오지는 않았을 것이다. 호화 여객선에 어울리는 계단을 많이 만드느라 공간이 부족해져 방수 갑판도 만들지 않았다. 귀하신 승객들이 불편해할까 봐 문턱도 낮췄다. 문제는 그뿐만 아니라 운영 방식에도 있었다. 영국 사우샘프턴 항을 출발하여 프랑스와 아일랜드를 경유해야 했기 때문에 시간이 많이 지체되었는데, 이를 보충하고자 기준 속도보다 빠른 시속 22노트로 과속을 해야 했다. 이런 요인들은 300의 경미한 실수라고 할 수 있다.

뉴욕까지 가는 4월의 북해 항로에는 북극에서 빙하가 많이 떠내려 온다. 앞서 간 선박들로부터 조심하라는 경고를 숱하게 받았지만, 선장은 이러한 경고들을 무시했다. 도착 시간을 맞춰야 한다는 압박이 심했기 때문이다. 심지어 타이타닉의 통신사는 빙하 경고를 보내온 인근의 선박에게 "듣기 싫으니 그만 좀 해"라고 말하기도 했다. 야간에 빙하 충돌의 위험이 있을 때에는 보통 다섯 명의 인원을 배치하여 해상을 감시하도록 해야 하는데, 이런 규정도 지키지 않았다. 이런 요인들은 29의 작은 사고라고 할 수 있다. 이러한 경미한 실수와 소규모 사고에 대한 무시가 결국 1,492명 승객이 목숨을 잃는 대형 사고로 이어졌다.[11]

이처럼 제때 교체하지 않은 깨진 유리창 하나가 거대한 사고의 원인이 된다는 깨진 유리창 이론은 재난이나 사고뿐만 아니라 기업 경영에서도 그대로 적용된다. 극단적으로 말하면, 깨진 유리창 한 장 때문에 거대한 기업이 큰 곤욕을 치르기도 한다. '설마 그 정도까지야' 싶겠지만, 그런 일은 얼마든지 가능하고, 실제로 일어나기도 한다.

깨진 유리창이 거대한 재앙으로 이어진 사례

1994년 여름 새로 출시한 펜티엄칩이 잘못된 연산을 수행할 수도 있다는 지적이 인텔에 접수되었다. 미국 린치버그대학의 한 수학과 교수가 펜티엄칩을 탑재한 PC에서 고난도의 수학 연산을 수행해봤더니 가끔씩 오류가 발생하더라고 알려온 것이다. 회사의 명운을 걸고 출시한 칩에서 잘못된 연산이라니? 화들짝 놀란 인텔의 연구진들도 다시 한 번 칩을 면밀히 검토해보았다. 문제가 없지는 않았다. 약 90억 번 연산 중 한 번 꼴로 소수점 열 몇 번째 자리에서 오류가 생기는 것이었다. 90억 번 중에 한 번이라! 이 정도면 '경미한 실수'라고 할 수도 없는 것이 아닌가? 인텔은 더 이상 신경 쓰고 싶지 않았다. 하지만 인텔칩이 들어 있는 컴퓨터는 전 세계 사람들이 쓰고 있다. 굳이 더하기, 빼기를 해야만 연산이 아니다. 지금 쓰고 있는 워드 프로그램이나 윈도우 운영 체계도 내부적으로는 쉴 틈 없이 계속 연산을 하고 있다. 칩 자체가 오류를 범할 확률은 매우 낮았지만, 전 세계에서 사용하다 보니 하루가 멀다 하고 오류 신고가 올라왔다. 뒤늦게 사태의 심각성을 깨달은 인텔은 오류가 지적된 지 6개월 후인 1994년 12월에서야 비로소 불량 칩을 교환해주기 시작했다. 하지만 이미 인텔에 대한 소비자들의 반감과 불신은 커질 대로 커져버린 상황이었다.

2000년 6월 25일 일본 유키지루시雪印 유업의 저지방 우유를 먹은 어린이가 식중독을 일으켰다는 보고가 들어왔다. '작은 실수'급의 사고다. 식중독 증상을 겪고 있는 또 다른 고객이 있지 않은지 살펴보고, 원인이 무엇인지 서둘러 조사했어야 했지만 유키지루시의 경영진은 계속 모르쇠로 일관했고, 사건을 축소하기에만 급급했다. 그렇게 아무 조치 없이 1주일이 지났고, 식중독 피해자는 폭발적으로 증가했다. 오사카 전역에서 약 1만 5,000명의 피해자가 발생하는 전대미문의 집단 식중독 사태가 발생한 것이다.

원인은 역시 '경미한 실수'였다. 2000년 3월 31일 오사카 공장의 생산 설비에 문제가 발생해 3시간 동안 정전이 되었다. 이때 공장 내에 있던 탈지분유가 20도 이상의 온도에서 40분 동안 방치되었는데, 원칙적으로는 전량 폐기해야 했지만 살균 장치로 포도상구균을 소독하면 안전하다고 생각했던 것이다. 이로 인해 마트와 소매점에서는 유키지루시 제품을 더 이상 공급받지 않았고, 소비자들은 불매 운동을 일으켰다. 주가는 21퍼센트나 폭락했고, 사태에 책임을 지고 사장이 사임하는 등 회사는 오랜 기간 심한 후유증을 겪어야만 했다.

베어링스 은행의 경우, 깨진 유리창 같은 존재인 직원 한 명 때문에 회사가 망하기까지 했다. 1763년 설립된 이 은행은 프랑스의 소설가 쥘 베른Jules Verne의 소설《80일간의 세계 일주Around the World in 80 Days》에도 등장했을 정도로, 역사와 전통을 자랑하는 은행이었다. 그런 은행이 20대 행원 한 명을 제대로 관리하지 못해 무너졌고, ING 보험에 단돈 1달러에 넘어가게 되었다.

싱가포르 지점의 닉 리슨Nick Leeson은 선물 거래를 통해 높은 수익을 올리고 있었다. 본사는 그의 능력을 과신했고, 꼼꼼히 챙겨야 할 업무 보고 체계를 허술하게 관리했다. '경미한 실수'였다. 베어링스 은

행은 선물 거래에 따르는 일시적인 거래 손실을 관리하는 에러 계좌를 운영하고 있었는데, 리슨은 몰래 자신만의 에러 계좌를 만들었다. 에러 계좌는 월말에 한 번씩만 결산하므로 한 달 동안의 손실을 얼마든지 감출 수 있었다. 실수를 감출 수 있는 비밀 계좌를 가진 리슨의 실적은 언제나 흑자였다. 리슨은 가장 유능한 딜러로 인정받았고 승진도 했다. 유리창에는 커다란 구멍이 생겼지만, 회사는 아무런 조치도 취하지 않았다. 결국 리슨의 손실액은 무려 8억 6,000만 파운드에 이르게 되었다. 은행 자본금의 1.2배에 해당하는 금액이었다. 230년을 이어오던 은행은 그렇게 파산하고 말았다. 유리창의 깨진 틈이 점점 깊어지고 있었지만 은행은 이를 제대로 관리하지 않았고, 결국 엄청난 재앙으로 이어졌던 것이다.[12]

o● 깨진 유리창 이론이 주는 시사점은 커다란 성공이나 실패 모두 대수롭지 않고 사소한 것들이 쌓여 결정되는 것이지 어느 날 갑자기 생겨나는 것이 아니라는 사실이다. 전체를 이루는 부분들은 서로 독립적인 것처럼 보이지만 사실은 부분들끼리 서로 밀접하게 엮여 있으며 전체에도 심대한 영향을 끼친다. 따라서 조직을 이끄는 리더라면 굵직굵직한 큰 틀을 챙기는 것 못지않게 사소한 디테일도 놓쳐서는 안 된다. 조직의 흥망을 가르는 엄청난 결과도 결국은 사소한 실수 하나에서 비롯되기 때문이다. o●

케네디 정부의 쿠바 침공 실패 사건
집단사고의 맹점 극복하기

○● 직장 동료들과 점심 메뉴를 고르다 당신의 주장을 철회한 적이 있는 가? 또는 아무런 의견을 내지 않고 다른 사람들의 제안에 무조건 고개를 끄덕였던 적은? 분명 한 번쯤은 있는 경험일 것이다. 방해자가 되고 싶지 않기 때문이다. 물론 다른 이유도 있을 수 있다. 자신이 선택한 메뉴에 확신이 없을 수도 있고, 진심으로 다른 사람의 선택이 마음에 들어서 그럴 수도 있다. 어쨌든 여러 이유로 우리는 많은 사람들이 동의하는 의견을 거스르려고 하지 않는다. 나와 생각이 달라도 침묵을 지키는 경우가 많다. 설령 마음에 없는 음식을 먹게 되더라도 말이다.

점심 메뉴를 고르는 사소한 의사결정뿐만 아니라 중요한 회의 자리에서도 마찬가지다. 모두가 그런 식으로 행동하면 결국 목소리 큰 사람의 주장이 집단 전체의 생각이 되어버린다. 똑똑한 사람들이 모인 집단에서조차 황당할 정도로 어리석은 의사결정을 내리는 경우가 있는데, 그 이유는 각각의 사람들이 집단 전체의 생각을 정당화하는 쪽으로 (설령 그것이 잘못되었다고 느낄지라도) 자신의 생각을 맞추기 때문이다. 그래서 혼자라면 절대 하지 않았을 결정을 내리게 되는 것이다. ○ ●

미국의 쿠바 침공 계획

케네디 대통령은 자신이 취임하기 전인 아이젠하워 정부 시절에 CIA가 입안해놓은 계획을 보고받는다. 그것은 쿠바 난민들을 훈련시켜 그들의 조국을 공격하게 하자는 내용이었다. 당시 쿠바는 무력 혁명을 통해 권력을 잡은 피델 카스트로Fidel Castro가 집권하고 있었다. 케네디는 이 계획이 마음에 들지 않았다. 하지만 경험이 많고 노회한 아이젠하워에 비해 믿음직스럽지 못한 애송이라는 자신의 이미지를 떨쳐버리기 위해서는 뭔가 확실한 정치적 업적이 필요했다. 결국 그는 쿠바에 침공군이 상륙하면 쿠바 국내 반체제인사들의 열렬한 호응이 있을 거라는 CIA의 호언장담만 믿고 작전을 승인했다. 대통령이 된 지 4달밖에 안 되었을 때 일이다.

CIA는 아이젠하워 대통령의 승인을 받아 과테말라에 훈련장을 세우고, 난민 '혁명가'들에게 게릴라전 요령 등을 가르쳤다. 당시 미국 내 반-카스트로 쿠바 난민을 이끌었던 지도자는 호세 미로 카도나

| 그림 | 1960년 5월, 혁명에 성공한 카스트로(맨 왼쪽)와
체 게바라(가운데) 등이 기념 행진을 하고 있다.

Jose Miro Cardona였는데, 만일 공격이 성공한다면 그가 카스트로 정부를 인계받기로 되어 있었다. 철저한 비밀 유지를 약속했지만 조국 해방이라는 부푼 희망은 몇몇 사람들 마음속에만 있기에는 너무 컸다. 얼마 지나지 않아 미국 내 쿠바 난민들 중에 이 계획을 모르는 사람이 없을 정도였다. 이 와중에 이 정보를 몰랐다면 쿠바 정보국도 문제가 이만저만한 조직이 아니었을 터였다. 다행히 그 정도는 아니었는지 카스트로 역시 과테말라에 난민 훈련소가 운영되고 있다는 사실을 1960년 10월에 이미 알고 있었다. 쿠바는 전 병력을 동원해 해안선을 철통같이 감시했다.

엉성한 공격

1961년 4월 15일 8대의 폭격기가 니카라과를 이륙해 쿠바 공군 기지를 공습할 때부터 계획은 삐걱거렸다. CIA는 쿠바 비행기처럼 보이기 위해 2차대전 때 쓰이던 낡은 비행기를 꺼내 페인트칠을 했다. 꾀는 좋았지만 낡은 비행기는 목표를 정확히 잡아내지 못했고, 쿠바 공군력의 대부분은 파괴되지 않고 남아 있을 수 있었다. 또한 계획했던 2차 폭격도 이뤄지지 않았는데, 그 이유는 이미 한 번 폭격한 공격기가 바로 보급하고 다시 출격하면 후원자가 있다는 사실이 알려질까봐 두려웠기 때문이었다. '눈 가리고 아웅'도 이만한 것이 없다. 더욱 난감한 것은 침공 뉴스가 터지자마자 어설프게 페인트칠을 한 미국 공군기들의 사진이 쿠바 신문에 대문짝만하게 실린 것이다. 그 바람에 미국이 이 침공을 지원하고 있다는 사실이 만천하에 드러나고 말았다. 결국 미국은 두 번째 공습을 취소할 수밖에 없었다.

카스트로는 전면전을 선포하고 군대는 물론 민간인까지 총동원령을 내리는 한편, 만약의 사태에 대비해 반정부 인사로 지목된 10만여 명을 구금했다. 미국의 계획대로라면 피그만 침공과 더불어 반정부 인사들의 폭동이 일어날 수 있었지만 카스트로의 신속한 행동으로 이를 사전에 차단할 수 있었다. 2,506여단이라고 이름까지 지은 쿠바 망명군은 이런 사실을 꿈에도 모른 채 피그만에 상륙했고, 기다리던 쿠바군의 어마어마한 반격을 받았다. 쿠바 공군은 호위함 2척을 침몰시켰을 뿐만 아니라 망명 부대의 공중 지원도 반 넘게 파괴해버렸다. 게다가 날씨까지 망명군 편이 아니었는지, 물기를 머금은 탄약이 제대로 작동하지 않은 경우가 허다했다.

상황이 점점 꼬여가자, 케네디 대통령은 4월 19일 새벽 '공군 우산' 작전을 승인했다. 이는 미군 표식을 감춘 6대의 전투기가 출격해서 쿠바 여단의 B-26 폭격기들을 도와주겠다는 것이었다. 하지만 B-26 폭격기가 1시간이나 늦게 도착하는 바람에 작전이 무산되고 말았는데, 그 이유가 쿠바와 니카라과의 1시간 시차를 염두에 두지 않았기 때문이라니 웃어야 할지 울어야 할지 모를 일이다. 비행기는 쿠바에 의해 모두 격추되었고, 침공군은 그날 늦게 완전히 격퇴되었다. 몇몇 망명군은 해안가로 탈출하는 데 성공했지만, 대부분은 사살되거나 붙잡혀 쿠바 감옥에 갇혔다.

어처구니없는 작전이 허가된 이유

피그만 사건에서 놀라운 점은 그 공격이 실패로 끝났다는 사실이 아니라 어떻게 그런 어처구니없는 계획을 승인하고 끝까지 실행했는가 하는 점이다. 이 공격을 기획한 사람들이 갖고 있던 정보는 모두 엉터리였다. 그들은 쿠바 공군력을 과소평가했을뿐더러 1,400명의 망명군이 위급한 경우에는 쿠바 중부의 에스캄브리아 산악 지대에 숨어 게릴라전을 수행할 수 있을 것이라고 계산했다. 쿠바 지도를 한 번이라도 봤다면 그 도주 장소는 상륙지인 피그만에서 무려 150킬로미터나 떨어져 있으며, 그 사이에는 날지 않고서는 건널 수 없는 늪지대가 놓여 있다는 것이 훤히 보였을 것이다. 결국 상륙 부대는 늪지대에 갇혀 꼼짝 못하는 사태가 벌어지고 말았다. 케네디 행정부의 멤버들은 미국에서 가장 똑똑하고 지적인 남자들이었다. 그들에게 도대체 무슨 일이 일어났던 것일까?

나중에 밝혀진 바에 따르면, 쿠바 침공 여부를 결정하기 위한 회의에서 이상한 현상이 나타났다고 한다. 국무장관, 국방장관, 법무장관 및 하버드대학의 교수 출신의 자문위원 등이 참석한 회의 초반에는 침공 계획에 반대하는 움직임이 분명 존재했다. 그러나 회의를 소집한 CIA 담당자 몇몇이 침공의 당위성을 강하게 밀어붙이며 분위기를 잡아나가자, 지성과 소신으로 둘째가라면 서러워할 사람들이 점차 이러한 분위기에 빠져들었다. 일단 상황이 그런 식으로 흘러가자 반대 의견을 가진 사람들은 입을 다물기 시작했고, 결국 계획은 통과되었다. 그것도 만장일치로 말이다.

반대 의견을 가진 사람들이 그 자리에 있었음에도 그들은 자신의 주장을 분명하게 밝히지 못했다. 왜 그랬을까? 심리학자 어빙 재니스Irving Janis는 '집단사고Group Think'라는 개념을 제시했다. 그는 집단사고를 '응집력이 강한 집단의 구성원들이 어떤 판단을 내려야 하는 경우 만장일치를 이루려고 하는 경향'이라고 정의했다. 다른 말로 하면, '만장일치에 대한 환상'이다. '만약 다른 모든 사람이 같은 의견이고 나만 생각이 다르면 내 의견이 분명히 틀렸을 것'이라고 생각하는 것이다. 그런 상황에서는 누구도 훼방꾼이 되려 하지 않는다. 그리고 사람들은 그 집단에 속해 있는 것을 기뻐한다. 집단의 생각과 내 생각이 일치한다는 확신을 갖지 못하면, 그것은 집단에서 제외되는 것을 의미하기 때문이다. 하지만 그러한 확신의 결과는 어처구니없는 재앙이다.

소수 의견을 존중하는 문화

집단사고가 초래한 재앙은 이루 헤아릴 수 없이 많다. 미국에 '쿠바'가 있었다면 한국에는 '삼풍백화점'이 있다. 1995년 발생한 삼풍백화점 붕괴 사고는 국내에서 집단사고가 초래한 최악의 참사 중 하나일 것이다. 특히 붕괴 직전 백화점 간부회의를 살펴보면 집단사고의 악영향이 고스란히 드러난다. 삼풍백화점 간부들은 대부분 회장과 친인척 관계였다. 이처럼 인간적인 유대관계가 강한 조직에서 혼자만 다른 의견을 냈다가는 조직에서 곧바로 소외당하게 된다.

간부들은 조직의 최고 권위자인 회장이 걱정할 것을 우려한 나머지 건물이 무너질지도 모른다는 보고를 받고서도 손님들을 내보내야 한다는 말을 꺼낼 수 없었다. 누구 한 사람이라도 먼저 말을 시작했다면 분위기가 달라질 수도 있었겠지만, 그런 분위기에서는 먼저 말하는 사람이 왕따 1순위가 된다. 서로 눈치만 보면서 시간이 흘렀고, 결국 건물이 무너지고 말았다.[13]

이 같은 집단사고의 함정에 빠지지 않기 위해서는 우선 소수의 의견을 존중하는 문화를 만들어야 한다. 반대 입장이나 의문이 제기되는 경우에도 이를 자유롭게 받아들이고 비판적인 대화가 오갈 수 있는 분위기를 만들어야 한다. 필요하다면 외부 전문가나 이에 준하는 자질을 갖춘 사람들에게 비판적인 의견을 내도록 할 수도 있다.

조선시대 세종대왕은 '악마의 대변인'라고 불리는 '데블스 애드버킷Devil's Advocate'을 활용했다는 기록이 있다. 원래 데블스 애드버킷은 가톨릭의 성인 추대 과정에서 창안된 제도다. 특정 인물을 성인 후보로 옹립한 쪽에서는 그 인물에 대한 좋은 얘기만 하게 마련이다. 이런 상황에서 굳이 안 좋은 얘기를 들춰냈다가는 찬성론자들과 얼굴만 붉히게 될 수도 있기 때문에 행여 안 좋은 의견이 있더라도 참는 게 보통이다. 데블스 애드버킷은 이런 상황을 미연에 방지하기 위해서 의도적으로 안 좋은 관점에서 사사건건 의혹을 제기하고 공격하는 역할을 맡은 사람을 가리킨다. 조선시대에 데블스 애드버킷이라는 표현을 썼을 리는 만무하지만 세종은 어전회의 때마다 이조판서를 맡고 있던 허조許租에게 명해 안건에 대해 반드시 하나 이상의 반대 의견을 내도록 했다. 집단사고로 인한 판단의 오류를 방지하기 위해서였다.

만장일치는 위험하다

만장일치의 환상을 깨는 것도 중요하다. 인텔에서는 회의 안건에 대해 만장일치로 의견이 일치하는 경우에는 "오늘 안건은 잘 들으셨지요? 다음 회의 때까지 모두가 깊이 고민해오도록 합시다" 하며 결정을 다음 회의로 미루는 문화가 있다. 사실 모든 사람의 의견이 일치하는 안건이라면 회의에 가지고 올 필요도 없었을 것이다. 인텔은 이런 제도를 통해 일부러 구성원들 간의 갈등을 유발함으로써 상대방의 주장을 비판하고 방어하는 논리를 만드는 과정에서 아이디어를 보완할 수 있다고 믿었다. '건설적 대립'이라는 이러한 장치를 만든 이유는 만장일치라는 환상에 사로잡혀 성급한 결론을 내리지 않기 위해서다. 만장일치를 너무 좋아하다가는 만장일치로 망할 수도 있다.

○● 육체적 능력만으로 본다면 인간은 지구상에 존재하는 생물 중 가장 약한 종 중 하나일 것이다. 맹수들에게 잡아먹히지 않기 위해서는 집단을 이루어야만 했고, 집단에 속하지 못하는 것은 곧 생존을 위협받는다는 것을 의미했다. 그래서일까? 집단 속에서 안정과 평안함을 느끼는 것은 선사시대 이후로 인간의 유전자에 깊이 각인된 본능이다. 생존의 위협은 사라졌지만 아직도 우리는 그런 본능에서 자유롭지 못하고, 다른 사람의 의견에 맹목적으로 동조하는 경우가 많다. 집단이 올바른 의사결정을 내리기 위해서는 그런 본능에서 벗어나야 한다. 의지만으로 잘 되지 않는다면 의도적인 장치라도 갖춰야 한다. 세종대왕처럼 말이다. ○●

와신상담, 그 뒷이야기가 궁금하다

숨은 자산으로 시장에 진출하라

○● '와신상담臥薪嘗膽'이라는 고사성어를 모르는 사람은 없을 것이다. '와신'은 가시나무에 누워 잔다는 의미고, '상담'은 곰의 쓸개를 핥는다는 것이니, '목적을 위해 온갖 고난을 참고 견딘다'는 뜻이다. 와신상담 고사는 춘추시대 월나라가 갖은 고초 끝에 오나라를 복속시키는 과정에서 나온 말이다. 모두가 알고 있는 얘기다. 그런데 문득 궁금해졌다. 온갖 고생 끝에 오나라를 점령한 월나라는 그 뒤에 어떻게 되었을까? 동화 속 엔딩이 흔히 그렇듯이 자손대대 잘 먹고 잘 살았을까? 일단 고사의 유래부터 짚어보고, 와신상담 이후의 이야기를 알아보도록 하자. ○●

'와신상담'이라는 고사의 유래

기원전 496년, 월나라 왕 윤상이 병으로 죽고 아들 구천이 왕위를 이어받았다. 월나라가 국상을 치르는 틈을 타서 오나라 왕 합려는 군대를 진격시켰다. 두 나라의 군대는 '휴리'라는 곳에서 일전을 벌였는데, 오나라가 대패하고 합려는 화살에 중상을 입었다. 죽음을 앞둔 합려는 아들 부차에게 원수 월나라를 잊지 말라고 당부했다. 왕이 된 부차는 기필코 월나라를 패망시켜 아버지의 원수를 갚겠다고 결심했다. 그는 오자서를 상국으로, 백비를 태재로 삼아 월나라로 진격할 만반의 준비를 했다. 이 소식을 들은 월나라 왕 구천이 먼저 공격을 감행했는데 패하고 말았다. 회계산까지 쫓겨 들어간 구천은 적에게 겹겹이 포위되었다.

살 가망이 없다고 생각한 구천은 부인을 죽이고 최후의 일전을 벌이려 했다. 그런데 대신 문종과 범려가 맹목적인 결전은 죽음을 낳을 뿐이라며 말렸다. 차라리 오나라 백비에게 뇌물을 먹여 살길을 도모하자고 설득했다. 실제로 탐욕스러운 백비는 뇌물을 받자 매우 기뻐했으며, 부차에게 월나라 구천을 살려주라고 권유했다. 부차는 구천을 살려주되, 오나라로 와서 인질 생활을 해야 한다는 조건을 걸었다. 구천은 살기 위해 부차의 말에 따를 수밖에 없었다.

구천은 나라의 대사를 문종에게 맡긴 후 부인과 범려 등을 데리고 오나라로 갔다. 부차는 아버지 합려의 능묘 옆에 돌집을 짓고 구천 부부와 그 대신들을 몰아넣었다. 그러고는 죄수복을 입히고 말을 먹이는 노역을 시켰다. 또 외출을 할 때면 범려를 밟고 수레에 탔으며, 구천에게는 말고삐를 잡게 했다. 구천은 이렇게 2년 동안 오나라에서 별의별 수모를 다 겪었다. 그 와중에 문종은 백비에게 미녀와 금은보화를 보내어 구천을 풀어주도록 부차를 설득해달라고 부탁했다. 백비의 말이라면 듣지 않는 법이 없는 부차였다. 2년 동안 구천이 진심으로 속죄했다고 생각한 부차는 구천을 월나라로 돌려보냈다.

월나라로 돌아온 구천은 이 원수를 기필코 갚겠다고 이를 갈며 맹세했다. 그는 고기를 먹지 않았으며 무명옷을 입고 잡곡을 먹었다. 잠도 초가집에서 잤으며 돗자리 대신 가시나무를 펴고 잤다. 식탁 위에는 쓰디쓴 쓸개를 달아놓고 음식을 먹을 때마다 그 쓸개를 맛보고는 "구천아, 회계의 치욕을 잊었단 말이냐?" 하고 외치곤 했다. 이런 방법으로 과거의 치욕을 잊지 않도록 자신을 채찍질한 것이다. 이로부터 '와신상담'이라는 고사성어가 생겨났다. 이후 10년이 지나 국력이 충분히 회복되었다고 판단한 구천은 범려와 함께 정예군 5만 명을 이끌고 오나라를 습격했다. 오나라는 전쟁에서 크게 패하고 태자도 전사했다. 결국 부차는 천으로 얼굴을 가리고 목을 베어 자살하고 말았다.

고사의 뒷이야기들

오나라가 멸망했다. 그렇다면 월나라는 어떻게 되었을까? 전쟁에서 적을 이기는 것과 점령한 나라를 다스리는 것은 본질적으로 다른 문제다. 구천은 오나라를 쳐서 이겼지만 다스릴 능력은 없었다. 이 틈을 타고 초나라가 슬금슬금 넘어왔다. 그러더니 구천의 후계자들과 싸움을 벌여 승전할 때마다 야금야금 땅을 넓혔다. 초나라에게는 오나라를 상대할 때와 같은 수법은 먹히지 않았다. 초나라는 이런 방면으로 경험이 많았다. 와신상담 이후 몇 십 년이 지나 전국시대가 본격적으로 전개될 즈음이 되니, 오와 월이 각축을 벌이던 땅은 모두 초나라의 차지가 되고 말았다. 둘이 싸우는 바람에 엉뚱한 사람이 덕을 본다는 고사인 '어부지리漁父之利'가 여기서 나왔다.

그렇다면 월나라의 일등공신 범려는 어떻게 되었을까?《사기史記》에는 다음과 같은 구절이 나온다. 범려는 자신이 모셨던 월왕 구천의 관상을 평하여, '목이 길고 입이 까마귀 부리처럼 뾰족하게 나온 사람은 끈기와 참을성이 많아, 어렵고 힘든 시절을 같이 할 수는 있으나 시기와 질투심이 강하고 옹졸하여 의심이 많으므로 좋은 때를 같이 하기는 어렵다'고 했다. 하지만 그럴듯한 핑계도 없이 물러나겠다는 말을 잘못 꺼냈다가는 오히려 역모를 꾸민다는 의심을 받을 수도 있었다. 범려는 "신은 이렇게 들었습니다. 남의 신하 된 사람은 군주가 걱정하면 그보다 노심초사하고 군주가 욕을 당하면 죽음으로서 갚는다고 말입니다. 예전에 주공께서 회계산에서 치욕을 당했을 때 신이 차마 죽지 않은 것은 오늘을 위해서였습니다. 그리고 이제 목적을 이루었으니 군주에게 치욕을 안긴 죄를 받고자 합니다"라고 사퇴를 청했다.

핑계를 액면 그대로 받아들일 수도 없거니와, 설령 받아들인다 하더라도 일등공신을 처벌할 수는 없는 법이다. 범려는 자신에게 벌을 내린다는 평계로 모든 관직에서 물러났다. 《사기》에 따르면 그 후 범려는 제나라로 가서 장사로 엄청난 부를 일구었다. 제나라 '도'라는 땅에서 큰 부자가 되었는데, 번 돈을 잘 쓰는 데도 일가견이 있었다. 모은 돈을 사람들에게 아낌없이 나누어주니 사람들이 그의 배포에 감격하여, 그를 '도주공'이라 칭송했다는 기록이 나온다.

이쯤 되면 범려라는 인물의 정체가 궁금해진다. 일국의 재상까지 올랐던 사람이 은퇴하고 나서 몇 년 만에 재벌 총수가 된 격이다. 아무리 옛날이라지만 능력이 있어야 자리에도 오르는 법이고, 실력이 있어야 장사에 성공하는 법이다. 그리고 관직과 사업은 전혀 성격이 다르다. 관직에서 내려오자마자 그토록 빨리 사업적인 성공을 거둘 수 있었던 데에는 뭔가 특별한 이유가 있지 않았을까?

범려는 원래 초나라 사람으로서 국경 무역을 담당하던 관방 상인이었다고 한다. 그는 초-월의 동맹 관계가 깊어질 때 두 나라를 오가며 물건을 중계하거나 통역을 담당했다. 그러다가 재정전문가로 구천에게 임용되었고, 그를 도와 오나라를 치게 된 것이다. 결국 장사를 하면서 초·월·오나라의 국경 지방에 대해 쌓아온 폭넓은 경험이 그를 재상으로 만들었고, 국정을 맡으면서 구축한 인적 네트워크와 지정학적 지식이 그가 다시 상인으로 큰 성공을 거둘 수 있는 바탕이 되었을 것이다.[14]

'숨은 자산Hidden Asset'

범려는 자신이 강점을 지닌 분야로 커리어를 바꿨기 때문에 성공할 확률을 높일 수 있었다. 이러한 원리는 개인뿐만 아니라 기업에도 똑같이 적용된다.

기업은 특정 분야에서 자신의 강점인 핵심역량을 바탕으로 사업을 펼쳐나간다. 그러다 경영 환경이 바뀌어 기존의 핵심역량을 발휘하지 못할 상황이 되면 기존의 사업은 쇠퇴하고 만다. 이 경우, 새로운 성장 엔진을 찾아 다른 분야로 눈을 돌려야 하는데, 새로운 분야에서 성공하기 위해서는 그에 맞는 새로운 역량을 갖춰야 한다. 그런데 역량이란 것이 하루아침에 생겨나는 것이 아니기 때문에 기존 사업을 하면서 쌓아온 경험이나 노하우를 바탕으로 새로운 역량을 갖추고 이를 활용할 수 있는 곳으로 진출하는 것이 좋다. 범려가 장사하며 쌓은 경험을 바탕으로 관직에 진출하고, 공직에서 쌓은 경험을 활용해 큰 부를 축적할 수 있었던 것과 마찬가지이다.

기존 사업에 직접적으로 활용되던 자원은 아니었지만 회사 내부에 축적되어 있던 자산을 경영학에서는 '숨은 자산'이라고 한다. 사양화되어가는 기존 사업에서 벗어나 새로운 분야로 진출하여 성과를 올리기 위해서는 숨은 자산을 잘 파악하고 적극적으로 활용할 수 있어야 한다.[15]

'숨은 자산'을 활용해 영화 시장에 진출한 마블 출판사

영화 〈스파이더맨〉, 〈헐크〉, 〈엑스맨〉에 등장하는 주인공들은 방사능을 잘못 쪼였다는 것 말고도 공통점이 있다. '마블Marvel' 출판사의 캐릭터라는 것이다. 마블 출판사는 1936년부터 《코믹 북스》라는 만화책을 찍어내면서 미국인들이 사랑하는 수많은 캐릭터들을 만들어냈다. 하지만 1990년 후반 인터넷 사용이 본격화되면서 사람들은 웹툰web-toon이라는 공짜 만화에 열광하기 시작했다. 사람들은 더 이상 만화책을 찾지 않았다. 출판사 영업에 빨간불이 들어온 것은 당연지사, 마블은 돌파구가 필요했다.

마블은 자사의 자산과 역량을 꼼꼼하게 따져보았고, 70년 이상 만화책을 찍어오면서 만들어낸 5,000개가 넘는 캐릭터들이 자사의 숨

| 그림 | 마블의 캐릭터들

　　　　　　　　　　　　　　　　　　　　일상의 경영학

은 자산이 될 수 있겠다는 결론을 내렸다. 그리고 이러한 숨은 자산을 활용할 수 있는 방법을 찾아나섰다. 마블은 자사의 캐릭터들을 영화사에 팔기 시작했다. 영화 제작에 따르는 리스크를 줄이고 싶었던 영화사들은 미국인이 좋아하는 캐릭터들을 마다할 이유가 없었다. 얼마 지나지 않아 캐릭터로 벌어들이는 수입이 출판 수입을 훌쩍 뛰어넘게 되었다. 2009년 9월 마블의 캐릭터를 주인공으로 내세워 영화를 찍는 데 재미가 들려 있던 디즈니가 마침내 40억 달러를 주고서 마블 출판사를 인수했다. 일개 만화 출판사로서는 엄청난 가격이었는데, 그 지불 금액의 대부분은 마블 캐릭터에 대한 대가였다.

사업에 바쁘다 보면 우리 회사가 어떤 자산과 역량을 갖고 있는지조차 모르는 경우가 많다. 신사업에 활용할 수 있는 숨은 자산에는 어떤 것이 있는지, 어떻게 활용할 수 있는지 살펴보자.

핵심 사업을 하면서 축적된 경험과 노하우

숨은 자산으로 가장 자주 활용되는 것은 기존 사업을 해오면서 축적된 경험과 노하우이다. 과거 필름 시장은 코닥과 후지가 양분하고 있었다. 디지털 시대로의 변화에 제대로 대응하지 못한 것은 코닥이나 후지나 마찬가지였다. 하지만 두 기업의 운명은 서로 달랐다. 코닥은 역사의 뒤안길로 사라져버린 반면 후지는 여전히 사업을 계속하고 있다. 사람들은 이제 필름을 사용하지 않는데, 후지는 도대체 무슨 사업을 하는 것일까?

후지는 화장품을 팔고 있다. 아스타리프트라는 주름 방지 화장품을 만들어 시장에서 나름 자리를 잡는 데 성공했다. 그런데 후지는 어쩌다가 화장품을 시작하게 되었을까? 어느 날 갑자기 후지가 "우리도 화장품 한번 만들어볼까?" 하고 시장에 뛰어든 것은 아니었다. 필름이 사양화되며 실적도 덩달아 부진해지자 후지 경영진은 심각하게 신사업을 고민했다. 그리고 자사의 숨은 자산 중 시장성이 있는 것이 무엇일지 찾아보았고, 그 결과 '콜라겐' 특허가 눈에 들어온 것이다.

사진이 오래되면 선명하던 색이 누렇게 변하게 된다. 이렇게 사진의 빛이 바래는 이유는 시간이 지남에 따라 인화지 표면의 수분이 공기 중으로 날아가기 때문이다. 당연히 '어떻게 수분이 증발하지 않도록 만들 수 있을까?'를 고민했고, 그런 역할을 해주는 물질로 찾아낸 것이 바로 콜라겐이었다. 사람의 피부 역시 마찬가지다. 나이가 들어감에 따라 푸석푸석해지고 주름이 생기게 되는 이유는 피부 세포 속의 수분 함량이 줄어들기 때문이다. 세포 속의 수분을 잡아줄 수 있는 물질을 연구하던 학자들은, 콜라겐이 인화지의 수분뿐 아니라 세포 속의 수분을 유지시켜주는 데에도 효과가 있다는 사실을 알아냈다. 후지는 필름 사업을 해오면서 수분을 잡아주는 콜라겐 기술을 '숨은 자산'으로 확보할 수 있었고, 이를 활용해 새로운 분야로 진출할 수 있었다.

지원부문도 숨은 자산

기업에서 돈을 벌어오는 부분을 사업부라 한다. 그리고 '지원부문'은 사업부가 원활히 기능할 수 있도록 후방에서 도와주는 역할을 한다. 주로 인사, 재무, 총무 등을 지칭하지만 최근에는 서비스나 고객 지원부서까지도 통틀어 지칭하는 개념으로 쓰인다. 지원부문 역시 숨은 자산이 될 가능성이 있다.

IBM이 애플과의 싸움에서 이기려면 자신의 방식이 업계 표준이 되어야 했다. 그런데 업계 표준이 되기 위해서는 IBM 방식과 호환되는 업체가 다수여야 한다. IBM은 로열티를 받지 않고 자사 제품의 복제를 허용했고(덕분에 우리나라에서는 세운상가와 전자랜드가 발달하게 되었다), 이를 통해 애플을 소수 마니아만을 위한 업체로 밀어낼 수 있었다.

힘겨운 싸움 끝에 한숨 돌리나 싶었는데, 애플을 몰아냈던 방법이 부메랑으로 돌아왔다. IBM 기술을 그대로 가져다 쓰는 저가 조립업체(클론clone이라고 한다)들과의 가격 경쟁에서 이길 수 없었던 것이다. 하지만 컴퓨터를 대량으로 구매하는 기업 고객들은 비싼 가격을 감수하면서까지 여전히 IBM 제품을 구매했다. 품질이 좋기 때문일까? 글쎄, 어차피 클론 제품도 IBM 기술을 쓴다.

기업 고객들이 고가의 가격을 감수하면서까지 IBM 제품을 선택한 주된 이유는 IBM의 IT 컨설턴트들 때문이었다. 여러 대의 컴퓨터를 설치하고 회사의 전산망에 연결하기 위해서는 기술 지원을 받아야 했는데, IBM에서 파견된 컨설턴트들이 일을 워낙 잘했다. 이들에 대한 신뢰가 깊어진 고객사는 IT 업무뿐만 아니라 회계 쪽도 도와줄 수 있는지 문의하게 되었고, 나중에는 법률이나 경영컨설팅 분야까지 서비스를 요청하게 되었다. 수요가 있는 곳에는 사업의 기회가 열리기 마련이다. IBM은 컨설팅 부서를 신설해서 유료로 서비스를 제공하기 시작했고, 저가업체와 경쟁하는 하드웨어 부문보다 오히려 높은 수익률을 올릴 수 있었다.

마침내 IBM은 대표 상품인 노트북 사업부를 중국의 레노보에 매각하고, 그 대금으로 PwC와 같은 회계 및 컨설팅 회사들을 인수했다. 회사의 주력 사업이 바뀐 것이다. 현재 IBM 매출의 70퍼센트 이상은 서비스 부문에서 발생하고 있다. IBM은 기존 하드웨어 사업을 보조하던 지원부문을 '숨은 자산' 삼아 사양화되는 시장에서 새로운 성장 동력을 찾아내는 데 성공했다.

○● 기존 사업이 어려움에 처하거나 다른 이유로 해서 업종 전환을 고민하고 있다면, 활용할 수 있는 자산은 어떤 것이 있는지부터 먼저 확인해야 한다. 기존 사업을 해오던 과정에서 습득한 기술이나 지식, 그리고 핵심 업무를 보조하는 부문부터 살펴보자. 잘할 수 있는 분야에서 새로운 일을 시작한다면 실패할 위험은 훨씬 줄어들 것이다. 이는 2,500년 전이나 현재나 마찬가지로 기업이나 개인 모두에게 적용되는 원칙이다. ○●

조선시대에도 진입장벽이 있었다
후발주자로부터 시장 지키기

○● 올 여름도 예외가 아니다. 기온이 올라가는가 싶더니 어김없이 절전 대책이 쏟아진다. 시장에서 자영업을 하는 분들은 조심해야 한다. 무더위에 에어컨을 안 튼 채 손님을 받을 수는 없는데도 냉방 중에 문을 열어놓았다가는 단속 대상이 된다. 물론 대기업들도 예외가 아니다. 전기를 많이 쓰는 업체들은 최대 전력 소비량의 15퍼센트를 의무적으로 절감해야 한단다. 이런 식으로 전기를 계속 써대다가는 전기 공급이 중단되는 블랙아웃이 일어날 수 있다는 경고성 발언도 빠지지 않는다.

매년 이런 일이 반복되는 이유는 전기 공급이 수요를 따라가지 못하기 때문이다. 답답한 한편 '이런 상황에서 왜 전기를 생산하는 새로운 공급자가 나타나지 않을까?' 하는 생각이 들기도 한다. 생산이 수요를 못 따라가는 시장이라면 새로 들어오는 공급자도 충분한 수익을 가져갈 수 있을 텐데 말이다.

경영학에서는 이를 '진입장벽Entry Barrier'이라는 개념으로 설명한다. 진입장벽이란 시장을 선점한 업체들이 후발주자가 들어오지 못하도록 만들어놓은 장애물을 말한다. 진입장벽은 경영 노하우가 발달한 현대에 와서 생겨난 줄 알았는데, 우리가 이름을 붙이지 않았을 뿐이지 진입장벽은 예전부터 있었다. 조선시대 시전 상인들의 진입장벽이었던 금난전권의 유래를 살펴보고, 현대의 경영에서는 어떤 방식으로 진입장벽을 활용하고 있는지도 알아보자. ○ ●

난전의 유래

어린 시절 어머니는 '도깨비 시장'에 다녀오시곤 했다. 도깨비 시장이라는 말을 들을 때마다 '도대체 뭘 파는 곳이기에 이름이 도깨비 시장일까?' 궁금했다. 도깨비 시장은 무허가 시장이고, 단속반이 뜨면 자취를 감추었다가 단속이 끝나고 나면 다시 생기는 시장이라는 것을 알게 된 것은 그로부터 한참이 지나서였다. 그 사실을 알게 되었을 땐 이미 도깨비 시장은 완전히 사라져버리고 없었다.

'왜 도깨비라는 이름이 붙었을까?' 궁금했다. 우리말에 '개비'라는 표현이 있다. 성냥개비나 장작개비를 떠올려보면 알 수 있듯이, '개비'는 가늘게 쪼개진 나뭇가지를 말한다. 비록 나무는 아니지만 담배

개비 역시 가늘고 긴 형상 덕분에 이런 이름을 가지게 된 것으로 보인다. 이 개비 위로 다른 사물이 덧씌워진 것처럼 보이면 '덧개비(도깨비)'가 되고, 아무것도 없는데 마치 있는 것처럼 헛것이 보이면 '허깨비(헛개비)'가 된다. 그러고 보니 도깨비 시장이라는 것도 정해진 장소에서 상설적으로 열리는 것이 아니었다. 빈 공터가 시장이 되었다가다시 흔적도 없이 빈 공터가 되는 등 무쌍하게 변화한다. '도깨비'라는 이름이 붙은 것도 이 때문이리라.

조선시대에는 국가가 공식적으로 지정한 시장이 있었다. 국가는 왕실이나 조정에서 필요한 물품을 납품하는 상인들에게 '시전'이라 불린 이곳에서 장사를 할 수 있는 자격증을 주었다. 그런 자격증이 없는 사람들이 물건을 사고파는 곳을 '난전亂廛'이라고 불렀다. 난전은 숙종 때 생겨났다. 도깨비 시장은 남대문 밖 봉래동과 동대문 안쪽의 배오개 고개에 생긴 난전이다. 그러고 보니 봉래동과 배오개는 모두 성문 주변에 있는 동네들이다. 당시 성문은 사람이나 재화가 빈번하게 드나들던 곳이 아닌가? 사람과 재물이 많이 모여드는 곳에 상권이 발달하는 것은 예나 지금이나 지극히 당연한 일이다. 하지만 다른 이유도 있었다.

금난전권의 성립

국가가 공인한 시전이 있었음에도 불구하고 또 다른 시장인 난전이 생겨난 데에는, 조선 후기로 넘어오면서 그 수가 크게 늘어난 군

인들로 인한 문제가 있었다. 임진왜란을 겪으면서 일본의 조총병을 상대할 목적으로 '훈련도감'이 설치되었고, 인조반정과 병자호란을 거치면서 '어영청'과 '금위영'이 만들어졌다. 여기에 수도 방어를 위해 북한산성과 남한산성에도 각각 '총융청'과 '수어청'이 자리를 잡았다. 도성 내외에 5개의 대규모 부대가 상주하게 된 것이다.

여러 번의 국난을 거치면서 군대가 늘어나게 된 것을 뭐라 할 수는 없는 노릇이다. 문제는 정부가 이 많은 군인을 다 먹여 살릴 만한 충분한 돈이 없었다는 것이다. 그렇다고 군인들을 굶주리게 둘 수는 없는 노릇. 그들의 어려운 살림을 조금이라도 펴주기 위해 정부는 그들이 투잡을 가질 수 있게 허락해주었다. 당시 군인들은 최상급의 군포로 보수를 받는데, 이를 내다 팔 수 있도록 해준 것이다. 군포를 그대로 팔아서 시세 차익을 얻는 사람도 있었고, 아내나 딸을 시켜 대님이나 댕기 등으로 가공해서 파는 경우도 있었다. 생활고를 덜어주려는 목적으로 투잡을 허락해준 것인데, 얼마 지나지 않아 본업보다

세컨드 잡에 몰입하는 군인 장사꾼들이 생겨나기 시작했다.

돈이 된다면 너도나도 달려들고 싶은 것이 인지상정이다. 투잡 뛰는 병졸 장사꾼들의 수입이 쏠쏠하다는 것을 알게 되자 다른 관공서의 일꾼들이나 노비들까지도 슬금슬금 시장판에 발을 들여놓기 시작했다. 덩달아 이들이 취급하는 물품의 수도 늘어나더니 없는 것 빼고는 뭐든 다 파는 지경에까지 이르게 되었다. 이처럼 신규 진입자가 늘어나면 기존 사업자들의 수익이 줄어드는 것은 당연지사인지라 시전 상인들은 뭔가 대책이 필요했다. 병졸 장사치들의 뒤에는 강력한 군대 조직이 버티고 있었던지라 그들을 함부로 대할 수 없었지만, 우후죽순으로 늘어나는 무면허 장사꾼들을 계속 바라보고만 있을 수는 없었다.

마침내 시전 상인들은 국가에 호소해서 '금난전권'을 얻어냈다. 금난전권은 시전 상인들에게 주어진 권리로 '난전을 금하고 특정 상품을 독점적으로 판매할 수 있는 권리'다. 정부는 육의전 비롯한 수십 개의 시전 상인들에게 관청에 들어가는 물품을 조달하는 국역을 부과시키는 대신, 난전을 단속할 수 있는 권리를 준 것이다. 금난전권에는 난전을 단속해 물건을 압수하고 난전상인들을 가두거나 곤장을 치는 등 신체적인 형벌을 줄 수 있는 권리까지 포함되어 있었다. 경쟁자의 시장 진입을 가로막는 장벽으로 이만큼 강력한 게 있을까? 하지만 조선 후기 들어 인구가 늘어나다 보니 시장을 찾는 사람들도 많아졌다. 난전을 완전히 없앨 수는 없는 노릇이고, 그럴 필요도 없었다. 금난전권이 적용되는 범위는 도성 안과 밖 10리까지였다. 그 결과 난전 상인들은 시전이 위치한 종로에서 멀찌감치 떨어진 곳, 성벽 바로 바깥이나 안쪽에 난전을 벌였다. 이것이 봉래동이나 배오개 근처에 도깨비 시장, 즉 난장이 발달하게 된 이유다.[16]

후발주자로부터 시장을 지키는 장치, 진입장벽

경쟁은 날이 갈수록 심해지고, 경영 여건은 하루가 다르게 빡빡해져만 간다. 상황이 이렇다 보니 기업들마다 신규 사업거리를 찾느라 정신이 없다. '요즘 뜨고 있는 상품은 뭐지?' '우리 회사와 잘 맞는 아이템으로 뭐가 있을까?' 고민 끝에 어렵게 시작한 신사업. 그럭저럭 궤도에 올라서는 것 같지만 시간이 지나면 매출도 빠지고 수익률도 나빠지기가 일쑤다. 진입장벽을 고민하지 않았기 때문이다.

진입장벽이 없는 시장은 길거리에 놔둔 고깃덩어리와 같다. 고기 냄새를 맡고 하나 둘씩 나타난 후발주자들과 시장을 나눠 가져야 한다. 조선시대의 시전 상인들은 '금난전권'이라는 진입장벽을 통해 자신들의 본거지인 종로 상권을 지켜낼 수 있었다. 어렵게 차지한 시장을 후발주자에게 뺏기지 않기 위해서 진입장벽을 높게 둘러야 하는 것은 예나 지금이나 마찬가지다. 그렇다면 이런 진입장벽의 종류에는 어떤 것들이 있으며, 어떻게 활용해야 하는지 알아보자.

금난전권에서 본 바와 같이 '정부 규제'만큼 확실한 진입장벽도 없다. 돈만 된다면 동네 빵집이나 떡볶이 프랜차이즈도 마다 않는 대기업들이지만 발전소를 짓겠다고 하지 않는 이유는 분명하다. 발전 사업은 한국전력공사와 그 자회사들만 할 수 있도록 국가가 법률로 정해놓았기 때문이다. 어디 그뿐인가. 정부가 보호막을 쳐주고 있어서 방송, 금융, 통신업에 신규 업체가 들어가기란 낙타가 바늘구멍에 들어가는 것만큼이나 어렵다. 특허 역시 좋은 진입장벽이다. 특허 덕분에 화이자는 전 세계 중년 남성들을 비아그라에 20년 동안이나 잡아둘 수 있었고, 폴라로이드는 거대한 필름업체인 코닥으로부터 즉석 카메라 시장을 지켜낼 수 있었다.

하지만 특허나 정부 규제를 진입장벽으로 활용할 수 있는 기업이 얼마나 될까? '진입장벽 같은 것은 어차피 우리가 활용할 수 있는 게 아니야' 하고 지레 포기하지 말고 조금만 더 고민을 해보자. 정부 규제나 특허 말고도 진입장벽으로 활용할 수 있는 수단은 여러 가지가 있다. 이것을 잘만 활용하면 후발주자를 견제하는 좋은 방어막을 만들 수 있다.

진입장벽의 종류와 활용 사례

진입장벽으로 활용한 수 있는 것으로 먼저 '규모의 경제'를 들 수 있다. 규모의 경제란 생산량이 많아질수록 단위 상품의 단가가 낮아지는 현상을 가리킨다. 예를 들어보자. 유리 제조업체 코닝에서 개발한 고릴라 글래스는 자동차 앞 유리창의 스크래치를 막기 위해 개발되었다. 하지만 고릴라 글래스가 고가인 까닭에 매출은 그리 좋지 못했다. 개발비만 들어가고 창고에 처박혀 있던 고릴라 글래스를 불러낸 것은 애플의 아이폰이었다. 아이폰은 터치스크린을 통해 신호를 받아들여야 하므로 스크래치가 많은 일반 유리를 사용하면 오작동이 생기기 마련이다. 스마트폰이 대중화되면서 고릴라 글래스의 매출도 함께 상승했다. 예상치 못한 수요에 코닝뿐만 아니라 코닝의 경쟁사들도 즐거운 비명을 질렀다. 고릴라 글라스의 특허가 만료되는 시점이 얼마 남지 않았기 때문이었다. 경쟁사들이 생산 준비에 나섰을 때, 코닝은 기자회견을 열고 생산량을 대대적으로 늘릴 것이라고 발표했다. 경쟁사들은 시장 진출을 단념할 수밖에 없었다. 코닝이 생산량을 대폭 늘린다면 원가는 훨씬 저렴해질 것이고, 그런 규모의 경제를 후발주자가 따라오기는 힘들기 때문이었다.

소매업에서는 유통망을 진입장벽으로 활용할 수 있다. 1998년 외환위기 이후에 선보인 8·15콜라는 '콜라 독립'이라는 슬로건을 외치며 애국심을 자극하는 마케팅을 한 결과, 시장점유율을 13퍼센트까지 끌어올리는 데 성공했다. 코카콜라와 펩시콜라가 장악하고 있는 콜라 시장에서 로컬 업체가 3퍼센트 이상의 시장점유율을 차지한 것은 전 세계적으로 8·15가 처음이었다. 하지만 8·15의 성공은 이어지지 않았다. 코카콜라와 펩시콜라가 양분하고 있는 유통망에 8·15콜라가 파고 들어갈 자리는 없었기 때문이다. 8·15는 유통망을 확보하지 못했고 결국 파산하고 말았다.[17]

차별화된 브랜드 역시 진입장벽이 될 수 있다. 에프킬러는 1960년대 삼성제약이 긴조라는 일본 업체의 기술을 도입해서 만든 제품이다. 남보다 먼저 살충제 시장을 선점함으로써 에프킬러를 모르는 사람이 없을 정도가 되었다. 그런데 삼성제약은 1998년 에프킬라 브랜드와 살충제 공장을 387억 원에 한국존슨에 넘겼다. 당시 삼성제약의 살충제 부문 자산가치가 90억 원인 점을 감안하면 한국존슨은 에프킬라의 브랜드 가치를 297억 원으로 계산한 셈이었다. 실제로 한국존슨이 에프킬라를 인수한 이유도 살충제 만들 능력이 없어서가 아니었다. 에프킬라라는 브랜드를 넘을 수 없다는 생각에 인수를 단행한 것이다. 2004년 삼성제약은 삼성킬러 시리즈로 다시 살충제 시장에 도전장을 내밀었다. 기존의 경험과 노하우, 삼성제약이라는 브랜드면 충분한 승산이 있을 것이라고 판단했지만, 과거의 명성을 되찾지는 못했다. 아직까지도 살충제 하면 바로 떠오르는 이름이 에프킬라이기 때문이다.

○● 이제 기업들은 새로운 시장을 찾아내려는 노력만큼, 그 시장을 지켜낼 방법에 대해 고민해야 한다. 갖은 고생을 해가며 어렵게 자리를 잡았더라도 후발주자들이 몰리면 수익성은 낮아질 수밖에 없다. 한정된 고객을 나눠 가져야 하기 때문이다. 그러니 신사업을 시작하기 전부터 진입장벽을 고민하자. 어렵게 만들어낸 시장을 오랫동안 지켜나갈 수 있을 것이다. ○●

한니발이 백전백승한 진짜 이유

고객 이탈을 막는 비법, 전환비용

○● 서부영화 속 카우보이들은 똑바로 걷는 법이 없다. 늘 O자 다리에 팔자걸음을 걷는다. 처음에는 발에 매달려 걸음을 방해하는 박차와 허리에 달린 여러 개의 권총 때문이라고 생각했다. 하지만 아서 코난 도일Arthur Conan Doyle의 소설《그리스어 통역관The Greek Interpreter》에는 셜록 홈즈Sherlock Holmes가 길 건너에 있는 퇴역 군인을 보면서 "걷는 모양새를 보니 기병은 아니다"라고 잘라 말하는 대목이 나온다. 같은 군인이라도 기병은 한눈에 알아볼 수 있을 정도로 걸음걸이가 남다르다는 것인데, 아무래도 좋은 모양새는 아닐 듯싶다.

의학의 아버지인 히포크라테스Hippokratēs는 이런 걸음을 기병의 직업병이라고 불렀다. 말 등에 올라 한참 동안 다리를 축 늘어뜨린 상태로 있다 보면 허벅지 안쪽에 울혈이 생겨 꼿꼿한 자세로 걸을 수 없기 때문이다. 실제로 기병이 되기 위해서는 오랜 시간을 말 위에서 보내야 한다. 그래서 고대부터 기병을 양성하기 어려웠고, 우수한 기병을 가진 장군이 전쟁의 주도권을 쥐는 경우가 많았다. ○ ●

한니발이 싸울 때마다 이길 수 있었던 이유

기원전 218년, 스페인 땅을 출발한 카르타고의 장군, 한니발Hannibal은 피레네 산맥을 넘어 프랑스 남부 지방으로 들어간다. 그리고 론강을 지나 프랑스 남부를 횡단해 알프스를 넘는다. 산 넘고 물 건너, 그 누구도 예상치 못한 상황에서 이탈리아 북부로 진격한 한니발은 그해 12월 티치노 강 연안에서 벌어진 로마군과의 첫 전투에서 크게 승리한다. 알프스를 넘어 그렇게 일찍 이탈리아로 들어올 줄 예상하지 못한 면도 있었지만, 티치노 전투는 기병을 잘 활용한 한니발 용병술의 승리였다. 강력한 중무장 보병으로 정면을 압박하고, 발 빠른 기병으로 대치하고 있는 적의 양쪽 측면을 빙 돌아가 후위를 포위하여 공격하는 전술이었다.

두 번째로 맞붙은 트레비아 전쟁에서 양측의 병력 수는 비슷했다. 차이는 한니발의 기병 수가 로마보다 2, 3배나 많았다는 점이었다. 전투가 시작되자 티치노에서와 비슷한 양상이 벌어졌다. 중앙에 세워둔 중무장 보병과 코끼리 부대가 로마의 중무장 보병을 막아내는 동안, 양 옆으로 세워둔 기병이 빠른 기동력을 이용해 로마군의 뒤로 돌아가 포위한 후 섬멸해버린 것이다.

트레시메노에서 벌어진 세 번째 전투에서 또 승리한 한니발은 이탈리아 반도 깊숙한 곳 칸나에까지 내려와 로마군과 마주했다. 오늘날까지 유명한 칸나에 전투다. 로마군은 바보가 아니었다. 한니발이 기병의 위력을 쉽게 활용할 수 있는 평원을 선호한다는 사실을 알고 있었다. 하지만 로마군이 자랑하는 중무장 보병의 장점을 극대화하기 위해서는 로마군 역시 결전지로 평원을 선택할 수밖에 없었다. 병사의 수도 로마군이 2배 이상 많았다. 한니발 기병이 뒤로 돌아가지 못하도록 오른쪽으로는 오판토 강을 끼고 진을 쳤다. 그 정도면 충분히 싸워볼 만했다.

전투가 시작되자 내륙 쪽의 한니발 기병은 로마 기병을 뚫고 나갔고, 중앙에 위치한 보병은 뒤로 밀렸다. 로마군이 기세를 몰아 스페인 보병을 한껏 밀어붙이자 뒤편에 배치한 한니발의 중무장 보병이 나타났다. 한니발의 중보병은 2만 명밖에 되지 않았지만 한니발과 알프스를 같이 넘은 정예 중의 정예부대였다. 그들이 버텨주는 동안 강 내륙 쪽 기병은 로마군 후위까지 도달했고, 오판토 강 쪽의 기병도 강과 로마군 사이의 좁은 틈을 비집고 적진을 돌파하는 데 성공했다. 이제 상황은 이전 전투 때와 똑같아져버렸다. 칸나에 전투에 동원된 로마군은 한니발군보다 배 이상인 만큼 수적으로 우세였으나 기병을 효율적으로 활용한 한니발의 포위 전술로 인해 하루 만에 5만 명이 몰살당하고 말았다.

| 그림 | 칸나에 전투 지도

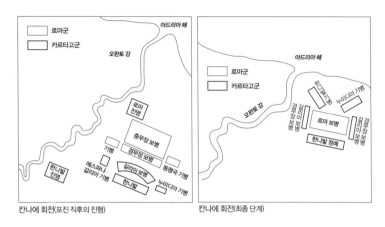

칸나에 회전(포진 직후의 진형)   칸나에 회전(최종 단계)

　한니발의 무용담을 읽으면서 궁금해졌다. 로마는 전쟁을 통해 성
장한 나라다. 싸움판에서의 노하우로는 둘째가라면 서러워할 국가
다. 그런데 한니발에게 네 번이나 연속해서 패배를 맛본 로마인들이
기병력을 증강하지 않은 이유는 무엇일까? 기병의 기동성을 몰랐던
것은 아니었을 텐데, 혹시 기병을 늘리고 싶어도 실행에 옮길 수 없
었던 다른 까닭이 있었던 것은 아니었을까? 그 이유를 알기 위해서
는 먼저 '등자stirrup'에 대해 알아야 한다.

등자의 발견

　인류는 기원전 4,500년부터 말을 타기 시작했지만 등자가 발명된
것은 그 뒤로도 한참의 시간이 흐른 뒤였다. 중국에서는 서기 2~3세

기 한나라 시절부터 사용되었으나 유럽에는 11세기가 되어서야 전해졌다. 그림에서 보는 바와 같이 등자는 말 위에 앉아서 발을 얹어 체중을 지탱할 수 있는 도구다.

간단해 보이는 물건이지만, 등자가 중요한 이유는 이것이 있어야 안정적인 자세로 말을 탈 수 있기 때문이다. 물론 등자 없이도 말을 타고 달릴 수는 있다. 하지만 말을 타고 활을 쏘거나 칼을 휘두르는 행동을 할 때 손으로 말고삐나 목을 잡아 몸을 고정시킬 수가 없으므로 두 다리만으로 말허리를 조여 몸을 고정시켜야 하는데, 이는 몹시 고된 일이었다. 특히 적을 공격할 때 전해지는 충격을 허벅지 힘만으로 견뎌내기는 어렵다. 그러다 보니 싸우는 도중 중심을 잃고 낙마하는 경우가 잦았다. 이 때문에 고대 그리스와 로마의 기병은 적을 창으로 찌르는 순간 창을 놓아버리는 방법을 쓰기도 했다. 죽어라 힘을 줘서 찔러도 모자랄 판에 창을 놓아버려서는 치명상을 입힐 수 없다. 따라서 등자가 없던 고대에는 말 산지 출신이거나 말을 키울 여력이 되는 부유한 집안의 자제들만 선발해 기병으로 양성할 수 있었으며,

| 그림 | 등자

일상의 경영학

하물며 전투력도 높지 않았다.

기존 방식을 버리지 못한 로마

로마는 티치노 전투에서 이미 한니발의 기병력이 우세한 것을 알아차렸다. 트레시메노에서 패한 집정관 네포스_{Gaius Flaminius Nepos}도 근처에 있던 다른 집정관에게 기병대만이라도 먼저 보내달라고 요청했을 정도였다. 로마는 한니발 군대의 강점이 기병에 있다는 사실을 정확히 꿰뚫고 있었다. 하지만 그것이 로마 기병력의 증강으로 이어지지는 않았다.

로마에서 멀지 않은 갈리아라와 누미디아는 지중해 연안의 유명한 말 산지다. '말을 사와서 기병으로 편성하면 될 텐데' 하고 생각할 수도 있지만, 말만 갖춰졌다고 기병대가 만들어지는 것은 아니다. 말을 다룰 줄 아는 병사가 있어야 하는데 등자가 없던 시절, 말에 익숙해지려면 많은 시간이 필요했다. 말을 사오는 직접비용보다 훈련과 교육에 들어가는 간접비용이 더 큰 셈이었다.

또 하나, 심리적인 이유도 빠뜨릴 수 없다. 공화정 로마군대의 주력은 중무장 보병이다. 로마의 중상류 계급에 속하는 시민들은 중무장 보병으로 병역에 종사하는 것을 시민의 의무로 여겼으며, 자부심도 상당히 강했다. 시민이 나라의 주인이라는 로마의 공화정 정신이이 중무장 보병에 잘 구현되어 있었다. 그러므로 기병이 쓸모 있다고 해서 중무장 보병을 기병으로 바꾸는 것은 곧 로마의 정신을 소홀히

하는 것과 마찬가지였다. 시민들이 쉽게 받아들일 수 있는 문제가 아니었다.[18]

로마는 기병을 확대하는 것이 대안이라고 생각했지만 기존의 방식을 쉽게 버리지는 못했다. 이것은 현대의 소비자들도 별반 다를 것이 없다. 분명히 더 좋은 제품이 새로 나왔다 해도, 사람들은 쓰던 제품을 그대로 사용하는 경우가 많기 때문이다. 행동경제학자들은 이를 두고 인간 행동의 비합리성을 보여주는 좋은 사례라고 할지도 모른다. 하지만 어찌 보면 그리 비합리적인 의사결정은 아니다. 보병에서 기병이 되려면 오랜 훈련을 받아야 하고 심리적 장벽도 넘어야 하듯이, 소비자들이 익숙한 제품을 새로운 제품으로 바꾸기 위해서는 직접원가 외에도 눈에 보이지 않는 다른 비용이 들기 때문이다. 이런 무형의 비용을 '전환비용 switching cost'이라고 한다. 직접원가와 전환비용까지 합친 비용보다 새로운 제품의 효용이 더 클 때 비로소 소비자들은 기존 제품을 기꺼이 포기한다. 전환비용까지 상쇄할 만한 확실한 효용 증가가 있지 않은 경우, 웬만해서는 새로운 제품으로 넘어가지 않는다. 따라서 기업이 전환비용을 잘만 활용한다면 고객을 경쟁사에 뺏기지 않고 오랫동안 묶어둘 수 있다.

불편한 자판을 그냥 쓰는 이유

우리가 흔히 사용하는 컴퓨터 자판의 이름은 '쿼티 Qwerty'이다. 그런데 이 이름은 특별한 의미가 있는 것이 아니라 단순히 제일 윗줄 자반을 왼쪽부터 읽은 것이다. 그런데 왜 하필이면 Q, W, E, R, T, Y 순서로 자판을 배열했을까?

컴퓨터 자판의 역사를 알려면 타자기 시절로 거슬러 올라가야 한다. 19세기 후반 미국에서 가장 잘 팔리던 타자기는 숄즈 사의 자판이었다. 판매량이 가장 많은 제품이다 보니 소비자의 A/S 요구도 많았다. 타자기의 원리는 키보드에 연결된 쇠막대가 회전하면서 그 회전력으로 끝 부분의 활자를 종이에 찍는 것이다. 타자기에서 발생하는 대부분의 고장은 자판과 활자를 이어주는 쇠막대에서 일어났다. 사람들이 빠르게 타이핑을 하면 쇠막대가 종이를 때린 후 제자리로 돌아오기 전에 다른 글자가 눌려지는데, 그때 쇠막대끼리 꼬이게 되고, 그걸 억지로 떼어내려다가 쇠막대가 휘어져 고장이 나곤 했다.

이 문제를 해결하기 위해 누구는 자판과 종이 사이의 간격을 좁혀 쇠막대를 짧게 만들자고 했고, 누구는 쇠막대를 더 가늘게 만들어 엉킴을 막아야 한다고 주장했다. 나름대로 일리가 있는 주장이었다. 하지만 다소 황당해 보이는 주장이 최종적으로 받아들여졌다. 사람들이 타이핑을 너무 빨리 해서 쇠막대가 엉키는 것이므로 자판을 빨리 치지 못하게 하자는 것이었다. 사람들이 가장 많이 누르는 알파벳 E, I, A, T, N의 위치를 키보드의 가장자리에 배열했다. 그렇게 배열하면 누르기 불편한 넷째, 다섯째 손가락으로 자판을 치게 된다.

시간이 흘러 이제 사람들은 자판기가 아닌 컴퓨터를 사용한다. 예전처럼 쇠막대가 엉킬 일도 없다. 따라서 불편한 쿼티 자판을 사용하지 않아도 된다. 1982년에 미국표준협회ANSI는 쿼티 자판을 대체할

| 그림 | 크리스토퍼 숄즈의 타자기(1873년, 미국 버팔로 역사박물관 소장)

표준 자판으로 어거스트 드보락August Dvorak 교수가 개발한 자판을 채택했다. 많이 쓰이는 알파벳을 가운데로 모아놓아 타이핑 속도를 빠르게 개선한 자판이다. 이 자판을 사용하면 더 빨리 타이핑을 할 수 있는데도 불구하고 아직 대부분의 사람들은 아무런 불평 없이 쿼티 자판을 사용하고 있다. 새로운 자판을 사용하려면 시간과 노력을 들여 새 자판을 다시 학습해야 하는데, 그게 귀찮으니까 좀 불편하더라도 기존의 자판을 고수하는 것이다. 학습에 요구되는 노력이 일종의 전환비용으로 작용해 고객을 붙잡아두고 있는 것이다.

　　　　　　　　　　　　　　　　　　　　　일상의 경영학

전환비용의 사례

이러한 전환비용의 사례는 우리 주변에서도 쉽게 찾아볼 수 있다. 훨씬 값싸게 이용할 수 있는 저가항공이 얼마든지 있음에도 불구하고, 예전에 이용하던 항공사를 그냥 이용하는 경우가 있다. 그동안 모아 놓은 포인트를 좀 더 쌓고 싶은 생각에서 말이다. 정작 필요한 성수기나 주말에는 쉽게 쓸 수도 없는 그 알량한 포인트 때문이다. 안드로이드폰이나 아이폰을 쓰던 사람이 스마트폰을 바꿀 때 어지간하면 같은 계열의 전화기를 고수하는 이유도 마찬가지다. 기존에 구매했던 앱을 버려야 하기 때문이다. 이러한 종류의 전환비용을 '재무적 전환비용'이라고 한다. 다른 제품이나 서비스로 넘어가는 데 금전적인 간접비용이 발생하기 때문이다. 항공사의 마일리지나 스마트폰의 앱은 재무적 전환 비용을 고객에게 부과하는 셈이다.

집에 들어오는 인터넷 속도가 너무 느려 다른 업체로 바꾸려다 그냥 포기한 경험이 있었다. 전화를 걸어 해지하겠다는 의사를 밝히자 여기저기 다른 부서로 전화를 하도 돌려대는 통에 '차라리 그냥 쓰고 말지' 해버리고 만 것이다. 이처럼 복잡한 절차를 부과함으로써 고객이 이탈하기 어렵게 만드는 방식을 가리켜 '절차적 전환비용'이라고 한다. 신용카드가 보급되던 초창기에는 길거리에서도 손쉽게 카드를 발급 받을 수 있었다. 하지만 사용하던 카드를 해지하려면 전화를 몇 통이나 걸어도 잘 안 되었던 경험이 있는데, 이런 사례 역시 절차적 전환비용으로 고객을 잡아두는 전형적인 방식이다.

렌탈로 쓰고 있던 정수기를 다른 업체로 바꾸려는데 아내가 불편한 표정을 짓는다. "정수기 관리 아주머니와의 친분 관계 때문에 웬만하면 그냥 쓰던 것을 쓰자"고 한다. 보험도 마찬가지다. 붓고 있던 보험을 해약하려다가도 친분 관계가 있는 보험회사 직원과의 관계가 불편해질까봐 어지간하면 그냥 두는 경우도 많다. 이처럼 사람들과의 관계 때문에 다른 재화로 넘어가지 못하는 경우 '관계적 전환비용'이 부과되었다고 한다.

이처럼 전환비용을 통해서 고객을 잡아두는 것을 '락인lock-in'이라고 한다. 열쇠로 가둬둔다는 의미다. 미고객을 고객으로 유인하기 위해서는 마케팅을 비롯해 많은 정성을 기울이고 있지만 기존 고객을 붙잡아두는 데에는 상대적으로 노력을 덜하고 있는 것이 사실이다. 전환비용을 고객에 대한 꼼수로만 볼 일이 아니다. 적절한 수준의 전환비용을 통해서 고객 이탈을 막아낼 방법에 대해서도 보다 많은 고민이 있어야 할 것이다.

○● 모든 산업에서 전환비용이 의미를 갖는 것은 아니다. 도입기나 성장기 단계의 산업에서 사업을 펼치고 있는 회사라면 '어떻게 하면 고객의 만족도를 조금이라도 높일 수 있을까' 하는 고민이 우선일 것이다. 더 좋은 상품과 서비스로 아직 고객이 아닌 미고객을 고객으로 만드는 것이 중요하기 때문이다. 하지만 살아남기 위해서는 경쟁사의 고객을 빼앗아 와야만 하는 성숙기 시장에서 사업을 하고 있다면, 고객을 지켜내기 위해

어떤 전환비용을 부과할 수 있을지에 대해서도 깊은 고민이 있어야 하겠다.[19] ○ ●

서희, 세치 혀로 강동6주를 돌려받다
상대방의 니즈야말로 협상의 열쇠

○● 사례1_ 출근 준비로 바쁜 아침. 아내가 인상을 찡그린다. "여보, 오늘따라 왜 이렇게 머리가 지끈거리지?" 이럴 때 잘못 대답했다가는 무신경한 남편으로 찍히기 십상이다. 자상한 표정으로 친절하게 말해줘야 한다. "우리 동네 병원보다는 옆 동네 병원 선생님이 두통을 잘 본다네. 그리로 가보도록 해요." 좋은 정보를 주었는데, 어째 아내의 반응이 시원찮다. 내 딴에는 신경 써서 답을 해주었건만, 마치 아무 말도 못 들은 사람 표정이다.

사례2_ 작년에 경력직으로 입사한 김 과장이 다가온다. 한참을 미적거리더니 하는 말이, "부장님, 저 이제 더 이상 회사 다니기 어려울 것 같습니나." 입사한 지 얼마 되지도 않았는데 그만두겠다니, 좀 아쉽다. 하지만 이왕 나가는 사람, 언제 어디서 어떻게 만나게 될지 모르는 법 아닌가. 이왕 이렇게 된 거 인심이라도 써야겠다 싶어 따뜻한 표정으로 말해주었다. "그래요? 며칠 자로 퇴사할 건데요? 남은 연차는 내가 최대한 쓰게 해줄게요." 그런데 김 과장의 반응이 이상하다. 고마워하기보다는 깜짝 놀라는 표정이다. 이런 호의까지는 기대하지 못했나 보다. ○ ●

서희와 강동6주

거란군의 기세는 거셌다. 서기 993년 거란의 소손녕 장군이 이끌고 온 거란의 군사들은 고려가 손 쓸 새도 없이 강동6주를 유린했다. 거란의 요구는 간단했다. '더 이상 백성을 희생시키지 말고 왕이 직접 나와 항복하라는 것'이었다. 이미 고려는 협상을 위해 두 차례에 걸쳐 대표를 파견했으나 협상다운 협상은 해보지도 못하고 쫓겨나다시피 돌아왔다. 항복은 고사하고 항복 사절단을 뽑기도 어렵게 되었다.

이때 고려의 외교관 서희가 나섰다. 그리고 소손녕과 그 유명한 7일간의 담판을 시작했다. 먼저 소손녕이 주장했다. "고려는 신라에서 일어났고 우리 거란은 옛 고구려 영토에서 나라의 터를 닦았다. 지금 고구려 영토를 고려가 차지하고 있기에 우리는 조상의 영토를 찾으러 왔다." 서희도 가만있지 않았다. "그것은 얼토당토않다. 고려야

말로 고구려를 계승한 나라다. 나라의 국도도 고구려의 수도를 이어받았을뿐더러, 고려라는 국호에서도 고구려를 계승했다는 것이 명확히 드러나지 않는가? 우리가 고구려의 후예임이 분명한데, 당신들이야말로 허튼 평계를 잡아 우리 땅을 침략하고 있는 것이다. 그러니 잘못을 뉘우치고 어서 군사를 돌려라." 조목조목 따지고 드는 서희의 대응에 소손녕은 할 말을 잃었다. 결국 그는 힘으로 빼앗은 강동6주를 돌려주고 철수할 수밖에 없었다.

국사 교과서에서 본 내용을 정리해보았다. 그럴 듯하게 들리는가? 교과서의 이 내용이 사실이라면 거란의 장수 소손녕은 괜히 고려를 침입해왔다가 아무런 소득도 없이 물러난 셈이다. 거란으로 돌아간 소손녕 장군은 황제에게 협상 결과를 어떻게 보고했을까? "황제님, 알고 계셨어요? 제가 고려의 서희라는 신하에게 듣자니 고려는 고구려를 계승한 나라라고 합니다. 고려라는 국호도 고구려에서 가져온 거고요. 조상의 땅은 그 후손들이 물려받아 다스리는 것이 당연한 것 같기에 제가 돌려주고 왔습니다."

| 그림 | 강동6주

일상의 경영학

설마 이런 일이 진짜로 벌어졌을 리는 없을 텐데, 교과서의 내용은 어째 석연치 않다.

니즈를 파악해야 협상에 성공

모든 협상가는 두 가지 요소를 가지고 있다. '포지션position'과 '니즈needs'다. 포지션은 협상 테이블에서 드러나는 내용이다. '요구'라고 번역한다. 구매자가 '단가 1퍼센트 인하, 납품 기간 한 달 단축'이라고 얘기하는 것이 포지션이다. 포지션에 초점을 맞춰서는 협상을 타결하기 어렵다. '단가 1퍼센트 인상, 납품 기간 한 달 연기'라는 식으로, 흔히 상대방의 포지션은 나와 반대되는 경우가 많기 때문이다. 이 경우에는 자신의 주장만 반복하면서 얼굴을 붉히거나, 양측 누구도 만족할 수 없는 중간 값으로 어설프게 협상을 마무리하게 마련이다.

우리는 상대로부터 원하는 것을 얻기 위해 협상을 한다. 그러므로 포지션보다는 니즈에 초점을 맞춰야 한다. 우리말로 '욕구'라고 번역되는 니즈는 상대가 포지션을 주장하는 진짜 이유이다. 겉으로 드러나지 않은 상대방의 본심이자 속마음이다. 서로가 원하는 것을 얻으면, 즉 쌍방의 니즈가 만족되면 협상은 성공적으로 끝난다.

이제 포지션과 니즈 개념을 가지고 국사 교과서로 다시 돌아가자. 이전 협상 대표였던 장수들과는 달리 외교관이었던 서희는 당시 동북아 정세에 능통했다. 중국 대륙의 북쪽에서 시작한 거란은 '요'라는 국호의 나라를 세우고 그 힘을 차츰 넓혀가고 있었다. 그 기세에

눌린 송나라는 산동반도 남부로 밀려났다. 하지만 대륙의 주인이 둘일 수는 없는 법. 세력을 키워가던 거란으로서는 송나라와 대륙을 건 한판 승부는 벌여야 했다. 그런데 거란의 입장에서 찜찜한 것이 하나 있었으니 바로 고려였다. '모든 군사력을 송나라에 집중하고 있을 때 고려가 뒤통수를 치면 어떡하나?' 하는 불안감이 들었다. 당시 고려는 송나라와 친교를 맺고 조공을 하고 있었기 때문이다.

거란이 옛 선조의 땅을 되찾겠다고 허세를 피우고 있지만 그것은 포지션일 뿐, 서희가 보기에 거란의 니즈는 명확했다. 거란이 송나라를 칠 때 고려가 뒤에서 딴짓을 하지 말라는 것이었다. 결국 고려에게 본때를 보여주기 위해 거란은 80만 군사를 동원한 것이라고 생각한 서희가 소손녕에게 말했다.

"우리 역시 귀국과 국교를 맺고 싶다. 하지만 여진이 중간을 강점하고 완악한 행위와 간사스러운 태도로 교통을 차단하고 있어서 왕래하기가 곤란한 형편이다. 그러니 국교가 통하지 않음은 전적으로 여진의 탓이다. 우리가 힘을 모아 여진을 몰아낼 수 있다면 당장이라도 귀국과 국교를 맺을 것이다."

소손녕 장군은 어떤 선택을 해야 할까? 고려를 완전히 복속시키려면 거란의 입장에서는 많은 희생이 불가피하고, 시간이 얼마나 걸릴지도 알 수 없다. 이런 상황에서 거란이 서희의 제안을 내치기는 쉽지 않았을 것이다. 서희가 "항복하라"는 거란의 포지션에만 초점을 맞췄다면 강동6주를 얻기는커녕 거란의 속국이 되었을지 모른다. 하지만 서희는 거란의 니즈, 즉 송나라를 공격할 때 송나라의 편에 서지 않겠다는 것을 만족시킴으로써 강동6주를 되찾는 훌륭한 협상 결과를 만들어낼 수 있었다. 이것이 바로 니즈에 초점을 맞춘 협상이 가진 위력이다.[20]

그렇다면 상대의 니즈는 어떻게 알 수 있을까? 가장 쉬운 방법은 물어보는 것이다. 하지만 무턱대고 물어본다고 답이 나오는 것은 아니다. 질문에도 요령이 있다.

열린 질문 vs. 닫힌 질문

파트너와 서로 교감하면서 멋진 작품을 만들어내는 스포츠댄스처럼 협상은 상대방과 끊임없이 커뮤니케이션을 함으로써 양측 모두 만족할 수 있는 해결책을 찾아가는 과정이 협상이다. 그러기 위해서는 상대방이 원하는 바를 정확히 파악해야 하는데, 이를 위한 가장 확실한 방법은 질문이다.

여기까지 들으면 사람들은 생각한다. '나도 이미 질문을 많이 하고 있는데…….' 하지만 질문의 횟수가 중요한 것이 아니다. '어떤' 질문을 하느냐가 중요하다.

중요한 기계 부품을 구매하는 협상을 한다고 생각해보자. 상대가 이렇게 요구한다. "제품 가격을 1,000만 원 인상하겠습니다. 가능하시죠?" 1,000만 원은 터무니없이 높은 금액이다. 이 경우, 사람들의 질문은 대부분 비슷하다. "좀 깎아주실 수 없나요?" 상대방은 대답할 것이다. "안 됩니다!" 협상학에서는 이런 질문을 '닫힌 질문'이라고 한다. 상대방의 대답이 "예" 또는 "아니요"로 나오게 되는 질문이다. "납품 기간은 꼭 월말까지로 해야 하나요?" "품질 보증 기간을 늘려주실 수는 없나요?"와 같은 질문은 모두 닫힌 질문이다. 협상은 결국 서로의 니즈를 만족시켜가는 과정인데, 닫힌 질문으로는 상대의 니즈를 알아낼 방법이 없다.

상대의 욕구를 읽어내기 위해서는 '열린 질문'을 해야 한다. 앞에 나온 닫힌 질문을 열린 질문으로 바꿔보자. "1,000만 원이라는 인상폭은 어떻게 산정된 것인가요?" 이런 질문을 통해 "물류비가 올라서 우리도 어쩔 수 없다"든가 "늘어나는 재고 비용을 감당할 수 없다"는 등의 진짜 이유를 파악할 수 있다. 그리고 이를 통해 과도한 가격 인상 없이 상대의 문제를 해결할 수 있는 방법을 찾을 수 있다. 예를 들면 "우리 회사의 물류망을 활용해서 비용을 줄이자"라든지 "우리 회사 창고에 재고를 보관할 수 있다"는 식의 대안을 제시할 수 있게 되는 것이다. 상대의 니즈를 알아낼 수 있는 열린 질문 하나가 협상의 결과를 바꿔놓을 수도 있다.

인간관계에도 적용되는 협상의 원리

포지션이 아니라 니즈에 집중해야 한다는 협상의 원리는 협상 테이블에서뿐만 아니라 인간관계에서도 폭넓게 적용될 수 있다. 회사에 다니기가 너무 힘들다며 하소연하는 부하 직원에게 그럴 때는 쉬어야 한다며 휴가만 권유하고 있지는 않은가? 실제로 그 부하 직원은 비전이 없는 직장생활과 불확실한 미래 때문에 힘겨워하고 있는 것일지도 모른다. 머리가 아프다고 하소연하는 아내에게 아플 때는 빨리 병원에 가보라는 말만 되풀이하고 있지는 않은가? 골치 아픈 이유가 따로 있는 것인지도 모른다. 아내가 드러내는 포지션 뒤에 숨어 있는 니즈를 들여다봐야 한다. 아내의 두통은 의사가 아니라 이야기를 잘 들어주는 남편이 고치는 경우가 많다.

○● 겉으로 드러나는 포지션이 아니라 진짜 본심인 니즈에 관심을 기울이는 습관을 가져보자. 사람은 포지션이 아니라 니즈에 의해 움직이기 때문이다. 이는 기업이나 국가 역시 마찬가지다. 상대방 니즈를 알아가려고 노력할 때, 원하는 것을 얻을 수 있음은 물론 관계 역시 훨씬 좋게 만들어 갈 수 있을 것이다. ○●

PART
02

-

일상의 경영학,
철학을 만나다

-

Insight Management of Daily Life

슈뢰딩거의 고양이, 관찰의 막강한 힘
캔도하게 피드백하라

○● 동전을 던질 때 앞면이나 뒷면이 나올 확률은 2분의 1로 같다는 사실을 우리는 잘 알고 있다. 그런데 "자, 앞일까, 뒤일까?" 하고 물어보는 상대에게 "그렇게 물어보는 건 적절치 않아. 그 동전은 2분의 1 확률의 앞면과 2분의 1 확률의 뒷면인 상태로 있을 거야"라고 답하지는 않는다. 우리는 확률적으로 예측하지만 미래는 확률로 존재하지 않는다는 것을 알기 때문이다. 하지만 도박장과 양자역학에서는 세상이 이런 식으로 돌아간다.

도박장에서는 '2분의 1 확률의 앞면과 2분의 1 확률의 뒷면'을 '기대값'이라는 단어로 표현한다. 예를 들어, 동전의 앞면이 나오면 100원을 받기로 한 내기에 참가한다면 기대값은 50원이라는 식으로 말이다. 앞면이 나올 확률과 뒷면이 나올 확률은 2분의 1로 같으므로, '2분의 1×(앞면일 때 받는 상금 100원)+2분의 1×(뒷면일 때 받는 상금 0원)=50원'이기 때문이다. '기대값이 그런 의미였어?' 하는 분들도 있겠지만, 이미 실생활에서 많이 사용되는 개념이다. 그런데 양자역학 분야로 가면 얘기가 좀 달라진다. 양자역학 이전의 물리학은 확신이 있었다. 자연현상을 지배하는 물리법칙을 알고 그 법칙을 기술하는 방정식을 풀 수만 있다면, 우리는 미래에 어떤 일이 일어날 것인지 정확히 예측할 수 있다고 말이다. 뉴턴 이래 고전역학에서 그것은 사실이었다. 미사일의 속도와 가속도 그리고 무게를 운동방정식에 대입하면 그 미사일이 어느 궤도로 날아가서 어디에 떨어질지 정확히 알아낼 수 있었다. 방정식을 풀어낼 실력이 없는 게 문제일 뿐, 일단 답을 구하고 나면 특정한 시점에 미사일이 어느 위치에 있게 될지 정확히 예측할 수 있다. ● ○

불확정성의 원리

미사일의 유도 장치에 동쪽으로 100킬로미터 날아가도록 프로그래밍을 해놓았다고 가정해보자. 이 미사일은 발사되고 나면 동쪽 100킬로미터에 있는 목표물을 정확히 타격할 것이다. 하지만 발사 장소가 서울인지 부산인지에 따라 미사일의 낙하지점은 달라질 것이다. 미래를 예측하기 위해서는 현재 상태를 정확히 알아야 한다. 고전역학에서 현재 상태를 알아내는 데에는 아무런 어려움이 없다. 미사일은 눈에 보이는 곳에 놓여 있기 때문이다.

그러나 양자역학에서는 상황이 달라진다. 미래를 예측하기 위해서는 현재 상태를 관찰해야 하는데, 이것이 미사일 발사대가 어디에 있다고 말하는 것처럼 쉽지 않다. 전자를 관찰할 수 있는 현미경이 있다고 해보자. 깜깜한 방에서는 사람이 몇 명 있는지 보이지 않는 것처럼, 전자를 들여다보기 위해서는 밝은 빛을 쏴줘야 한다. 밝은 빛이란 파장이 짧은 빛이고, 파장이 짧은 빛은 에너지가 크다. 이렇게 환한 빛으로는 전자의 위치를 정밀하게 측정할 수 있지만, 측정과정에서 빛의 에너지가 전자의 운동량을 변화시킨다.

좀 더 쉽게 풀어보자면, 원자핵 주위를 빙글빙글 돌고 있는 전자가 갑자기 날아온 빛에 한방 먹어 휘청거리며 본래의 운동 궤도에서 벗어나는 것이다. 달리는 자동차의 옆면에 강한 빛을 비춰준다고 해서 자동차가 흔들거리지는 않는다. 그래서 전자가 빛에 맞아 휘청거린다는 표현을 이해하지 못하는 독자도 있을 것이다. 하지만 바람이 심한 날 고가도로를 달리다 보면 자동차가 좌우로 흔들리는 것처럼, 전자는 빛이 가진 에너지에도 영향을 받을 수 있다.

이처럼 전자의 위치를 정확히 알아내려면 밝은 빛을 쏘아주면 되지만, 밝은 빛은 전자의 운동량을 변화시킨다. 반대로 전자의 운동량에 영향을 미치지 않으려면 에너지가 적은 빛, 즉 파장이 길고 어두운 빛을 쏘아줘야 하는데, 이래서는 전자가 어디에 있는지 보이질 않는다. 따라서 전자의 현재 위치와 운동량을 동시에 측정하는 것은 불가능하다는 것인데, 이를 '불확정성의 원리Uncertainty Principle'라고 한다.

관측에서만이 아니라 계산에서도 문제가 있다. 고전역학 방정식을 풀면 딱 떨어지는 답이 나오는데, 양자역학 방정식을 풀면 비엔나 소시지 엮여 나오듯 해解가 줄줄이 나온다. 답이 여럿이란 것의 의미는 원자핵 주위를 도는 전자의 위치가 특정한 한 곳으로 정해지는 것이 아니라 여러 곳에 있을 수 있다는 것이다. 이래서는 미래의 상황을 정확히 예측할 수가 없다.

양자역학에서는 이 문제에 대해 새로운 해석을 내놓았다. 여러 가지 다른 상태가 가능한 입자의 상태는 그런 여러 상태들의 확률적 기대값으로 나타낼 수 있다는 것이다. 예를 들어 원자에서 어떤 전자의 상태를 구하기 위해 방정식을 풀었더니, 그 전자가 Ψ_1이라는 곳에 있을 수도 있고, Ψ_2의 위치에 있을 수도 있다고 나왔다. 그렇다면 이 입자의 위치는 두 위치를 모두 포함하는 (확률적) 기대 값인 $\Psi = a\Psi_1 + b\Psi_2$로 나타낼 수 있다는 것이다.• 그럴 것 같은가? 100원 내기 동전 던지기에서 벌 수 있는 기대 값은 앞면이 나올 확률과 뒷면이 나올 확률을 조합해서 50원이라고 할 수 있지만, 전자의 위치도 '여기에 있을 확률 반, 저기에 있을 확률 반' 하는 식으로 나타내는 것이 과연 의미가 있을까?

얘기를 듣다 보면 양자역학 분야에서는 뭐 하나 딱 부러지게 할 수 있는 게 없다. 불확정성의 원리에 의해 정확한 실험 결과를 얻을 수 있는 것도 아니고, 그렇다고 수학적으로 정확한 해를 구할 수도 없

• a, b는 동전 앞면과 뒷면의 확률이 2분의 1, 2분의 1인 것처럼 Ψ_1와 Ψ_2가 존재할 확률을 의미한다.

기 때문에 확률적으로 나타낼 수밖에 없다는 것이다. 알베르트 아인
슈타인Albert Einstein과 에르빈 슈뢰딩거Erwin Schrödinger를 비롯한 일군의
학자들은 양자역학이 내린 이런 모호한 결론을 도저히 받아들일 수
가 없었다. 그들은 양자론자들을 공격하기 위해 가상의 상황을 그리
고 머릿속으로 실험을 해보았다. '슈뢰딩거의 고양이'라고 이름 붙인
'사고 실험thought experiment'을 말이다.

슈뢰딩거의 고양이 = $\frac{1}{2}$ 살았다 + $\frac{1}{2}$ 죽었다

속이 보이지 않는 상자 속에 고양이 한 마리가 갇혀 있다고 해보
자. 이 상자 안에는 방사선을 검출할 수 있는 장비와 극소량의 방사
성 원소가 들어 있다. 방사성 원소가 한 시간 동안에 붕괴할 확률은
50퍼센트다. 만약 방사성 원소가 붕괴하게 되면 검출 장치가 감지하
게 되고, 망치와 연결된 스위치가 작동한다. 그렇게 되면 망치는 청
산가리가 들어 있는 병을 깨뜨려 고양이에게 치명적인 청산가리가
흘러들어가도록 되어 있다.

똑딱똑딱. 한 시간이 지났다. 이제 우리는 고양이에 대해 어떤 말
을 할 수 있을까? 슈뢰딩거와 아인슈타인은 양자론자들을 비판한다.
당신들이 고양이의 상태에 대해 말할 수 있는 것은 기껏해야 "고양
이는 50퍼센트의 살아 있을 확률과 50퍼센트의 죽었을 확률이라는
것밖에 없다. 당신들이 즐겨 사용하는 확률적 방법론으로 말하면 고
양이는 살아 있는 상태와 죽어 있는 상태가 혼합된 상태여야 하는데,

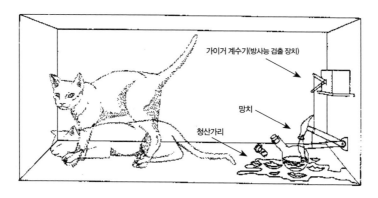

이건 말이 안 되는 얘기잖아?" 하고 말이다. 난감하다.

슈뢰딩거의 고양이 사고 실험은 양자역학이 가지고 있는 오류를 보여주기 위한 것이다. 우리는 직관적으로 살아 있는 상태와 죽은 상태가 동시에 존재할 수 없다는 것을 알고 있다. 그러므로 고양이에 대해서도 살아 있던지, 죽어 있던지 분명하게 결론을 내야지, '살아 있을 수도 있고 죽었을 수도 있는 상태'라는 애매한 확률 뒤에 숨는 것은 비겁하다는 것이다.

양자론자들의 생각은 다르다. 고양이의 생사가 우리에게 의미를 가지려면 뚜껑을 열고 들여다봐야 한다. 즉, 결과는 '관찰'에 의존한다는 것이다. 그동안 자연과학의 근간을 이루고 있던 결정론적 세계관에서는 관찰자가 끼어들 자리가 없었다. 누가 보든 말든 세상은 이미 정해진 자연법칙에 따라 질서정연하게 돌아간다. 하지만 양자론에 따르면 세상은 그리 분명하고 딱 부러지게 돌아가는 곳이 아니다.

하다못해 관찰자의 존재만으로도 결과가 달라질 수 있다.

리더가 부하 직원을 관찰해야 하는 이유

자연과학 분야에서 촉발된 이런 새로운 생각은 인문 사회 분야에도 광범위한 영향을 미쳤다. 인간은 감정이 없고 철저하게 이성적인 존재라는 가정 위에 학문의 토대를 구축한 경제학에서는 양자역학 이후에는 오히려 인간의 비합리성을 연구하는 행동경제학이 싹트게 되었고, 인간의 의식을 중시하던 심리학도 양자역학 이후에는 잠재된 무의식 쪽으로 방향을 트는 식으로 말이다.

그런데 나는 '관찰자의 존재만으로도 결과에 영향을 미칠 수 있다'는 말에서 경영학자 조지 엘턴 메이요George Elton Mayo를 떠올렸다. 양자역학에서 촉발된 새로운 생각이 메이요에게까지 영향을 미쳤는지는 알 수 없지만, 메이요는 경영학이 사람을 보는 시각을 바꿔놓았다. 메이요 이전의 '과학적 관리법'은 일정한 인풋을 넣어주면 정해진 아웃풋을 만들어내는 기계적인 존재로 인간을 간주했다. 하지만 메이요는 '노동의욕'이라는 개념을 들고 나왔다. 객관적으로 수치화될 수 있는 작업 조건보다 직장에서의 (상사나 동료와의) 인간관계가 생산성에 훨씬 더 큰 영향을 미친다는 것이다. 동일한 사람이라도 주위의 관심과 기대에 반응하여 얼마든지 다른 성과를 낼 수 있다는 사실을 경영학이 받아들이게 된 것이다. 전자를 관찰하기 위해 쏘아준 빛이 오히려 전자의 위치를 바꿔놓은 것처럼 말이다. 이것이 리더들이 부

일상의 경영학

하 직원을 잘 관찰해야 하는 이유다. 리더가 어떤 시선으로 부하 직원을 관찰하느냐에 따라 성과가 달라질 수 있기 때문이다.

선입견이 부르는 악순환

골프를 배워본 사람은 안다. 혼자 연습할 때는 또박또박 잘 맞아나가던 공이, 코치 앞에만 서면 왼쪽, 오른쪽 춤을 추며 날아간다. 이상하게도 누가 보고 있으면 실력이 갑자기 달라진다. 어디 골프장에서뿐이랴? 우리는 타인의 긍정적인 기대나 관심을 받으면 실제 능력 이상의 성과를 내지만, 부정적인 시선이나 선입견을 느끼면 원래 능력조차 발휘하지 못하기도 한다. 따라서 조직의 리더는 부하 직원에 대해 부정적인 선입견을 갖지 않도록 주의해야 한다. 선입견은 한 번 시작되면 악순환을 통해 더욱 강화되는 경향이 있기 때문이다.

예를 들어보자. 특정 부하 직원의 사소한 실수가 눈에 보이는 순간, 상사는 '저 친구 일 처리가 꼼꼼하지 못한 것 같아. 조금 더 신경 써야겠는걸' 하는 생각이 든다. 악순환이 시작되는 순간이다. 상사는 자꾸 참견하고 싶어지고, 부하 직원은 그 나름대로 찜찜함을 느낀다. '저 분이 나를 못 믿는구나' 하고 말이다. 그러면 적극적이고 주도적인 자세로 열심히 해보겠다는 의욕은 줄어들게 마련이다. 당연히 결과물의 수준은 더욱 낮아지게 되고, 상사는 부하의 업무에 더욱 깊숙하게 개입하려 든다. 이제 자질구레한 업무 하나까지도 일일이 간섭을 당하게 된 직원은 일에 대한 자신감을 완전히 잃어버린다. 그는 '난 이 조직에 안 맞나 봐. 다른 부서로 옮기던지 회사를 바꿔야 할까 봐' 하는 생각까지 들게 된다. 일에 대한 관심이 완전히 없어지고 성과는 더욱 바닥을 친다. 그다음부터는 그런 태도까지 문제가 된다. 상황이 이 지경에 이르면 상사는 '그럼 그렇지. 내가 사람 하나는 기가 막히게 잘 본단 말이야. 역시 저 친구는 안 되겠어' 하고 확신하게 된다.[1]

상대에 대한 고정관념을 버려야 한다

이런 악순환을 피하기 위해서는 무엇보다도 상대에 대해 고정관념을 버려야 한다. 고정관념이란 일반화의 과잉이자 부정확하게 일반화된 신념이다. 고정관념을 버리고 주관적인 선입견이나 추측이 아니라 객관적인 사실을 근거로 판단해야 한다. 사람은 일단 어떤 견해를 갖게 되면 그것을 정당화하려는 경향이 있다. 그렇기 때문에 상대방의 실수는 물론, 사소한 태도까지도 자신의 생각을 뒷받침하는 증거로 받아들이곤 한다.

예를 들어 공공장소에 데려간 아이가 가만있지 못하고 소란을 피웠다. 이 경우 평소에 '공부도 못하고 진중하게 앉아 있지 못하는 성격의 아이'라는 생각을 갖고 있던 엄마는 직원에게 이렇게 말할 것이다. "아이고, 우리 아이가 칠칠치 못해 또 난리를 피웠네요." 하지만 평소 아이에 대해 긍정적인 기대나 선입견을 갖고 있던 엄마라면 직원에게 하는 말이 달라질 것이다. "아이고, 미안합니다. 워낙 호기심이 많고 궁금한 것은 참지 못하는 아이라서요."

　조직의 리더는 객관적이고 구체적인 사실을 관찰하고, 이를 근거로 직원을 파악해야 한다. '박 대리, 저 친구는 늘 보고서 마감일을 못 지키지' 하는 식이 아니라 박 대리에게 보고서 작업을 시켰을 때 몇 번이나 마감일을 넘겼는지 구체적이고 객관적인 자료를 가지고 판단해야 한다는 것이다. 그리고 마감일을 못 지킨 이유가 박 대리의 게으름에서 비롯된 개인적인 문제인지, 아니면 다른 불가피한 이유가 있었던 것인지 여러 가지 정보를 통해서 확인해야 한다.

캔도하게 피드백하라

　악순환에 빠지지 않기 위해서는 '캔도Candor'하게 피드백을 해야 한다. 사실을 근거로 관찰했으면 그저 그것으로 끝나서는 안 된다는 말이다. 관찰 결과가 상대방에게 올바로 피드백되어 상대방이 자신의 행동에 대해서 정확히 알 수 있도록 해야 한다. 피드백에서 제일 중요한 덕목이 바로 캔도다. 캔도는 솔직한 것이다. 그냥 솔직한 것이 아니라 정말로 솔직한 것, 잔인할 정도로 솔직한 것이 캔도다.

　캔도하지 못하는 이유는 우리 마음속에 '굿가이콤플렉스Good Guy Complex'가 있기 때문이다. 굿가이 콤플렉스는 '착한 사람이고 싶어 하는 강박관념'이다. 이러한 강박을 가지고 있는 리더는 부하에게 싫은 소리를 하지 않는다. 하고 싶은 말이 있어도 표현하지 않고 속으로만 상대를 미워한다. 그래서 껄끄러운 대화를 피하다 보면 점차 부하 직원에게 무관심하게 된다. 이런 상사 아래서 일하는 부하 직원들은 피드백을 받을 기회가 없다. 오랜 시간 같이 일을 해도 배울 것이 없다.

좋은 리더란 부하 직원이 자신의 역량 이상의 성과를 만들어낼 수 있도록 해주는 리더다. 신바람 나게 해주겠다며 자주 회식 자리를 만들고, 별 의미 없는 칭찬을 남발한다고 해서 부하 직원의 숨겨진 역량이 발현되는 것은 아니다. 부하 직원을 성장시키기 위해서는 먼저 관찰해야 한다. 어설픈 추측이나 선입견을 배제하고 사실에 근거하여 냉정하게 관찰해야 한다. 그리고 다소 불편할 수 있더라도 캔도하게 피드백해야 한다. 그래야 부하 직원도 자신의 강점과 약점을 정확히 알고 부족한 점을 보완할 수 있다.

○● 리더들은 하소연한다. 부하 직원을 관찰하기엔 자신의 업무만으로도 너무 바쁘다고 말이다. 이런 사람은 리더 자격이 없다. 직급이 높은 일꾼일 뿐이다. 일꾼에게는 아무리 많은 부하 직원을 붙여줘도 사람 숫자이상의 성과는 나오지 않는다. 리더는 부하 직원들을 통해 성과를 내는 사람이다. 먼저 부하 직원들을 잘 관찰해보자. 그리고 성과를 높이기 위해 요구되는 부분을 솔직하게 피드백 하도록 하자. '좋은 게 좋은 거 아니냐'고 넘어가는 리더는 오히려 부하 직원을 망칠 뿐이다. 직원을 성장시키기 위해 껄끄러움을 기꺼이 감수할 수 있는 좋은 리더가 되어야 한다. ○●

파놉티콘을 부수고 열린 조직 만들기
창의성을 높이는 똑똑한 사무실

○● 지인들 대부분이 아파트에서 산다. 드물지만 주택에 사는 친구들이 없는 건 아닌데, 그중 한 친구는 벽에 몰래 방뇨하는 사람들 때문에 골치가 아팠다. 어떻게든 야간 방뇨를 막아보려고 '소변 금지'라는 푯말도 세워봤고, 나중에는 벽에 '가위' 그림까지 그려봤다고 한다. 하지만 한밤중에 몰래 볼일을 보고 도망가는 사람의 수는 줄어들지 않았다. 고민을 거듭하던 이 친구, 'CCTV 촬영 중'이라고 써서 벽에 붙여놓았다. 그랬더니 바로 그 다음날부터 담벼락에서 풍기던 고약한 냄새가 싹 사라졌다고 한다. 실제로는 CCTV를 설치하지 않았음에도 말이다.

그토록 애를 써도 효과가 없었는데, 'CCTV 촬영 중'이라는 문구 하나로 몰래 방뇨하는 사람들이 확 줄어든 이유는 무엇일까? 아마 그 문구가 주는

일상의 경영학, 철학을 만나다　　　　　　　　　　　　　　　105

메시지, "나는 너희들을 본다. 하지만 너희들은 나를 볼 수 없다." 이것이 사람들을 스스로 규제하게 만든 게 아닐까? 이런 생각을 곰곰이 하다 보니 문득 18세기 감옥으로 제안되었던 '파놉티콘Panopticon'이 떠올랐다. ○ ●

모두를 감시할 수 있는 감옥, 파놉티콘

1791년 공리주의자인 제레미 벤담Jeremy Bentham은 간수가 자신을 노출시키지 않으면서 죄수들을 감시할 수 있는 파놉티콘이라는 감옥을 고안해냈다. 파놉티콘은 그리스어로 '모두', '전체'를 뜻하는 'pan'과 '바라봄'을 뜻하는 'opticon'을 합성한 말이다. 파놉티콘의 원리는 간단하다. 도넛처럼 둥글고 가운데가 뻥 뚫린 원형 건물 한가운데에 망루가 있고, 주위에 칸칸이 독방이 있다. 마치 공항의 관제탑처럼 생긴 망루는 사방이 유리로 되어 있고, 지붕은 밝은 빛을 내뿜는 조명이 사방을 비춘다. 수감자들은 망루에서 내뿜는 밝은 빛 때문에 그 안에 사람이 있는지 없는지, 혹은 어느 방향을 감시하는지 알 수 없다. 하지만 망루에서는 죄수들이 모여 있는 독방을 속속들이 들여다볼 수 있다. 간수는 죄수를 훤히 볼 수 있는데 죄수는 간수를 전혀 볼 수 없는, 그야말로 시선의 비대칭성이 극대화된 건물이다. 벤담은 '모든 상황을 한눈에 파악할 수 있는 능력'을 지닌 이 감옥의 본질을 한 단어로 표현하기 위해 '파놉티콘'이라는 이름을 붙였다.[2]

벤담이 누구던가? '최대 다수의 최대 행복'을 주장한 공리주의자

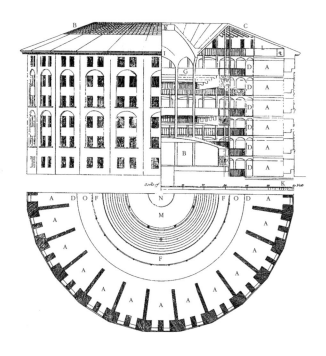

가 아닌가? 파놉티콘이야말로 공리주의 사상의 핵심이 구현된 결과물이라 할 수 있다. '최대 다수의 최대 행복', 즉 사회 전체 행복의 총량을 극대화하기 위해서는 가장 적은 노력으로 죄수들을 통제해야 하니 말이다. 하지만 당시 영국 정부는 사람들의 행복에 대해 벤담만큼 절실하게 고민하지 않은 듯하다. 감옥 건설에 돈을 대기로 했던 정부가 막판에 손을 들어버렸고, 벤담은 이로 인한 경제적 손실 때문에 결국 파산하고 말았다.

감시가 일상화된 사회

실제로 감옥을 짓지 않아서일까? 파놉티콘은 사람들의 기억 속에서 빠르게 잊혀졌다. 무려 150년 동안이나 말이다. 파놉티콘이 다시 주목받게 된 것은 1975년 미셸 푸코Michel Foucault가 그의 저서 《감시와 처벌Surveiller et Punir》에서 '규율 권력disciplinary power'의 원조가 바로 파놉티콘이라고 말하면서부터다.

푸코가 말하는 규율 권력이란 '사람들이 알아서 기게 만드는 힘'이다. 예를 들어 사무실에 두 여성이 있다고 해보자. 한 여성은 짙은 색의 단정한 투피스 정장에 수수한 헤어스타일이고, 다른 여성은 다리가 훤히 드러나는 짧은 미니스커트에 짙은 화장을 하고 앉아 있다. 그런데 이 두 여성이 있는 사회적인 환경은 어디인가? 한국, 그중에서도 '회사'라고 하는 곳이다. 우리나라의 직장문화를 기준으로 볼 때 바람직한(?) 여성 직장인의 복장을 잘 따르고 있는 사람은 누구일까? 당연히 수수한 차림의 투피스 정장을 입은 여성이다. 클럽에 놀러가는 복장으로 출근한 여성은 아직 사회적 기준에 의해 길들여지지 않은 사람이다. 푸코가 말하는 규율 권력이란 상사의 눈치를 보며 알아서 옷차림을 바꾸게 만드는 힘이다.

푸코에 의하면 규율 권력을 행사하는 가장 손쉬운 방법은 공간을 조절하고 통제하는 것이다. 즉, 파놉티콘처럼 공간을 잘만 바꾸면 사람들이 권력의 눈치를 보고 알아서 자신의 행동을 조정하도록 만들수 있다는 것이다. 그런데 왜 현대 사회를 파놉티콘에 비유하는 것일

일상의 경영학

까? 주위를 살펴보면 이것이 어떤 의미인지 바로 이해할 수 있다. 먼저 우리가 다녔던 학교를 떠올려보자. 초등학교든 중고등학교든 할 것 없이 학교 건물의 대부분은 복도를 따라서 교실이 일자형으로 쭉 들어서 있는 구조다. 학생들을 감독하기 위해서는 선생님 한 명이 복도 끝에 앉아 있기만 하면 된다. 복도 끝에 CCTV라도 설치해놓는다면 효과는 더욱 높아진다. 어디 학교뿐이겠는가? 우리가 일상적으로 이용하는 은행이나 지하철은 물론 동네 편의점에서도 CCTV가 우리를 지켜보고 있다. 온라인에서도 마찬가지다. 지인들과 개인적으로 주고받는 카카오톡까지 들여다보고 있는 실정이다. 우리는 그들을 볼 수 없지만 그들은 우리의 일거수일투족을 지켜보고 있다.

창의적 혁신을 촉진하는 사무 공간

직장 역시 보이지 않는 눈으로부터 자유롭지 못하다. 웬만한 회사에서는 사무실과 복도에 CCTV를 설치해두고 있다. 순전히 도둑을 막기 위한 용도로만 CCTV를 달아놓은 것은 아니다. 개인 이메일을 들여다보고 웹서핑 내역을 감시하는 회사도 부지기수다. 심지어는 핸드폰 위치 서비스를 통해 개인의 위치정보까지 관리하는 곳도 있다. 그래서일까? 복도 자판기 앞에서 동료와 커피 한 잔을 마셔도 괜히 눈치가 보이곤 한다. 내가 일하는 회사는 그런 곳이 아니라고? 그렇다면 고개를 돌려 주변을 한번 둘러보라. 상사들의 책상이 어디 있는가? 내 자리 뒤쪽 아닌가? 딱히 신경 쓰지 않더라도 부하 직원이 무엇을 하고 있는지 자연스럽게 살필 수 있는 구조다. 결국 직장인 역시 또 다른 파놉티콘에 갇혀 있는 것인지도 모른다. 비록 높은 벽에 둘러싸인 것은 아니지만 왠지 모를 관리와 감시의 눈길에 주눅 들어 위축된 생활을 하게 되니 말이다.

1970년대에는 목재 수송선에서 짐을 내리려면 100명이 넘는 인력이 닷새 동안 작업을 해야 했지만, 불과 30년이 지난 2000년대에는 한 명이 8일 동안 일하면 하역을 마칠 수 있다. 첨단 장비의 도움 덕분이다. 한 명이 500일 동안 해야 했던 일이 8일로 줄었으니, 이는 블루칼라 업무의 98퍼센트 이상이 없어졌다는 것이자 현재 직장인의 업무가 화이트칼라화되었다는 뜻이다. 이처럼 업무의 성격은 한참이나 달라졌는데, 업무 공간은 아직도 규율과 관리의 패러다임에서 벗어나지 못하고 있다. 직원의 창의와 자발성이 돈을 벌어주는 시대가 되었는데 아직도 산업화 시대의 사무공간에서 벗어나지 못하고 있는 것이다.

규율과 관리를 목적으로 설계된 파놉티콘 사무실에서는 창조적인 아이디어를 기대할 수 없다. 새로운 아이디어는 저절로 생겨나는 것이 아니다. 서로 다른 생각들이 섞이고 부딪힐 때 나오는 법이다. 직원들이 남의 눈치 보지 않고 활발히 소통하고 협력하도록 하기 위해서는 물리적 공간을 줄여야 한다. 상대방이 멀어질수록 소통을 위해 필요한 노력은 늘어나고, 상대방과의 우연한 만남에 의해 일어날 수 있는 소통의 기회는 줄어든다. 바로 옆자리에 위치한 사람과의 의사 교환 빈도와 단 몇 걸음이라도 걸어가야 대화가 가능한 사람과의 커뮤니케이션 빈도를 생각해보면 쉽게 수긍이 갈 것이다. 자주 커뮤니케이션할 수 있다면 동료들 간 친밀도가 높아질 것은 당연하다.

　시야를 가로막는 장애물도 줄여야 한다. 직장 동료와의 커뮤니케이션 중 80퍼센트는 사전에 계획되지 않은 것이다. 아무래도 눈에 띄는 사람과 말 한마디라도 더 나누게 될 수밖에 없다. 사무공간은 커뮤니케이션을 촉진하는 방향으로 설계되어야 한다. 한 연구에 따르면, 직장 내에서 자신의 시야에 있지 않은 직원보다 자신의 시야 안에 있는 직원과의 커뮤니케이션이 60퍼센트 가량이나 더 많다고 한다. 이렇듯 시야 확보성이 상호작용의 확률에 영향을 미친다면 사무 가구 배치를 개선하여 서로 간의 의사소통을 개선할 수 있다. 구성원 간의 상호작용이 일어나기 좋은 구조는 팀원들이 서로 볼 수 있도록 가구 배치를 한 구조이고, 구성원 간의 상호작용을 방해하는 구조는 구성원들이 등을 맞대고 있어 서로를 볼 수 없는 구조다.

　구성원 간의 물리적 거리를 줄이고 서로가 잘 볼 수 있도록 사무공간을 개선한 사례를 살펴보자. 미국 펜실베이니아 주에 본사를 두고 있는 금융 회사인 SEI인베스트먼트(이하 SEI)는 직원 간의 의사소통과 상호작용을 촉진하고 조직의 창의성을 높이기 위해 개인 사무실과 파티션을 없애 사무실을 하나의 큰 공간으로 만들었다. SEI는 사무실을 오픈된 공간으로 만듦과 동시에 직원들이 만날 수 있는 공간을 곳곳에 마련해 직원들 간 상호작용을 촉진했다. 또한 직원들의 책상과 의자에 바퀴를 달아 직원들의 이동을 자유롭게 했고, 층간에 엘리베이터를 설치하여 다른 층에 위치한 직원 간의 상호작용도 높이고자 했다. 시행 초기에는 관리 직원들의 부작용도 없지 않았다. 그럼에도 불구하고 이를 실시한 SEI는 1996년부터 2001년까지 5년 간 직원 수의 변화 없이 연간 40퍼센트의 매출 성장을 달성했다. 또한 직원들을 대상으로 조사한 결과, 사무 공간 혁신 이후 직원 간 상호작용이 촉진되어 의사결정 속도가 빨라졌고, 업무 몰입도가 높아졌으며, 변화된 사무 공간이 창의성을 자극했다는 반응이 많았다.

2003년 미국 연방정부 총무청 필라델피아 사무소는 신청사를 건립하면서 직원 간 의사소통과 상호작용을 촉진하고 팀 간 프로젝트 정보 공유를 원활히 하는 데 초점을 맞췄다. 총무청 필라델피아 지역 사무소는 SEI와 같이 사무실의 파티션을 없애 시야가 트이도록 사무 공간을 설계했고, 회의실을 여러 개 만들어 직원들이 자주 만날 수 있도록 해주었다.

또한 건물 중앙에 도서관을 배치하여 사람들이 오가면서 마주칠 수 있는 가능성을 높였다. 총무청 자체 데이터 분석 결과, 신청사의 직원 간 상호작용은 구청사보다 2배가량 늘어난 것으로 나타났다. 특히 개인 업무 공간과 도서관 등 공동 공간에서 상호작용이 잦아진 것으로 분석되어, 총무청의 '오픈 오피스 플랜'은 직원 간 커뮤니케이션을 촉진하려는 목적을 달성한 것으로 평가된다. 또한 고객만족도가 높아지고 업무 지연이 준 것으로 나타나, 새로운 사무 공간이 조직 성과를 높이는 데도 기여한 것으로 보인다.[3]

파놉티콘 사무실이 필요한 경우

이처럼 서로가 한눈에 보일 만큼 직원 간의 거리가 가깝고 개방된 사무실이 효율적임은 물론이다. 하지만 몸에 좋은 보약이라고 해도 누구에게나 효과가 있는 것은 아닌 것처럼, 사무 공간 혁신도 모든 사무실에 적용할 수 있는 것은 아니다. 직원 개개인의 창의성보다는 반복적인 업무를 실수 없이 처리해야 하는 상황에서는 오히려 관리와 통제에 적합한 파놉티콘 사무 공간이 훨씬 효과적일 수 있다.

또한 폐쇄된 공간에서 집중력 있게 업무에 몰입해야 하는 상황도 있게 마련이다. 이런 상황을 위해서는 업무에 집중할 수 있는 공간을 따로 만드는 것이 좋다. KT는 개방된 사무실 외에 '벌집오피스'라는 별도의 독립된 사무실 공간을 설치했다. 직원들은 평소에는 개방된 공간에서 일하다가 집중력을 요하는 업무를 할 때는 벌집오피스에서 일할 수 있다. 시행 후 조사를 해보니 KT 전 직원의 업무 집중도가 이전보다 42.9퍼센트나 늘었고, 스트레스는 19.3퍼센트 감소한 것으로 나타났다.[4]

○● 똑똑한 사무실이란 직원들의 생각과 생각을 한 데 모아 조직의 힘으로 바꿔주는 곳이다. 혹시 직원들의 생산성과 창의성을 높이고자 여러 노력해봤는데도 효과를 못 봤는가? 그렇다면 사무실 배치를 조금 더 자유롭게 바꿔보는 것은 어떨까? ○●

우리는 이미지를 소비한다
가상을 꿰뚫는 힘은 진정성 마케팅

○● 스마트폰을 바꾸고 싶어졌다. 며칠간 고민한 끝에 결국 핸드폰 매장에 들러본다. 직접 핸드폰을 만져보니 역시나 느낌이 좋다. 하지만 멀쩡한 스마트폰을 두고 새 전화기를 또 사자니 마음이 편치 않다. 지금 쓰는 전화기로 바꾼 지 아직 1년도 채 안 되었기 때문이다. "멀쩡한 핸드폰은 또 왜 바꿨냐?"는 아내의 잔소리를 들을 게 뻔하다.

지를까, 말까 갈등하다 보니 문득 '나는 왜 구입한 지 얼마 되지도 않았고, 기능에 전혀 문제가 없는 전화기를 못 바꿔 안달하고 있을까?'라는 생각이 들었다. '언제부터였지? 새로운 스마트폰으로 바꾸고 싶어진 것이?' 하고 기억을 떠올려보니, 멋지게 생긴 모델이 나오는 광고를 보고 난 다음부터였다. 결국 내가 핸드폰을 최신 모델로 바꿨다면 그것은 새로운 전화기에 대한 나의 절박한 필요성 때문이라기보다는 광고에서 본 근사한 이미지 때문이었을 것이다. 그리고 그것이 현대 자본주의가 작동하는 방식이다. ○●

자본주의가 이윤을 만들어내는 방식

초창기 자본주의를 만들고 키워낸 것은 상인들이었다. 상인들은 직접적인 생산 활동에 종사하는 사람들이 아니다. 그들은 상품의 유통을 통해 이윤을 추구한다. 따라서 상인을 중심으로 하는 '상업자본'은 공간적 차이를 활용하여 수익을 올린다. 예를 들어보자. 귤과 비슷하게 생겼지만, 크기가 훨씬 크고 맛도 좋은 한라봉은 제주도의 특산물이다. 제주도에서는 하나에 2,000원이면 살 수 있다. 그런데 똑같은 한라봉이 서울에서는 4,000원에 팔린다. 한라봉이라는 자원의 희소성이 제주도와 서울에서 다르게 나타나기 때문이다. 당연히 상업자본은 제주도에서 구매한 한라봉을 서울에서 판매함으로써 수익을 올리려고 할 것이다. 이처럼 공간에 따라 달라지는 자원의 희소성을 이용해야 하는 상업자본은 필연적으로 멀리 나갈 수밖에 없는 구조다. 옛날 대항해 시절, 그토록 많은 사람들이 목숨을 걸고 거친 바다로 달려나간 것도 모두 이런 이유와 관련이 있을 것이다.

20세기에 들어서자 상업자본은 '산업자본'으로 진화한다. 산업자본은 거대한 제조 시설을 소유한 자본을 말한다. 제조 시설에는 많은 사람들과 장비가 딸려 있다. 가만히 있어도 고정비가 나가야 한다. 이런 산업자본이 이윤을 남기는 방식은 상업자본과는 다를 수밖에 없다. 스마트폰을 예로 들어보자. 스마트폰의 수명은 대개 2년 이상이다. 스마트폰을 제조하는 산업자본의 입장에서는 최소 2년 동안 새로운 매출을 만들어낼 수 없다는 의미다. 끊임없이 이윤을 창출해야 하는 자본의 생리상 그리 유쾌한 일이 아니다. 이 상황을 타개하려면 어떻해야 할까? 새로운 제품을 계속 밀어내면서 기존 제품은 유행에 뒤떨어진 낡고 구닥다리라는 점을 지속적으로 떠들어댄다. 그래서 기존 제품이 고장 나거나 못쓸 상태가 아님에도 불구하고 단지 유행이 바뀌었다는 이유로 소비자가 새로운 제품을 구매하도록 유도해야 한다. 새 전화기를 산 지 1년밖에 안 되었는데도 신형 전화기에 자꾸 마음이 가는 것은, 어쩌면 산업자본이 쉬지 않고 나를 흔들어댄 결과인지도 모른다.[5]

기존 제품과 새로운 제품 사이에는 시간적인 차이가 존재한다. 그동안 대중의 트렌드가 바뀌고, 그래서 유행이 달라지는 거라고 사람들은 생각한다. 착각도 이만저만한 착각이 아니다. 한번 생각해보자. '조금은 다른 모양이나 디자인이 나왔으면 좋겠는데'라고 생각하는 사람들의 바람이 새로운 유행을 만드는 것인가? 아니면 끊임없이 제품을 찍어내고 처분해야 유지되는 산업자본이 계속 새로운 제품을 우리에게 들이밀기 위해 유행을 만들어내는 것인가? 당연히 답은 후자다. 20세기 프랑스에서 활동한 철학자 장 보드리야르 Jean Baudrillard 는 자본주의가 갖고 있는 이러한 속성에 주목했다.

일상의 경영학

사용가치 vs. 기호가치

보드리야르는 그의 저서 《소비의 사회Consumption communities》에서 제품은 '사용가치'와 '기호가치'라는 두 가지의 가치를 지닌다고 주장하였다. 사용가치란 제품을 사용하면서 얻게 되는 가치다. 예를 들어보자. 우리는 어느 한곳으로부터 다른 곳까지 이동하기 위해 자동차를 사용한다. 즉, 자동차의 사용가치는 사람을 편리하게 이동시켜주는 데서 나온다. 하지만 자동차는 사용가치만 가지고 있는 것이 아니다. 자동차는 그것을 사용하는 사람의 신분을 상징하기도 하고, 지위나 재력을 드러내주기도 한다. 자동차가 가지고 있는 본질적인 가치, 즉 사용가치와는 무관한 이러한 가치를 기호가치라고 부른다.[6]

사람들은 사용가치 때문에 상품을 구매한다고 생각한다. 이동수단이 필요하니까 차를 산다고 여기는 것이다. 정말 그럴까? 보드리야르는 우리에게 묻는다. 당신이 차를 바꿀 때 제일 많이 신경 쓰는 것이 무엇인가? 이동수단으로서의 효율성? 그것보다는 '나의 사회적 지위를 고려할 때 이 정도 차는 타줘야 되는 것 아니겠어?' 하는 허영심이 훨씬 중요한 선택 기준이 아닌가?

신차를 개발하는 데에는 천문학적인 비용이 소요된다. 그래서인지 자동차 회사들이 신차를 발표하는 주기는 대개 5년 이상이 걸린다. 하지만 자동차 회사들은 기존 차량을 조금씩 개선해 1, 2년이 멀다 하고 새로운 모델들을 계속 발표한다. 새로운 모델이라고 해도 기존 모델과 달라진 점을 찾아내기 어렵다. 기껏해야 엔진을 조금 더 키우거나(연비를 높인다는 명목으로 오히려 줄이는 경우도 있다) 변속기 성능이 조금 향상되는 정도다. 새 모델에서 가장 많이 달라지는 부분은 바로 자동차의 껍데기, 즉 디자인이다. 기존 모델이나 새로운 모델이나 본질적인 차이는 거의 없다는 말이다.

자동차 회사들은 왜 이런 짓을 할까? 산업자본이란 끊임없이 굴러가야지만 서 있을 수 있는 자전거와 같기 때문이다. 공장이 계속 돌아가고, 상품이 쏟아져 나오고, 사람들이 그것을 구매해 주어야지만 계속 존속할 수 있다. 문제는 제품의 사용가치가 소멸되는 데 시간이 오래 걸린다는 것이다. 이렇게 긴 시간 동안 계속해서 구매가 일어나지 않는다면 산업자본은 버텨낼 재간이 없다. 그렇기 때문에 산업자본은 기호가치를 계속 바꿔가면서 사람들의 구매 욕구를 자극하는 것이다. 이를 위해 가장 효율적인 수단이 바로 광고다. TV에서 흔히 볼 수 있는 자동차 광고의 한 장면을 떠올려보자. 여유롭고 자신만만해 보이는 모델이 행복한 표정으로 차를 몰고 있다. 뒷좌석에는 예쁜 아내와 아이들이 보인다. 나도 저렇게 좀 살아봤으면 좋겠다. 직장에서의 불안정한 지위나 준비 안 된 노후를 생각하면 답답하지만, 광고에 등장한 자동차를 몰면 어쩐지 내 인생도 한결 여유로워질 것만 같다. 이런 생각을 하다 보면 어느 순간 '에이, 이참에 차나 바꿔야겠다' 하는 생각이 들지 않는가? 이처럼 광고는 사용가치가 아직 한참이나 남아 있는 제품을 사람들 스스로 폐기하도록 끊임없이 유혹하고 있고, 보드리야르는 바로 이 점이 산업자본의 본질적인 속성이라고 지적하는 것이다.

일상의 경영학

문제는 제품의 본질이 달라지지 않은 상태에서 '기호가치'에만 호소하는 광고가 예전처럼 잘 먹히지 않는다는 점이다. 소비자가 보기에는 모두 그게 그것처럼 느껴지는 것이다. 광고 속에서는 모두 자기네가 최고라고 떠들지만 이제는 소비자들도 안다. 어차피 본질은 다르지 않은 제품들이다. 하나라도 더 팔아먹으려는 몸부림일 뿐이다. 이제 소비자는 기호가치의 차이만으로 쉽게 움직이지 않는다. 어차피 사용가치의 향상까지는 기대하지 않지만, 그래도 자신의 이익과 효용을 조금이라도 더 챙겨주는 업체에 마음이 가기 시작한 것이다. 이런 상황에서 최근에 부각되고 있는 마케팅이 바로 '진정성 마케팅 Authenticity Marketing'이다.[7]

진정성 마케팅의 성공 사례

2000년대에는 삼성의 '래미안'과 GS의 '자이' 두 브랜드가 아파트 시장을 석권하고 있었다. 대림건설의 'e편한세상'은 나름대로 노하우를 갖고 있었지만 래미안이나 자이만큼 높은 브랜드 가치를 구축하지는 못한 상태였다. 대림건설은 '진심이 짓습니다'라는 카피를 내건 광고를 내보내기 시작했다. 이 광고에서 'e편한세상'은 주차 공간을 10센티미터 넓히고, 사용하지 않는 물건을 보관할 수 있도록 주차장에 호수별로 창고를 만들었다는 사실을 소비자에게 어필했다. 누구나 좁은 주차장에 차를 주차하고 빠져나오다가 옷이 더러워진 경험이 있을 것이다. 또 버리자니 아깝고 갖고 있자니 쓸모없는 물건으로 인해 스트레스를 받은 경험도 있을 것이다. 소비자 입장에서는 '지금까지 어떤 회사도 신경 쓰지 않던 주차장까지 이렇게 세심하게 신경을 써준다면 아파트 내부는 얼마나 잘 만들었을까' 하는 생각이 들 수밖에 없었다. 이 광고를 접한 소비자들은 다른 아파트들은 e편한세상만큼 소비자를 배려하지 않을 것 같다는 느낌을 받았다. e편한세상은 다른 아파트와 차별화되는 데 성공한 것이다.

서비스 업종에서 진정성은 특별한 의미가 있다. 셀프-서비스, 노-서비스가 점차 늘어나는 요즘, 소비자들은 기대하지 않던 서비스를 받을 때, 그 특별함이 주는 진정성을 느끼게 된다. 여러분이 리츠 칼튼Ritz Calton 호텔에 유아를 데리고 간다면 식당의 직원은 유아용 의자를 갖다 주고 크레용이나 귀여운 인형을 갖다줄 것이다. 세탁을 의뢰한 와이셔츠에 단추가 떨어졌다면 단추를 달아서 돌려줄 것이다. 심지어 특정 사이즈의 베개를 원한다고 미리 부탁하면 전 세계 어느 도시에 있는 리츠칼튼에 가더라도 그 사이즈의 베개를 사용할 수 있다. 대형 호텔에서 나만을 위한 서비스를 제공받을 때 고객은 '이 호텔에서는 나를 배려해주고 있구나' 하는 진심을 느끼게 되고, 이는 다른 호텔과 리츠칼튼을 차별화시키는 요인이 된다. 모두 진정성이 낳은 결과다.

이처럼 미처 생각하지 못한 부분까지 기업이 세심하게 배려하고 챙겨줄 때, 우리는 '아, 이 회사는 말뿐만 아니라 정말로 고객을 배려하는 회사구나' 하고 느끼게 된다. 진심이 통해야만 사람의 마음을 얻을 수 있다는 것은 만고의 진리다. 진심은 결코 억지로 만들어지지도, 전해지지도 않는다. 거짓과 과장이 가득 찬 세상에서 소비자들을 감동시키기 위해서는 진정성을 전달해야만 한다. 그래야 관심을 받을 수 있고, 그 관심이 공감과 감동으로 승화되었을 때 비로소 소비자들의 선택을 얻을 수 있는 것이다.[8]

소비자의 말보다는 행동을 보라

필요와 기대를 뛰어넘는 제품과 서비스를 제공받을 때 고객은 만족한다. 기대보다 월등히 높은 만족감을 느낄 때 고객은 감동받는다. 진정성을 위해 무엇보다 중요한 것은 소비자들이 무엇을 필요로 하는지 정확히 파악하는 것이다. 하지만 이것은 쉬운 일은 아니다. 일단 소비자들은 자신이 무엇을 필요로 하는지 잘 모른다. 설령 안다고 해도 솔직하게 드러내지 않는다.

가십 기사는 인기 있다. 대중은 스타의 열애설을 좋아한다. 더 좋아하는 것은 스타의 결혼과 2세 소식이다. 그러나 그보다 10배 정도 더 좋아하는 것은 스타의 파경 이야기다. 마약 복용이나 자살 이야기는 훨씬 더 잘 팔린다. 90년대, 새로운 콘셉트의 여성지를 준비하던 잡지사《마리안느》는 여성 1,000명을 대상으로 시장조사를 실시했다. "요즘 여성잡지들의 문제점은 뭐라고 생각하세요?" 대상자들은 기존 여성지의 문제점들을 침이 마르게 성토했다. "책장만 열면 튀어나오는 연예인 스캔들, 섹스 얘기 등이 지겹다. 이제 그런 내용은 좀 안 봤으면 좋겠다." 그리고 바라는 바를 밝혔다. "생활에 도움이 되는 건전한 정보를 주면 좋겠다. 그런 여성지가 나온다면 기꺼이 구독하겠다." 이렇게 대답한 여성의 비율이 전체 응답자의 90퍼센트를 넘었다. 그러나 《마리안느》는 사람들의 외면과 무관심 속에서 1년을 버티다 창간 17호를 찍고 1991년 부도를 내고 말았다. 꼭 사보겠다는 여성들은 모두 어디로 가버린 것일까?

사람들은 의외로 자신이 뭘 원하는지 모르고 있을 때가 많다. 그래서 사회적으로 옳다고 여기는 방식으로 말을 하지만 행동까지 그렇게 하는 것은 아니다. 사람들이 진짜 필요로 하는 것을 알아내기 위해서는 '말'을 듣는 것이 아니라 '행동'을 관찰해야 한다.

여성들이 집에서 가장 많은 시간을 보내는 장소는 주방이다. 주방용 가구를 만들던 한샘은 주부들을 붙잡고 물어봤다. "혹시 싱크대나 찬장을 사용하면서 불편한 점 없으세요?" "글쎄요. 주방용 가구가 다 그렇지요. 딱히 크게 불편한 점은 잘 모르겠는데요"라는 대답이 돌아왔다. 하지만 '음, 제품을 사용하는 데 별 불만이 없구나' 해서는 발전이 없다. 한샘은 주방에 카메라를 설치해서 주부들의 행동을 관찰했다. 그 결과, 주부들도 미처 깨닫지 못했던 점을 발견했다. 옆으로 열고 닫는 찬장 문에 머리를 부딪치거나 다치는 주부들이 많다는 점이다. 한샘은 문을 위로 여닫는 찬장을 출시했고, 고객만족도를 획기적으로 올릴 수 있었다.

○● 이 세상에 진심을 연출할 수 있는 방법은 없다. 말로만 떠들고 끝낼

것이 아니라 진정 고객을 위하는 행동이 무엇인지 고민해야 한다. 그런 노력이 고객에게 전달될 때 비로소 고객을 진심으로 배려하는 '진정성 있는 기업'으로 거듭날 수 있을 것이다. 진정성 '마케팅'보다 진정성 있는 '마음'을 갖는 것이 먼저다. ○ ●

문화가 소비를 지배한다
이제는 문화마케팅이 답이다

○● 새로 나온 중형차를 염두에 두고 자동차 매장을 찾았다. 그런데 자꾸만 중형차보다 고급차가 눈에 들어오는 것이 아닌가. 왜 이렇게 고급차에 마음이 가는 걸까? 승차감이나 사양으로 보자면 고급차가 아무래도 중형차보다 좋은 것은 사실이다. 하지만 편의 사양 몇 가지 때문에 1,000만 원 넘는 돈을 추가로 지불하지는 않는다. 고급차에 마음이 가는 가장 큰 이유는 아무래도 중형차보다 훨씬 더 폼이 나기 때문이다.

현대인은 소비를 통해서 자신이 남과 다르다는 점을 드러내려고 한다. 고급 자동차를 타고 다닌다든지, 명품 가방을 들고 다닌다든지, 아니면 고급 레스토랑에서 별로 입에 맞지도 않는 음식을 먹는 식으로 자신의 특성을 드러내고 싶어 한다. 왜들 그럴까? 프랑스의 사회학자 피에르 부르디외

Pierre Bourdieu는 인간에게는 특이한 허영심, 즉 '구별짓기distinction'라고 불리는 욕망이 있기 때문이라고 설명한다. 구별짓기란 남들과는 다르게 (물론 더 멋있는 방향으로) 보이고 싶은 욕구다. 그래서 물건을 살 때도 상품이 주는 '효용'보다는 남들에게 뭔가 다르게 보이고 싶은 '욕망' 때문에 부담스러운 소비도 기꺼이 감수한다는 것이다. 이런 허영심은 주로 경제적인 측면에 맞춰져 있었다. 그런데 최근에는 허영심의 방향이 달라지고 있다. 단순한 돈 자랑에서 벗어나 뭔가 다른 측면에서 세련되어 보이고 싶은 것이다.
○●

피에르 부르디외의 구별짓기

부르디외는 1930년 프랑스 남서부의 피레네 지방에서 우체국 공무원의 아들로 태어났다. 그의 가정은 특별히 부유하거나 가난하지도 않은 소부르주아 집안이었다. 부르디외는 어려서부터 공부를 상당히 잘했는지 파리의 고등사범학교에 입학한다. 학벌 경쟁은 프랑스에서도 만만치 않았다. 어려서부터 잘 관리해서 키운 상류층 자제들이나 들어갈 수 있는 학교인데, 시골 촌뜨기가 덜컥 붙어버린 것이다. 공부야 혼자 노력하면 되지만, 대인관계는 혼자 할 수 있는 것이 아니다. 다른 학생들과는 물과 기름 같은 사이였을 것이다.

왕따가 된 부르디외는 혼자 사색에 잠기는 시간이 많아진다. '도대체 무엇이 그들과 나를 차이 나게 하는가?' 이런 생각은 그를 자연스럽게 사회과학으로 인도했다. 한국식으로 말하면, 그는 가난한 지방 공무원의 아들이었으나 그 지역에서 손꼽히는 수재였고, 엄청난 경쟁을 뚫고 서울의 일류대학교에 입학했지만 점차 사회의 모순과 병리 현상에 눈을 뜨게 된 학생이었다. 지배 계급이 자신의 입지를 공고히 하기 위해 어떤 방식의 장치들을 활용하는지에 초점을 맞춘 그의 연구도 실제 삶에서 생겨나고 발전한 것이다.

사람들을 구별짓는 기준으로 부르디외가 주목한 것은 경제력이 아닌 '문화'였다. 예를 들어보자. 누군가는 클래식 공연을 보면서 행복감에 젖어들지만, 다른 누군가에게 클래식 음악은 좋은 수면제에 다름 아니다. 또 누군가는 고급 레스토랑에 가서 발음도 잘 안 되는 비싼 와인을 홀짝거리지만 다른 누군가는 동네 포장마차에서 소주잔을 기울이면서도 충분히 행복하다. 똑같이 극장을 찾지만 할리우드 블록버스터를 찾는 사람과 유럽의 예술 영화를 보러 가는 사람은 다르다.

이런 문화적인 취향 차이는 어디에서 오는 것일까? 결국은 여태껏 살아온 '환경'이 이런 문화적인 차이를 만든다. 그렇다면 환경은 무엇 때문에 나뉘어지는가? 결국은 돈과 권력이다. 그렇기 때문에 어떤 사람의 문화적인 취향을 보면 그 사람의 정치경제적 환경을 알 수 있다. 부르디외는 그의 저서 《구별짓기》에서 문화적 취향이 어떻게 계급을 규정하는지 정리해냈다.

아비투스에 따른 소비

문화적 취향은 어떻게 소비로 연결되는 것일까? 이를 설명하기 위해 부르디외는 '아비투스Habitus'라는 개념을 만들어냈다. 아비투스는 습관habit에서 유래한 말이다. 습관은 손톱을 물어뜯는다든지, 신발을 꺾어 신는 것 같은 버릇이다. 버릇은 지극히 개인적이고 내밀한 것으로, 외부환경에 의해 영향을 받지 않는다. 이에 반해 아비투스는 집안의 사회적 위치나 권력 또는 어렸을 때 받은 교육에 의해 후천적으로 길러진 성향이다. 아비투스는 개인의 문화적인 취향과 소비의 근간이 된다. 우리는 흔히 내가 똑똑해서 수준 높은 문화적 취향을 가지게 되었다고 생각하지만 이는 오산이다. 나의 문화적 취향은 사실 내가 속한 사회적 계급의 문화적 취향인 것이다.

부르디외에 따르면 이 문화적 취향이야말로 나를 다른 사람과 구별해주는 강렬한 아비투스다. 우리가 다른 사람을 만날 때 가장 분명하게 인식하는 것도 바로 문화적 취향의 차이다. 예를 들어 '나는 블랙커피를 좋아하는데 저 사람은 설탕과 프림을 듬뿍 넣는구나', '나는 예술 영화를 좋아하는데 저 사람은 트랜스포머 같은 오락영화를 좋아하는구나' 하는 것처럼 말이다. 만약 상대방의 문화적 취향이 나와는 너무 다르거나, 혹은 너무 저급하다고 여겨진다면 왠지 그 사람을 다시 보고 싶지 않을 것이다.

부르디외는 아비투스가 그에 걸맞은 소비, 즉 '구별짓기를 위한 소비'로 사람들을 인도한다고 보았다. 예를 들어보자. 해외여행은 한때 상류계급만의 전유물이었지만, 요즘은 너나 할 것 없이 해외여행을 간다. 사람이 많아지니 우아하게 여행을 다닐 수가 없게 되었다. 이제 상류계급은 예전만큼 여행을 다니지 않는다. 골프도 마찬가지다. 한때는 상류계급만이 골프를 칠 수 있었다. 도시의 갑갑한 일상에서 벗어나 탁 트인 그린에서 골프채를 휘두르는 것은 그들만이 누릴 수 있는 호사였다. 하지만 이제 누구나 골프를 친다. 동네마다 골프연습장이 몇 개씩 들어섰고, 주말에는 밀려드는 골퍼들 때문에 쫓기듯 다음 홀로 떠밀려간다. 이제 상류계급 사람들은 과거보다 골프장을 즐겨 찾지 않는다. 그러고 보니 상류계급이 체질적으로 해외여행이나 골프를 좋아했던 것은 아니었다. 그들은 그것을 통해 자신이 다른 사람들과 다르다는 것을 보여주고 싶었던 것이다.

결국 부르디외가 말하고자 했던 점은 자본주의가 허영이라는 인간의 약점을 집요하게 파고 들어간다는 점이다. 그리고 최근 들어서는 허영의 초점이 경제력에서 아비투스, 즉 문화적 성향으로 옮겨가다 보니 자본주의의 공략 대상도 문화적인 측면으로 이동하고 있다. 그리고 문화마케팅이라고 부르는 이런 종류의 마케팅에 관심을 갖는 기업들이 많아지고 있다.[9]

문화마케팅, 차별화된 포지션

문화마케팅이란 기업이 문화예술을 자기 회사의 이미지와 연결시켜 고객의 문화적 취향, 즉 아비투스를 자극하는 활동이다. 문화마케팅이 강한 회사로는 현대카드가 잘 알려져 있다. 2001년 현대카드가 신용카드에 뛰어들었을 당시만 해도 시장점유율은 1.8퍼센트에 불과했다. 초라한 성적이다. 하지만 불과 10년 만에 업계 수위로 뛰어올랐는데, 전문가들은 경쟁사와는 달리 창의적이고 혁신적인 시도를 통해 현대카드만의 차별화된 문화적 포지션을 만들어낸 것을 주요 이유로 꼽는다. '슈퍼 콘서트'는 이를 잘 보여주는 사례라고 할 수 있다. 다른 카드사들이 금융에 초점을 맞추고 광고를 하고 있을 때, 현대카드는 레이디 가가Lady Gaga나 비욘세Beyonce 등 대형 스타들의 공연을 기획했다. 남들과 똑같이 금융 얘기만 떠들어서는 차별화하기 어렵다고 판단하여 사람들의 문화적인 욕구를 자극하는 방식을 선택했던 것이다.

현대카드가 본업인 금융도 아니고 수익도 나지 않는 문화 이벤트를 지속한 이유는 분명하다. 경쟁사가 흉내낼 수 없는 현대카드만의 이미지를 구축할 수 있었기 때문이다. 해마다 계속 이어지는 슈퍼 콘서트 덕분에 고객들은 현대카드가 다른 어떤 카드회사보다 트렌드에 앞서는 기업이라고 여기게 되었다. 그런 이미지에 끌리는 고객들은 고급스러운 취향의 아비투스를 가진 사람들일 테고 경제력도 훌륭할 것이다. 이런 고객들의 충성심을 높이는 것, 그것이 현대카드가 콘서트에 돈을 아끼지 않은 이유가 아니었을까?

사례를 하나 더 살펴보자. 명화 속에 전자제품이 자연스럽게 디스플레이되는 광고가 방송을 탄 적이 있다. LG전자의 광고였다. 고흐나 밀레의 명화 속 등장인물들이 LG전자 제품을 사용하는 것처럼 보이는 광고였다. 발상 자체가 참신하고 재미있기도 했지만, 이것 역시 문화를 마케팅에 활용한 좋은 사례다. 요즘 나오는 전자제품의 성능이란 게 어차피 거기서 거기 아닌가? 별로 두드러지지 않는 성능 차이에 매달리느니, 차라리 "우리 제품은 이런 유명한 명화와 어울릴 만큼 수준 있고 세련된 제품이다"는 점을 강조하기로 한 것이다. 〈해바라기〉가 누구 그림인지도 모르는 사람은 이 광고에 매력을 못 느껴도 상관없다. 어차피 그 정도 문화적 취향의 사람들은 값비싼 전자제품을 살 만한 경제력을 갖추고 있지 못하다. 하지만 〈별이 빛나는 밤〉을 보면서 '아, 저거 뉴욕현대미술관에서 본 그림인데!' 하고 생각하는 사람이라면, 명화 속에 디스플레이된 전자제품을 보면서 반가운 마음이 들 것이고, 그런 느낌은 소비로 연결되게 되어 있다. 거의 예외 없이 말이다.

문화마케팅으로 기업 이미지 올리기

소비자 입장에서 문화적 취향이란 아비투스, 즉 자기 정체성이다. 길을 가다 갑자기 배가 아파오면 화장지를 구입하는 것처럼 '필요' 때문에 구매하는 상품은 쓰고 나면 그만이다. 이에 비해 자기 정체성을 만족시키는 상품이나 기업에 대해서는 강한 유대감을 갖게 된다. 그래서 문화마케팅은 기업 이미지에 큰 도움이 된다. 타깃 고객에게 좋은 이미지를 심어놓음으로써 수월하게 충성 고객을 만들 수 있기 때문이다.

일상의 경영학

뿐만 아니다. 문화 기업으로 좋은 이미지를 확립하면 고객관계나 사회관계에서도 유리한 포지션을 차지할 수 있다. 기업이 지향하는 문화와 정체성이 같은 우호적 집단들의 도움을 받을 수 있기 때문에, 기업이 맞닥뜨릴 수 있는 리스크를 감소시킬 수 있기 때문이다. 불가피하게 안전사고 등이 발생하더라도 일반 기업과 비교하여 이미지와 신뢰를 회복하기가 상대적으로 쉽다.

○● 이제 마케팅의 시야를 좀 넓혀보자. "우리 제품이 경쟁사 제품보다 훨씬 좋습니다"에서 벗어나 "우리 회사는 이런 문화적 취향을 가진 곳입니다" 하는 데까지 가보자. 고객의 시선이 달라질 것이다. 단순한 재화의 공급자에서 취향을 공유할 수 있는 대상으로 말이다. 일단 고객의 마음을 얻게 되면 매출은 저절로 늘어나기 마련이다. ○●

'빠르게 생각하기'와 '느리게 생각하기'
생각의 오류를 이용해 협상하기

○● "당신은 합리적인 사람입니까?" 하고 누가 물어본다면 대부분은 이렇게 대답할 것이다. "글쎄요. 대체로 그런 편입니다." 이때 합리적이라는 말은 의사결정이나 판단에 있어 논리적으로 일관적이고 모순이 없다는 의미일 것이다. 그런데 우리는 정말 자신이 생각하는 만큼 합리적일까? 다음 사례를 보면서 나라면 어떻게 했을지 생각해보자.

사례1_ 1만 원짜리 책을 사려다 10분 거리에 있는 서점에서 같은 책을 20퍼센트 할인한다는 사실을 알게 되었다. 2,000원을 할인받기 위해서라면 10분쯤 걸어가야 하는 수고는 감내할 수 있다. 그런데 같은 날 20만 원짜리 신사복도 구매했다. 같은 옷을 10분만 걸어가면 2,000원 싸게 파는 옷

매장이 있었지만 가지 않았다. 그깟 1퍼센트를 할인받기 위해 그런 수고를 할 필요는 없다고 생각했다.

사례2_ 10만 원을 주고 뮤지컬 티켓을 예매했는데, 공연장에 도착해서 표를 잃어버린 사실을 알게 되었다. '표를 다시 살까?' 하다가 아까운 마음에 그만두었다. 하지만 표를 예매하고 공연장에 오다가 길에서 10만 원을 잃어버렸다면 아마 예정대로 표를 구입했을 것이다.

두 사례를 읽다 보면 "맞아, 그렇지!" 하며 고개가 끄덕여진다. 그런데 이상하지 않은가? 책이건 신사복이건 10분만 걸으면 2,000원을 아낄 수 있다. 절약되는 금액은 2,000원으로 같다. 하지만 1만 원에서 2,000원을 아끼는 것은 크게 느껴지고, 20만 원에서 2,000원을 절약하는 것은 대수롭지 않게 생각된다. 공연장에서도 마찬가지다. 두 경우 모두 손해본 금액은 10만 원으로 동일하다. 하지만 상황에 대응하는 우리의 행동은 다르다. 우리는 정말 합리적일까? ○ ●

우리가 생각하는 방식, 두 가지 시스템

경제학에서는 인간이 합리적인 존재라고 가정한다. 주류 경제학의 모든 이론 체계는 '인간은 합리적인 존재'라는 굳건한 신념 위에 세워져 있다. 국가 정책을 수립하거나 기업의 의사결정에 있어서도,

인간은 늘 합리적인 존재로 간주된다. 그런데 인간은 정말 그렇게 합리적일까? 심리학자로는 최초로 노벨경제학상을 받은 대니얼 카너먼Daniel Kahneman은 '그건 아니올시다'라고 말한다. 일상생활에서의 소소한 의사결정은 물론, 경영이나 학문에서와 같이 고차원적인 사고와 판단이 요구되는 상황에서도 인간은 결코 합리적이지 않다는 것이 카너먼의 주장이다. 여기서 합리적이냐 아니냐는 개인의 지적 수준과도 큰 연관성이 없다. '아무래도 더 많이 배운 사람들이 좀 낫지 않을까?' 싶지만 교육 수준과 합리성 여부도 별 상관이 없다.

카너먼에 따르면 우리는 두 가지 방식으로 생각한다. '시스템1', 그리고 '시스템2'이다. 우리가 흔히 '생각'이라고 부르는 것이 바로 시스템2다. 지금처럼 골머리를 썩이며 글을 쓰거나 수학 문제를 푸는 경우, 우리의 머리가 작동하는 방식이 시스템2다. 그런데 시스템1이라고 불리는 또 다른 방식이 있다. 이것은 인상, 느낌, 직관 등을 담당하는 방법이다.

우리 뇌는 시스템1을 '생각'으로 인식하지 않는다. 하지만 겉으로보기에는 아무것도 안 하는 것으로 보이는 윈도우가 마우스의 신호를 계속 받아들이고 있는 것처럼, 우리 뇌의 시스템1 역시 항상 불이 켜져 있다. 예를 들어 길에서 자동차가 달려들 때 우리는 '이걸 피해야 하나, 말아야 하나?' 하고 고민하지 않는다. 일단 몸부터 움직인다. 전화기 너머로 들리는 상대의 목소리에 짜증이 묻어 있는 것도 한참 따져본 후에 알게 되는 게 아니다. 마치 조건반사처럼 자동적으로 진행되는 순간적인 판단이며 잠시도 쉬지 않는다. 이처럼 결정을 만들어내는 많은 정신 작용이 자신도 모르는 상태에서 진행되고 있다.

머릿속에서 시스템1과 시스템2는 따로 놀지 않는다. 서로 밀접하게 엮여 있다. 주변의 무수한 자극들은 일단 시스템1으로 들어오게 된다. 그러면 시스템1은 순간적이고 즉각적으로 판단을 내려버린다. 문제는 즉각적인 판단이 바로 내려지지 않는 경우다. 이런 경우, 디테일하고 신중한 처리를 담당하는 시스템2가 개입하여 복잡하고 어려운 판단을 수행한다. 운전을 예로 들어보자. 익숙한 길을 갈 때는 별 생각 없이 핸들을 움직인다. 시스템1이 작동하고 있다. 그러다 낯선 길에 들어서게 되면 고개를 앞으로 빼고 두리번거리며 길을 살핀다. 시스템2에 불이 들어오는 것이다. 카너먼은 시스템1과 2를 각각 '빠르게 생각하기'와 '느리게 생각하기'라고 불렀다.[10]

의사결정에서 문제가 생기는 이유

의사결정에서 문제가 생기게 되는 주된 이유는 느리게 생각할 때보다 빠르게 생각할 때가 훨씬 많기 때문이다. 예를 들면 길을 걷다 우연히 험상궂은 사람을 만나면 본능적으로 피하고 싶어진다. 시스템1이 '험상궂은 사람=나쁜 사람'이라고 기계적으로 판단을 내려버리기 때문이다. 하지만 인상이 안 좋다고 해서 반드시 나쁜 사람인 건 아니다.

우리가 괜히 시스템1적인 사고방식을 갖추게 된 것은 아니다. 문명을 갖추기 전 오랜 시간 동안 인류는 지구상에서 가장 약한 존재 중 하나였다. 드넓은 초원에서 사자와 마주치는 경우, '지금 당장 도망을 쳐, 말아?' 하고 망설였다가는 사자의 맛있는 저녁 식사가 되기 십상이었다.

우리는 수만 년에 걸쳐 알게 모르게 시스템1을 가지고 빠른 의사결정을 내리는 훈련을 해왔다. 그래서일까? 시스템1은 제한된 정보만으로 순식간에 결정을 내리지만 그 결과는 대체로 믿을 만하다. 물론 시스템1의 판단이 결코 완벽한 것은 아니다. 짧은 시간에 한정된 정보로 의사결정을 내려야 하기 때문에 오류에 빠지기 쉽고 실수하는 경우도 많다. 이 경우, 이성적인 판단을 담당하는 시스템2가 개입하게 되지만, 뒤늦게 등장한 시스템2는 시스템1이 저지른 오류들을 완전히 잡아내지 못한다. 오히려 시스템1이 내린 1차 판단을 정당화하는 방향으로 작용할 때가 많다.

이처럼 생각의 오류들을 접하다 보면 과연 사람의 생각을 믿을 수 있는지 의심스러워진다. 사람들이 합리적이라고 내리는 판단과 결정들이 사실은 오류투성이일지도 모른다. 카너먼은 자신의 저서《생각에 관한 생각Thinking, fast and slow》에서 후광 효과, 휴리스틱heuristics, 가용성 효과, 평균 회귀 효과 등 사람들이 쉽게 빠질 수 있는 여러 가지 생각의 오류들을 보여주었다.

몰랐을 때는 상관없지만 알고 나면 써먹어보고 싶은 것이 사람 마음이다. '오류에 취약하게끔 상황을 잘 컨트롤할 수만 있다면 사람들을 원하는 방향으로 움직일 수 있지 않을까?' 마케팅이나 협상처럼

일상의 경영학

사람을 움직여야 하는 분야에서는 벌써 이 방향으로 많은 연구가 진행되고 있다. 이 중에서 우리 생활에 깊숙이 들어와 있지만 미처 깨닫지 못하고 있던 것 몇 가지를 살펴보도록 하자.

높게 부르기를 통한 닻내림 효과

'자동차를 팔아야겠다.' 지금 타는 자동차는 유난히 잔 고장이 잦아 사람 애를 먹인다. 툭하면 정비소를 들락거리며 돈을 잡아먹는 차에 이젠 정나미가 떨어진다. 차를 탄 햇수를 세어보니 5년이다. 이 정도라면 중고차 시장에서 1,000만 원은 충분히 받을 수 있다. 구매자를 만난 당신, 일단 얼마를 불러야 할까?

차를 팔려는 이유를 소상히 설명하고, 연식과 상태가 비슷한 중고차의 시세를 종합한 결과 "1,000만 원이 딱 적정 가격이다"라고 주장하면 될까? 그러면 상대는 당신의 진실함에 존경의 눈빛을 보내며 당신이 요구하는 가격으로 거래를 타결할까? 어림 반 푼어치도 없는 소리다. 차의 상태를 꼼꼼히 살펴보기도 전에 일단 당신이 요구한 가격부터 후려치려 들 것이다.

당신이 생각하는 적정 가격이 1,000만 원이었다면 당신은 일단 그보다 훨씬 높은 가격, 예를 들면 1,100만 원이나 1,200만 원을 부를 것이다. 협상학에서는 이를 '높게 부르기Aim high'라고 한다. 배운 적은 없어도 누구나 그런 식으로 협상을 시작한다. 누구나 써먹고 있음에도 불구하고 '높게 부르기'가 여전히 효과를 발휘하는 데는 나름의 이유가 있다. 우리의 생각을 묶어두기 때문이다. 바다로 던진 닻이 배를 그 자리에 묶어두듯이, 첫 제안으로 던져진 숫자는 우리 생각(물론 시스템1)을 그 자리에 묶어놓는 '인식의 닻' 역할을 하게 된다. 이를 '닻내림 효과Anchoring Effect'라고 부른다. 이때도 물론 시스템2가 개입한다. 하지만 뒤늦게 들어온 시스템2는 상대방 가격이 적정한지 원점부터 고민하지 않는다. 오히려 '이상하네. 1,000만 원 정도면 적당하다 생각했는데, 내가 모르는 뭔가 있는 건가?' 하면서 시스템1이 내린 판단을 뒷받침하는 식으로 작동하곤 한다. 이처럼 한 번 던져진 닻은 협상의 나머지 과정에서 판단의 기준점으로 작용하게 된다.

닻이 효과를 발휘하는 또 하나의 이유는 '대비 효과' 때문이다. 이건 마치 오른손과 왼손을 동시에 뜨거운 물과 찬물에 담그는 것과 같다. 물에서 손을 뺀 다음 동시에 미지근한 물에 담그면 두 손을 같은 대야에 담갔는데도 오른손은 차게, 왼손은 따뜻하게 느껴진다. 즉, 우리가 어떤 것을 느낀 다음에 그와는 좀 다른 것을 경험할 때면 그 차이는 실제보다 훨씬 크게 느껴진다. 자동차 회사들이 차 가격과 옵션 가격을 따로 써놓는 이유도 이 때문이다. 3,000만 원이라 써 있는 차 가격을 볼 때, 시스템1은 그 수준에 닻을 내린다. 그러고 나서 네비게이션과 후방 카메라를 합쳐 300만 원이라고 하면 왠지 저렴하게 들린다. 양복점 주인이 일단 비싼 양복을 판 다음에 그에 맞는 와이셔츠나 넥타이를 권하는 것도 마찬가지 이유다.

아이들은 누가 가르쳐주지 않아도 본능적으로 '닻내림 효과'를 활용할 줄 안다. 아이들은 "놀이동산에 가고 싶어!"처럼 비합리적인 요구를 한 다음 정말 원하던 것을 얻어낸다. 바로 아이스크림이다. 높게 부르기가 효과를 발휘하는 게 어디 애들뿐이겠는가?

미국의 한 회사에서 있었던 일이다. 노조위원장이 임금 인상을 담은 편지를 작성했다. 원래 목표는 7퍼센트 인상이었지만 전략적인 이유로 일단 12퍼센트에서 협상을 시작하고자 했다. 그런데 문서를 작성하던 중에 오타가 들어갔다. 12퍼센트를 21퍼센트라고 적어서 경영자에게 보내고 말았다. 어이없는 실수였다. 결과는 어떻게 되었을까? 사측에서 12퍼센트 임금 인상을 제안했고, 약간의 협상을 거쳐 결국 15퍼센트의 임금 인상에 합의했다.[11]

효과적인 트릭, 움찔하기

닻내림 효과를 노리고 과도한 요구를 하는 상대방이 있다면 어떻게 대응해야 할까? 협상 전문가들은 단순하지만 아주 효과적인 트릭을 알려준다. 바로 '움찔하기Flinching'다. 상대의 첫 제안에 깜짝 놀라며 한 번 움찔해주는 것이다. 예를 들면 "네, 정말요?" "와!" 하는 반응이 모두 움찔하기다. 충격을 받은 표정으로 잠시 가만히 있는 것역시 움찔하기다. 움찔하기는 시스템1이 작용하지 않고 바로 시스템2로 생각을 넘겨주는 역할을 한다. 시스템1에 닻이 내려지기 전에 시스템2가 개입하는 것이다. 상대에게는 당신의 제안이 터무니없다는 분명한 신호를 전달하게 된다.

결혼한 지 얼마 되지 않았는데 이혼하게 된 친구가 있었다. 재산을 나눠가져야 하는데 합의가 쉽지 않았다. 최종 담판을 해야 하는 날, 변호사를 앞세운 부인이 첫 제안을 했단다. 75퍼센트! 그때 이 친구는 자기도 모르게 마시던 물을 뿜어버리고 말았다. 상대에게 어이가 없다는 신호를 확실히 보냈음은 물론, 그런 행동을 통해 시스템1이 닻을 내리는 것을 방지할 수 있었다.

재미있는 사례 하나를 더 보도록 하자. 미국의 국무장관이었던 헨리 키신저Henry Kissinger의 일화다. 그의 참모가 어느 날 외교정책에 대한 보고서를 제출했다. 키신저는 그저 한숨을 한 번 내쉬었다. 그러자 참모는 그 보고서를 도로 가지고 가서 좀 더 손을 보았다. 그리고 수정된 보고서를 가지고 키신저에게 왔다. 그러자 키신저는 며칠 후 "이게 정말로 자네가 쓸 수 있는 최선의 보고서인가?" 하고 물었다. 참모는 다시금 보고서를 수정해서 가져오면서 말했다. "제가 제출할 수 있는 최선의 보고서입니다." 그러자 키신저는 답했다. "좋아. 내 이제 이 보고서를 읽어보겠네."

○● 잊지 말자. '높게 부르기'나 '움찔하기' 모두 상대의 인식에 닻을 내려 내가 원하는 방향으로 기준점을 세우려는 전략이다. 하지만 터무니없이 높은 가격을 요구한다든지, 상대의 합리적인 제안에도 무조건 움찔하는 반응을 보이라는 것은 아니다. 이 두 가지 협상 전략이 성공적으로 활용되려면 충분한 근거와 논리가 뒷받침되어야만 한다. 충분한 근거와 논리 없이 일방적으로 높은 가격을 제시하다가는, 닻 내림은 고사하고 상대

방의 신뢰만 잃게 될 뿐이다. 생각의 오류를 함부로 이용하려다가는 오히려 제 꾀에 제가 넘어가는 수가 있다. 원하는 것을 얻기 위해서는 미리 충분히 공을 들여 준비해야 한다. ○●

호모 루덴스, 잘 놀면 성공한다
기업의 운명을 바꾸는 '게임화 마케팅'

○● 해외에 나가보면 여행을 일처럼 하는 사람들이 있다. 이분들은 아무리 피곤해도 새벽 일찍 잠에서 깨어나고, 아침 식사도 1등을 놓치는 법이 없다. 사진도 열심히 찍고, 열심히 여러 곳을 돌아다닌다. 특급 호텔에 묵더라도 부대시설을 이용하면서 느긋하게 지내는 법이 없다. 자투리 시간을 아껴서 하루에 두세 군데 이상은 다녀야 직성이 풀린다. 여유롭게 책을 읽거나 빈둥거리는 건 참을 수 없는 일이다. 잠시도 시간을 헛되이 쓰지 않기에 많은 것을 보고 경험한다. 문제는 돌아갈 때다. 여가를 즐긴 후의 개운함은 없고, 오히려 피로만 쌓인 것 같기 때문이다. 출장을 온 건지 여행을 온 건지 헷갈린다. 반복되는 일상이 싫어 떠난 여행인데, 왜 이렇게 사서 고생을 하는 것일까? ○●

열심히 하고 있는데 왜 우울해지기만 할까?

업무상 다른 사람의 이력서를 들여다볼 때가 자주 있다. 요즘 구직자들의 경력에는 빈틈이 없다. 신입이건 경력이건 마찬가지다. 학교 다니다 좀 쉴 수도 있고, 직장생활이 잠깐 끊어질 수도 있건만, 구직자들의 인생에는 빈틈이 없다. 내용물을 끝까지 눌러 담은 비닐봉지마냥 빈 공간이 없다. 툭 건드리기만 해도 터져버릴 것만 같다.

구직자들을 탓할 일만은 아니다. 우리 사회 분위기상 6개월 이상 경력이 비어 있다는 것은 치명적인 약점이 된다. 심지어는 무능함과 동의어가 되기도 한다. 빡빡한 인생에서 잠시 쉬어가기 위한 휴식은 '그동안 뭘 하고 지냈느냐'는 면접관의 날카로운 질문으로 이어진다. 그래서일까? 우리는 늘 뭔가 하고 있어야 한다는 강박에 시달린다. 휴학 중에도 인턴십이나 어학연수처럼 의미 있는 일을 해야 하고, 취업 준비 중에도 봉사 활동을 하고 자격증을 따야 한다. 심지어 그런 강박에서 벗어나려고 떠난 여행지에서도 열심히 뭔가를 하지 않으면 불안하다.

이런 살벌한 세상에서 성공한 사람은 그렇지 못한 사람들을 초라하게 만든다. 그들이 말하는 성공 방정식은 간단하다. 청춘은 아파야 하고 천 번을 흔들려야 단단해진다는 거다. 그들은 다그치지 않고 따뜻한 말로 격려한다. 그러면 우리는 부단히 노력하지 못하고 살아온 삶이 부끄러워진다. 어디 그뿐이랴? 서점가 베스트셀러 코너에 줄지어 있는 자기계발서나 성공 처세서는 우리에게 끊임없이 속삭인다.

'넌 무엇이든 할 수 있어'라고 말이다. 아! 물론 '죽어라 열심히 하면' 이라는 전제가 붙는다. 아니, 도대체 얼마나 더 열심히 해야 한다는 것일까?

이런 사회를 살아가는 것은 매우 피곤하다. 자신을 끊임없이 착취하게 만들기 때문이다. 이건 다른 사람에 의한 착취가 아니다. 자발적으로 자신을 착취하는 것이다. 쉬지 않고 발전해야 한다는 강박 때문에 개인은 안정감을 느낄 수 없다. 이런 상황에서 개인은 끝없이 자신을 소진시키는 '번아웃burn-out'과 그로 인한 심리적 우울증에 시달릴 수밖에 없다.

하위징아의 호모 루덴스

이렇게 놀이를 잃어버린 현대인에게 다가올 비극을 걱정한 인물이 있었다. 요한 하위징아Johan Huizinga였다. 그는 새로운 인간상으로 '호모 루덴스Homo Ludens'를 제시했다. 원래 '호모homo'라는 접두사는 고대 인류 화석에서 현생 인류를 구분하기 위해 붙인 말이다. 유인원인 오스트랄로피테쿠스와 구별되는 첫 번째 현생 인류인 '호모 에렉투스Homo Erectus, 직립하는 인간'부터 '호모'를 붙이기 시작했고, 그 뒤로 '호모 하빌리스Homo Habilis, 손을 사용하는 인간'와 '호모 사피엔스Homo Sapiens, 생각하는 인간'로 이어졌다. '현생 인류'란 '종속과목강문계'로 이어지는 생물 분류 기준에서 '속'에 해당한다. 인간 '속'에 들기 위해서는 뇌의 용량이 $770cm^3$보다 커야 한다. 그래서 뇌의 용량이 $330cm^3$밖에 안

되는 오스트랄로피테쿠스 앞에는 '호모'가 붙을 수 없고, 뇌 용량이 800cm^3를 넘긴 '호모 에렉투스'부터 '호모'라는 접두사를 쓴다.

근대까지의 대표적 '호모'는 '호모 사피엔스'와 '호모 파베르Homo Faber'였다. 이성과 계몽의 시대에 바람직한 인간상은 바로 이 두 가지, 즉 생각하는 인간과 도구를 만드는 인간이었다. 우리가 잘 알고 있는 개미와 베짱이의 우화도 호모 파베르가 지배하는 시대의 상식을 반영한다. 부지런한 개미는 호모 파베르다. 베짱이는 놀기만 하는 정신을 못 차린 인간을 비유한다. 개미는 성실하게 일하지만 베짱이는 노느라 정신이 없다. 풍족한 여름이 가고 춥고 배고픈 겨울이 오면 둘의 운명이 갈라진다. 열심히 살아온 개미는 겨울이 와도 걱정이 없지만, 놀기만 했던 베짱이는 먹을 것을 구걸해야 하는 신세로 전락한다. 우화가 주는 메시지는 분명하다. 굶어 죽지 않으려면 죽어라 일해야 한다는 것이다. 이런 분위기에서 놀이란 한갓 철부지 짓에 다름 아니다.

하위징아는 인생의 본질이 일이나 성취에 있다고 보지 않았다. 그것은 근대 이후의 사회가 우리를 세뇌한 결과라고 주장했다. 그가 말한 호모 루덴스는 '놀이하는 인간'이다. '놀이하는 인간'은 이전까지 우리가 믿어왔던 합리적 인간과는 정반대 지점에 서 있다.

하위징아는 의식주를 해결하기 위해 요구되는 최소한의 것 이상의 가치 있는 것들의 대부분은 호모 루덴스의 충동이 만들어낸 산물이라고 말한다. 유용성에만 관심을 두는 호모 파베르는 구체적인 쓸모가 있는 대상에만 관심을 기울인다. 유용성만 중시하는 사람은 배를 채울 수 있으면 되었고, 추위로부터 몸을 가릴 수 있으면 충분하다. 그러나 호모 루덴스는 그것에 만족하지 못한다. 호모 루덴스는 배를 채우기 위해 나무를 심는 것 이상을 원했기에 정원을 꾸몄고, 단순히 몸을 가리는 것 이상을 원했기에 패션이 나타났다. 그가 발견한 호모 루덴스는 인류의 문명을 움직이는 숨어 있는 인간이다.

하위징아가 말하는 놀이는 곧 삶의 목적이다. 주의할 점은 여기서 말하는 놀이라는 개념을 아이들이 하는 숨바꼭질 같은 소꿉놀이로 한정해서는 안 된다. 하위징아가 말하는 놀이의 핵심은 재미다. 재미있다면 그게 곧 놀이가 되는 것이다. 그렇기 때문에 호모 루덴스는 누가 시키지 않아도 자발적으로 움직인다. 누가 강요해서 움직이는 것이 아니라 자기가 좋아서 스스로 그 대상에 몰입한다. 다른 사람과 경쟁이라도 붙게 되면 더 악착같이 달려들곤 한다.[12]

인간의 본능을 이용한 게임화 마케팅

하위징아가 호모 루덴스를 설명하면서 '사람은 재미가 있으면 누가 시키지 않아도 스스로 빠져든다'라고 한 지 반세기가 지나서 이 말에 귀가 번쩍 뜨인 사람들이 있었으니, 바로 기업에서 마케팅을 담당하는 사람들이다. 마케팅은 사람들의 이목을 끄는 데서부터 시작한다. 소비자들이 관심을 갖고 차근차근 살펴보기 시작하면 이미 반은 성공한 것이나 다름없다. 마케터들의 고민은 홍수처럼 쏟아져 나오는 광고 속에서 사람들의 이목을 끌기가 쉽지 않다는 데 있다. 그런데 재미있기만 하다면 사람들이 스스로 흥미를 느끼고 빠져든다

일상의 경영학

는 것이다.

누구나 재미를 느끼는 대상은 어떤 것이 있을까? 바로 게임이다. 그렇다면 마케팅도 게임처럼 만들면 사람들이 더 좋아하고 빠져들지 않을까? 그래서인지 요즘에는 게임의 원리를 마케팅에 적용하는 '게임화Gamification' 마케팅이 주목을 받고 있다. 게임화란 재미를 좇는 호모 루덴스의 본능을 이용해 브랜드와 제품에 대한 소비자의 애착을 높이기 위한 다양한 활동을 펼치는 것이다. 잘 만들어진 게임화의 사례를 살펴보면서 게임화 마케팅이 지녀야 할 요소로 무엇이 있는지 살펴보기로 하자.

일단 재미있어야 한다. 다음과 같은 장면을 한번 떠올려보자. 젊은 남성이 아이템을 얻기 위해 대도시에 위치한 쇼핑몰에 들어간다. 그러자 젊은 여성들이 나타나 '이번에 좋은 아이템이 나왔으니 한번 보라'는 제안을 한다. 직원이 안내해준 문을 열자 눈앞에 펼쳐진 설경에 남자는 놀랄 수밖에 없다. 더구나 놀라운 것은 평소에 갖고 싶어 하던 아이템들이 곳곳에 널려 있는 것이다. 사소한 문제가 있다면 그 아이템들이 얼음덩이 속에 묻혀 있다는 것. 남자는 손에 잡을 것을 찾아 주위를 둘러본다. 때마침 눈에 들어온 곡괭이를 집어 들자 스톱 워치가 돌아가기 시작한다. 미션은 분명했다. 제한 시간 내에 곡괭이로 얼음을 깨면 새로운 아이템을 얻을 수 있는 것이다. 죽어라 곡괭이를 내리친 덕분에 남자는 아이템을 얻을 수 있었다.

게임의 한 장면처럼 들린다. 문을 열고 다음 스테이지로 넘어갔더니 새로운 무대와 미션이 시작된다는 설정은 롤플레잉 게임role playing game의 전형적인 설정이다. 그런데 이것은 게임이 아니라 아웃도어 브랜드인 노스페이스가 영등포의 타임스퀘어 매장에서 실시한 프로모션의 일부다. 노스페이스는 실제로 매장 내에 신상품이 들어 있는 얼음덩이를 가져다두었다. 그리고 제한 시간 안에 등산용 망치로 얼음을 깬 사람은 아이템을 가져갈 수 있도록 했다. 게임에서나 해봄직한 경험을 직접 해볼 수 있게 된 고객들의 뜨거운 반응을 이끌어낼 수 있었음은 물론이다. 하지만 무엇보다 잘한 점은 재미 요소를 통해 고객들이 자발적으로 참여하게 만든 것이다. 그리고 노스페이스는 이 모든 장면을 동영상으로 촬영해 유튜브에 올림으로써 이 신선한 아이디어가 저절로 퍼져나가게 만들었다. 고객들의 관심과 호감도 따라 올라간 것은 물론이다.[13]

게임화에 필요한 두 번째 요소는 바로 보상이다. 최근 들어 사진 촬영 금지라고 써 붙인 매장이 늘어났다. 오프라인 매장에서 제품을 살펴본 후 실제 구매는 값싼 온라인을 이용하는 고객이 늘어났기 때문이다. 심지어 스마트폰에 부착된 카메라로 상품의 바코드를 찍기만 하면 최저가 온라인 쇼핑몰로 연결시켜주는 앱까지 나왔다. 고민이 깊어만 가던 오프라인 업체들은 숍킥ShopKick이라는 앱을 내놓았다. 스마트폰에 숍킥 앱을 설치한 소비자들은 오프라인 매장을 방문하기만 해도 포인트가 쌓인다. 매장 안에 숨겨져 있는 추천 제품을 보물찾기라도 하듯 찾으면 추가 포인트가 적립된다. 쌓여진 포인트는 현금처럼 사용할 수도 있다. 가격을 할인해주면 소비자는 비인기 상품이라는 인상을 받는데 반해, 게임을 통해 얻은 포인트로 할인을 받으면 소비자의 브랜드 만족도가 올라갈뿐더러 개인별로 차별화된 할인까지 가능해진다.

게임화에 빠질 수 없는 또 다른 요소는 '경쟁'이다. 게임이 재미있는 것은 겨루는 상대방이 있기 때문이다. 게임화 역시 경쟁 상대가 있어야 효과가 배가 된다. 2010년 독일의 자동차 회사인 BMW는 자사의 인기 브랜드인 '미니MINI'를 경품으로 걸고 신차 출시를 기념하는 이벤트를 실시했다. 2010년 스톡홀름에서 진행된 이 행사의 진행 방식은 인기리에 방영 중인 TV 프로그램 〈런닝맨〉을 연상시킨다. 스마트폰의 지도 프로그램을 이용해 가상의 미니 자동차 아이템이 있는 곳으로 가장 먼저 달려가면 아이템을 얻게 된다. 하지만 다른 참가자가 아이템을 가지고 있는 사람의 위치를 따라 잡으면 아이템을 넘겨주어야 한다. 1주일간의 행사가 끝나는 시점에 아이템을 가지고 있는 사람에게 실제로 미니 자동차를 우승 상품으로 준 이 행사는 스톡홀름 시민 만여 명이 참여했을 정도로 큰 인기를 끌었다.[14]

ㅇ● 공자는 아는 것은 좋아하는 것만 못하고, 좋아하는 것은 즐기는 것만 못하다고 했다. 그는 하위징아보다 2,500년 전에 이미 인간의 본성 중 하나가 노는 것이라는 사실을 깨달았다. 아직도 놀이라면 시간이 남아도는 사람들의 한심한 소일거리로만 보고 있는가? 이제 조금만 생각을 바꿔보자. 그 한심한 놀이가 이제 한 기업의 운명을 바꾸는 새로운 패러다임이 될 수 있다. ㅇ●

최고의 리더는 무위의 리더

경청하는 리더가 되라

○● 사례1_ 팀장이 새로 부임해왔다. 그런데 며칠 지나 업무 파악을 마친 그의 표정이 좋지 않다. 팀원들이 일하는 방식이 마음에 들지 않고, 고칠 점이 많아 보인다고 했다. 그는 팀원들을 불러놓고 자신의 업무 노하우를 가르쳐주겠다고 했다. 업무에 대한 간섭과 통제가 조금씩 늘어갔다. 부하들의 자율은 점점 줄어들고 그에 비례해 불만은 높아졌다. 베스트 프랙티스best practice, 즉 이미 검증된 모범 사례를 전수받았음에도 팀원들은 더 바빠졌고, 팀장은 부하 직원들에게 화를 내고 고함을 지르는 횟수가 늘어만 갔다.

사례2_ 팀장이 바뀌었다. 업무 추진력이 높고 통솔력이 좋기로 유명한 분이다. 새로운 업무 방법과 리더십에 대한 팀원들의 기대가 높았다. 시간이 지나 팀장이 업무를 완전히 파악했는데도 팀원들이 기대했던 참신한 베스트 프랙티스는 나오지 않았다. 팀원들에게 업무를 맡길 때도 팀장은 이런 식이다. "일하면서 어렵거나 불편한 점은 없었어요?", "지금까지 잘 해오셨네요. 계속 수고 부탁합니다." 고수의 한 수를 기대했던 팀원들은 적잖이 실망했다. 이전 팀장 아래서 일할 때와 별로 달라진 것도 없었다. 하지만 팀장이 바뀌고 일하기가 편해졌다는 팀원들이 많아졌다. 그저 얘기를 들어줄 뿐 별로 큰 도움을 주는 것 같지도 않은데도 마음으로 그를 따르는 팀원들이 많아졌다.

사례1의 리더는 간섭과 통제의 리더다. 부하들을 지치게 만드는 리더다. 일은 많아지고 자율성은 줄기 때문이다. 반짝 성과를 낼 수도 있지만 마른 수건 짜내는 것과 다를 바 없다. 얼마 안 가 부하들은 지쳐버리고, 팀장이 바뀔 날만 기다리게 된다. 이에 비해 사례2의 리더는 자율과 존중의 리더다. 간섭과 통제는 최소화한다. 불필요한 간섭은 부하 직원들의 몰입을 방해할 뿐이라는 걸 알기 때문이다. 달리 이름을 붙여보자면 사례1의 팀장은 '유위有爲의 리더'이고 사례2의 팀장은 '무위無爲의 리더'이다. 무엇인가를 자꾸 덧붙이고 억지로 만들어내려는 모습과 특별한 행동 없이도 자연스럽게 일을 만들어가는 모습에서 노자의 유위와 무위라는 말을 떠오르기 때문이다. 노자가 말한 무위의 의미를 알아보고 그것이 오늘날 비즈니스에 어떻게 적용될 수 있는지 살펴보도록 하자.[15] ○ ●

노자가 말하는 '무위'의 의미

'무위'라 하면 아무것도 하지 않는 것이라 생각하는 사람들이 많다. 이들에게 노자는 산속 깊은 곳에서 한가하게 바둑이나 두는 노인의 이미지이다. 복잡한 세상사에서 벗어나 유유자적 노니는 것을 무위로 아는 것이다. 하지만 실상은 전혀 다르다.《도덕경》이라는 이름에서도 알 수 있듯이 그는 적극적으로 '도'를 추구한 사람이었다. 도와 대비되는 개념은 '천명'이다. 천명이 신이 정해준 질서라면 도는 인간의 질서라고 할 수 있다. 도를 추구했다는 것은 신이 정해준 길이 아니라 인간이 만든 질서를 따르려 했다는 것이다.

인간이 중심이 된 질서를 만들고 이를 따르려 했다는 점에서는 노자는 공자와 다를 바가 없다. 다만 인간의 길을 만드는 데 있어 공자는 인간 내면의 본성을 기준으로 삼았고, 노자는 자연의 운행 원리를 모델로 했다는 점이 차이였을 뿐이다.

공자는 인간이라면 누구나 갖고 있는 보편적인 선한 인간성이 있다고 보았다. 하지만 노자는 그것이 선하고 악한지를 따지기 전에 '인간성'에 바탕을 두는 것은 문제가 있다고 여겼다. 그것이 요구하는 보편성이 일종의 기준이 될 수밖에 없기 때문이다. 기준은 권력으로 행사되며, 권력은 사람을 억압하게 마련이다.

노자가 보기에 자신이 옳다고 믿는 바를 행하는 사람은 자기 내면의 기준을 따르는 사람이다. 그러면 외부 세계와 자신 사이에 불화가 생길 수밖에 없다. 자기 기준으로 세상을 재단하려 들기 때문이다.

따라서 노자는 자기 내면에 자리 잡은 기준과 가치를 최대한 줄여야 한다고 주장했다. 이처럼 자신의 기준을 강요하지 않고 있는 그대로의 세상과 관계라는 것을 그는 '무위'라고 표현했다.

무위의 반대말은 유위다. 유위란 이념이나 신념과 같은 자신만의 기준으로 세상을 대하는 것이다. 있는 그대로의 세상을 보는 것이 아니라 자기만의 색안경으로 세상을 바라보는 것이다. 노자는 말한다. 이런 사람들은 세상을 있는 그대로 보는 사람에게 항상 질 수밖에 없다고. 왜냐하면 자기 생각만 강요할 뿐 세상이 변화하는 것을 알려고 하지 않기 때문이다. 그런 사람들은 변화에 적절하게 반응할 수 없다.

최고의 리더는 무위의 리더

《도덕경》 제17장에서 노자는 최고의 리더는 어떤 사람인지 다음과 같이 밝히고 있다.

太上 下知有之(태상 하지유지)

'태상'이란 가장 위에 있는 것, 즉 최고의 지도자를 말한다. '下知有之'에서 '下'는 아랫사람 또는 백성, 비즈니스에서는 팀원들을 말한다. '知有'는 '있다는 것을 안다'는 의미고 마지막 글자 '之'는 앞에 나온 '太上'을 받는 대명사다. 그러니까 이 구절의 뜻은 '가장 이상적인 지도자는 아랫사람들이 단지 그가 있다는 사실을 알 뿐인 사람이다'는 의미다. 그렇다면 이런 최고의 리더가 되기 위해서는 어떻게 해야 할까? 다음을 살펴보자.

悠兮 基貴言(유혜 기귀언)

'貴言'은 귀한 말이라기보다는 '귀한 사람의 말', 즉 지도자의 말이다. '悠'는 근심한다는 의미니 이 구절은 지도자나 윗사람들이 하는 말들이 무척 염려스럽다는 뜻이다. 왜냐하면 노자가 보기에 말이라고 하는 것은 이미 가치가 담겨 있는 것이다. 자기 딴에는 사람들에게 칭송을 받고 신뢰를 받으려고 하는 말이겠지만, 과연 그렇게 될수 있겠느냐는 반문이다. 그러니 당연히 말이 줄어들 수밖에 없다. 이를 실현한 궁극적인 지도자의 모습 역시 같은 장에 설명되어 있다.

功成事遂 百姓皆謂我自然(공성사수 백성개위아자연)

"업적을 달성하고 일이 끝나도, 백성 본인들이 스스로 해냈다고 말하게 하라"는 의미다. 지도자가 "내가 해냈다"고 떠들고 다니지 말라는 것이다. 지도자가 말을 많이 하게 되면 사례1의 리더처럼 자꾸 간섭하고 통제하게 된다. 지도자의 역할은 점점 커지고 책임은 무거워질 수밖에 없다. 책임이 무거워지면 도망갈 구멍을 만드는 게 인지상정이고, 일이 잘못되면 거짓말을 하기도 한다. 상하 간의 믿음에는 금이 갈 수밖에 없고, 종국에는 못 믿을 사람이 되고 만다는 것이다.

다언삭궁多言數窮이라 했다. 말이 많으면 곤란한 상황이 자주 생기는 법이다. 그러니 아예 스피커는 끄고 묵묵히 지내되 나중에 목표를 달성하고 나서도 "지도자를 잘 만난 덕분에 이렇게 해냈습니다" 하는 칭찬 같은 것은 기대도 하지 말고, 사람들이 모두 "우리가 열심히 했더니 이런 성과가 나왔네" 하고 느끼게 만들라는 것이다.[16]

사례에서 예로 들은 팀장 얘기로 다시 돌아와보자. 무위의 리더십을 실천하는 팀장은 섣불리 자신의 업무 방식을 팀원들에게 강요하지 않는다. 부하들의 자발성이 발휘되도록 분위기를 조성해주는 것만 못하다는 사실을 알기 때문이다. 업무 지시도 별로 없다. 그는 말하기보다 팀원들의 의견을 듣는 데 대부분의 시간을 쓴다. 간혹 의견을 주기도 하지만 팀원들도 지시나 통제라기보다는 제안이나 권고로 받아들일 때가 많다. 팀장의 존재를 강하게 느끼지는 않지만 그렇다고 딱히 안 돌아가는 일도 없게 된다.

결국 노자가 말하는 무위의 리더를 요즘 비즈니스에 빗대 해석하자면 경청의 리더다. 강하게 주장하기보다 귀 기울여 들어주는 리더다. 혹자는 생각할지 모른다. '그냥 듣기만 하면 되니까 무위의 리더 노릇은 쉬울 거라고.' 물론 듣기만하고 끝내라는 것은 아니다. 부하들의 어려움을 듣고 난 후엔 실질적인 도움을 주는 리더십은 있어야 할 것이다. 하지만 듣는다는 행위 역시 그리 쉬운 일만은 아니다. 경청 기법을 단계별로 알아보도록 하자.

무위의 리더십을 실천하는 경청의 방법

전문가들은 듣는 데에도 레벨이 있다고 말한다. 먼저 가장 하수의 듣기 방법이다. 예를 들어보자. 퇴근하고 돌아온 남편. 프로야구 하이라이트를 보느라 정신이 없다. 아내가 옆에 와서 말한다. "여보, 우리 애가 학교에서 문제가 있나 봐요. 오늘 담임 선생님이……." 아내는 한참 동안 학교에 다녀온 얘기를 풀어놓는다. 남편은 고개를 끄덕이며 TV 리모컨을 찾더니 볼륨을 높인다. 여전히 고개를 끄덕거리면서 말이다. 이런 유형의 듣기 방식을 가리키는 표현이 재미있다. '배우자 경청'이라고 한다. 부부 간에 자주 벌어지는 상황을 빗대 지은 이름이다. 듣는 것 같으면서 전혀 듣지 않는 것. 오히려 상대의 기분만 상하게 만드는 듣기 방법이다.

이보다 조금 나은 방법으로 '수동적 경청'이 있다. 어느 날 아내가 말한다. "거실에 먼지가 많네요." 무슨 말일까? 청소 좀 하라는 말이다. 하지만 남편은 이렇게 대꾸한다. "그러게 말이야. 요즘 황사가 너무 심하네. 먼지가 저리 많은 걸 보니." 비슷한 상황은 직장에서도 종종 벌어진다. 상사를 찾아온 부하 직원이 말한다. "요즘 회사 다니기가 너무 힘이 듭니다." 내가 힘들게 일하는 것 좀 알아달라는 말이다. 하지만 황사 타령을 하던 남편은 부하에게도 똑같이 말한다. "힘들어? 그럼 연차 쓰고 좀 쉬어." 상대방이 이 얘기를 왜 하는지는 관심이 없고, 그저 소리만을 듣는 것이다.

그렇다면 도대체 어떻게 해야 잘 듣는 것일까? 답은 적극적 경청에 있다. 적극적 경청이란 말하는 사람의 느낌, 생각, 감정까지 헤아리면서 듣는 것이다. 적극적 경청을 위해 가장 필요한 것은 공감이다. 상대가 말하는 의도에 대해서 공감해주라는 말이다. 앞서 나온 회사 다니기 힘들다던 부하 직원을 떠올려보자. 공감한다는 것은 말을 한 의도를 헤아리는 것이다. 아마 그 부하 직원은 힘든 직장 생활에 대해 상사의 따뜻한 위로의 말이라도 한마디 듣고 싶었을 수도 있다. "그래. 요즘 어려운 업무가 자네한테 많이 몰리지? 인간관계도 생각처럼 되지 않을 때가 많고 말이야." 이런 말 한마디만으로도 상대는 내가 충분히 이해받고 있다고 생각할 것이다.

적극적 경청을 위한 두 번째 방법은 상대가 한 말을 다시 한 번 반복해주는 것이다. "알아. 요즘 많이 힘들어 보이더라." 하는 식으로 말이다. 이처럼 상대의 말에 맞장구를 치면서 상대의 감정에 적극적으로 동의하는 기법을 백트래킹back-tracking이라고 한다. 처음으로 돌아가서 다시 한 번 반복해준다는 의미다. 상대의 말에 "맞아, 그렇고 말고" 하고 추임새를 넣거나 "정말, 그래서 어떻게 됐어?" 하고 질문하는 것도 백트래킹 기법에 해당한다.

적극적 경청을 위해 한 가지 더 잊지 말아야 할 것은 '비언어적 경청'이 매우 중요하다는 점이다. 심리학자 앨버트 머레이비안Albert Mehrabian에 따르면 커뮤니케이션에서 말하는 내용이 차지하는 비중은 기껏 7퍼센트 밖에 안 된다. 55퍼센트는 표정과 태도가 38퍼센트는 목소리가 영향을 미친다고 한다. 비언어적 방식이 대화의 질에 오히려 더 큰 영향을 끼치고 있는 것이다. 부하 직원과 대화하는 경우에도 표정을 찌푸리거나 다른 곳을 쳐다보는 것보다는 올바른 자세로 상대와 시선을 맞추는 것이 좋다. 이 외에도 자연스럽게 고개를 끄덕이는 자세는 상대의 심리적 저항을 낮춤으로써 진정성 있는 대화를 이끌어내는 데 도움을 준다.

○ ● 화이자 제약의 제프 킨들러Jeffrey Kindler 회장은 매일 아침 왼쪽 주머니에 동전을 한 움큼 넣고 출근했다. 그리고 부하 직원과 얘기를 나눌 때 충분히 잘 경청했다는 느낌이 들면 동전을 하나씩 오른쪽 주머니로 옮겨 담았다. 퇴근할 때 오른쪽 바지 주머니가 묵직하게 느껴지면 '오늘도 좋은 하루를 보냈다'며 뿌듯해했다고 한다. 경청하는 리더는 하루아침에 만들어지지 않는다. 그러나 '하지유지'하는 '태상'의 리더가 되기 위해 꾸준히 노력해볼 가치는 있지 않을까. ○ ●

일상의 경영학

PHILOSOPHY

모든 갈등은 인정 투쟁이다
사람을 뜻대로 움직이는 칭찬 기술

○● 생일파티 때문에 난리가 났다. 파티 장소가 성형외과 수술실이었기 때문이었다. 생일을 축하하기에 적절한 장소는 아니다. 게다가 용감한 간호조무사가 그걸 찍어서 페이스북에 올린 게 더 큰 문제였다. 하기야 이런 일이 처음도 아니다. 시계 바늘을 조금만 뒤로 돌려보자. 이번엔 산부인과 간호조무사가 신생아들 사진을 찍어 SNS에 올렸다. 신생아 얼굴에 이상한 짓을 해놓고 사진을 찍었다. 부모들만이 아니라 뉴스를 접한 사람들 모두가 경악했다. 성실하고 착해 보이는 간호조무사가 말도 못하는 신생아들을 학대했기 때문이다. 하지만 그녀들이 정말로 아이들을 '학대'하려던 것은 아니었다. 경찰서에 출두한 간호조무사는 "싸이월드에 있는 홈피를 예쁘게 꾸미고 싶었다. 영아들의 인상을 특색 있게 해 다른 동료들이나 간

호 종사자들의 눈길을 끌고 싶었다"고 말했다.[17]

눈길을 끄는 것은 아주 중요하다. 다른 사람의 관심과 인정을 받을 수 있기 때문이다. 언젠가부터 음식을 주문하면 먼저 사진부터 찍는 사람들이 늘어났다. 관광을 떠나는 이유도 사진을 찍기 위해서라는 사람들도 있다. 음식이나 관광 자체가 목적이 아닌 것이다. 사진을 찍어 페이스북에 올려야지만 비로소 미션이 완수된다. 너나없이 올려대는 사진 속에서 남들의 관심을 받으려면 더 자극적이어야 한다. 그래서 셀카봉을 들고 위험한 곳까지 마다하지 않는다. 사진이나 글을 올린다고 끝이 아니다. 틈날 때마다 들어가서 '좋아요'가 몇 개나 찍혔는지 확인한다. '좋아요'가 많이 붙으면 괜히 기분이 좋아지기도 하고, '좋아요' 숫자가 기대에 못 미치면 마음이 상하기도 한다.

간호조무사들을 다시 생각해보자. 도가 지나친 그녀들의 행동을 옹호하고픈 마음은 조금도 없지만 그녀들이 사진을 찍게 된 동기 역시 '좋아요' 숫자 하나라도 올리려는 우리네 소박한 마음과 다를 바가 없을 것이다. '좋아요' 개수 올리는 것으로 인정을 받고 싶어 하는 소박하다 못해 처절한 마음을 알고 나니 한편으로는 안쓰러운 생각까지 든다. 우리는 왜 그렇게 타인의 관심과 인정에 목을 매는 것일까? ○ ●

주인과 노예의 변증법

'인정'이라는 주제에 관심을 기울인 철학자가 있었다. 변증법으로 우리에게 잘 알려진 빌헬름 프리드리히 헤겔Georg Wilhelm Friedrich Hegel이다. 그의 저서 《정신현상학Phänomenologie des Geistes》에는 '주인과 노예의 변증법'이라는 에피소드가 나온다. 주인과 노예 사이에는 서로 인정을 받으려는 치열한 투쟁이 전개된다는 이야기다. 헤겔의 이야기는 다음과 같이 요약할 수 있다.

주인과 그의 노예가 있다. 둘의 관계는 확실하고 견고해 보인다. 주인은 명령하고 노예는 따른다. 노예는 주인의 명령을 한 치의 오차도 없이 수행하고자 모든 정성을 다한다. 노예는 주인의 권위를 인정하지만 주인은 마음이 편하지 않다. 노예가 나를 주인으로 인정하는 것이 자발적이 아닐 수 있음을 알기 때문이다. 달리 말하면 노예는 주인의 힘과 권력이 두렵기 때문에 그의 권위를 인정하는 척할 수도 있다. '노예가 정말 나를 주인으로 대접하고 인정하는 것일까?' 주인은 노예의 진정한 인정과 존경을 받고 싶다.

여기서 주인의 고독이 시작된다. 그리고 딜레마에 빠진다. 노예의 자발적 인정을 받기 위해서는 그에게 자유를 주어야 하는데, 그러자니 불안하다. 자유를 얻은 노예가 자신을 인정하지 않을 수 있기 때문이다. 심지어 그는 자유를 마음껏 만끽하고 싶다면서 주인으로부터 도망가버릴 수도 있다. 불안하기는 노예 역시 마찬가지다. 주인이 시킨 일에 목숨을 거는 이유는 불안하기 때문이다. '혹시 매질을 하지는 않을까?', '일 못하는 노예는 필요 없다며 팔아버리지는 않을까?' 노예 역시 주인의 인정을 받기 위해 나름의 최선을 다해야 한다. 결국 주인과 노예 모두는 상대에게 인정받기 위해 끊임없이 고민하고 괴로워한다. 헤겔은 이를 일반화해서 다음과 같이 정리했다. "모든 사회적 갈등과 투쟁의 최종 목표는 서로에게 인정을 받으려는 데 있다."[18]

부하 직원의 불안을 관리하라

선사시대 인간들은 약한 존재였다. 야수들의 점심 밥상에 오르지 않으려면 늘 긴장하고 촉각을 곤두세워야만 했다. 그들에게 위험을 감지하는 불안감은 생존에 필수적인 능력이었다. 덕분에 인간은 약육강식하는 비정한 세계에서 수만 년 동안 살아남을 수 있었다. 이제 세월이 흘러 사자 밥이 될 위험은 사라졌지만 그 옛날부터 잠재되어 온 불안 DNA는 오늘날 우리 몸에 그대로 남아 있다. 배우자가 변심하지는 않을까 혹시 나쁜 병에 걸리지는 않을까 늘 불안하기만 하다. 직장에서도 마찬가지다. 승진하지 못할까, 동료들에게 왕따를 당할까, 내 말을 듣고 사람들이 웃지 않으면 어떡할까, 불필요한 사람이 되면 어떡할까 우리는 늘 불안해한다.

이처럼 불안은 떼어낼 수 없는 삶의 조건이다. 《불안Status Anxiety》이라는 책을 쓴 알랭 드 보통Alain de Botton은 삶이란 결국 하나의 불안을 다른 하나의 불안으로 바꿔가는 과정이라고 말한다. 현대인은 이런 불안감을 인정으로 달랜다. 하지만 보통에 따르면 우리는 인정받고 싶은 욕구를 부끄러워하고 감추고 싶어 한다. "사실 나 정도면 굉장히 잘생긴 거 아닌가요?" "이 정도면 상당히 괜찮은 글 아닌가요?"

이렇게 외치고 싶은데, 그러면 욕먹으니까 꾹 참고 가만히 있는다. 욕망이 없는 척 감춘다. 인정받고 싶은 욕구를 평생 감추며 산다.

하지만 잘만 관리하면 불안은 능력이 되기도 한다. 예를 들어 상사의 질책을 들을 줄 알면서도 대충 넘어가는 사람보다는 불안을 느끼는 사람이 업무에 집중하여 더 좋은 결과물을 만들어내기도 한다. 선사시대의 불안이 생존을 위한 에너지였다면 현대인의 불안은 자기 실현의 원동력이다. 따라서 좋은 리더는 부하 직원의 불안을 관리해야 한다. 부하 직원이 과업을 허술하게 하는 것을 방관하기보다 중간 결과물을 미리 확인하고 도와줌으로써 불필요한 불안에 빠지지 않게 도와주어야 한다. 이를 위한 가장 적극적인 행위는 칭찬을 통한 인정이다. 칭찬을 통해 상대방의 불안을 덜어주는 인정 행위야말로 리더가 필수적으로 갖춰야 할 덕목인 것이다. 문제는 우리가 제대로 된 칭찬 방법을 너무나도 모른다는 점이다.

제대로 된 칭찬의 기술

미술 대회에 나간 아이가 상을 받아왔다. 기특하고 대견해서 칭찬을 해주고 싶다. 하지만 떠오르는 말이 "잘 했어!" "우리 아들 대단해!"밖에 없다면 당신은 제대로 된 칭찬 방법을 모르는 셈이다. 직장에서도 마찬가지다. 부하 직원의 보고서를 칭찬해주고 싶은데, 기껏 떠오르는 말이 "훌륭해!" "와, 굉장한 걸!"밖에 없다면 당신은 칭찬에 무지한 사람이다. 단지 칭찬 방법을 모르기만 하는 것이 아니다.

인지 심리학자인 알피 콘Alfie Kohn에 따르면 이런 식의 칭찬을 즐겨 하는 사람은 상대방에 대한 신뢰가 낮은 경우가 많다. 상대방 스스로는 좋은 일을 하지 않을 거라고 생각하기 때문에 이런 칭찬을 통해 상대방을 조종해야 한다고 믿는 것이다. 하지만 이런 칭찬을 들을 때 사람들은 부담스럽다. 칭찬을 계속 듣기 위해서는 더 완벽해져야 한다는 강박에 빠지기 때문이다. 그래서 심지어는 부정한 수단을 사용해서라도 상대방에게 잘 보이려고 애쓰게 된다.

제대로 된 칭찬을 하는 법은 그리 어렵지 않다. 자신이 본 것을 그대로 설명해주면 된다. 그림을 잘 그린 아이에게는 "그림에 녹색을 많이 사용했네!"라고 말하거나, 보고서를 잘 쓴 부하 직원에게는 "그래프를 적절히 활용해서 알아보기 편하네"라고 얘기하면 된다. 이런 칭찬이 주는 효과는 스스로에 대해 어떻게 생각할지 스스로 결정하게 해준다는 데 있다. 외적 권위자의 인정에 쩔쩔매는 사람이 아니라 스스로를 인정하게 만들어준다.[19]

좋은 칭찬을 위한 또 하나의 방법은 '결과'가 아니라 '과정'을 칭찬하는 것이다. 예를 들어보자. 반에서 30등 하던 아들이 한 달 동안 주말도 없이 열심히 공부하더니 성적이 10등이나 올랐다. 이런 경우에 "거봐, 너도 하니까 되잖아!" "성적이 10등이나 뛰었네, 잘 했어!"라고 얘기한다면 이는 결과를 칭찬하는 것이다. 결과에 대한 칭찬은 자칫하면 '과정은 어떻게 될지언정 결과만 좋으면 된다'는 잘못된 인식을 갖게 할 수 있다. 이런 경우엔 "주말에도 놀지 않고 열심히 공부하더니 성적이 많이 올랐네" 하는 식으로 '과정'을 언급하는 것이 좋은 칭찬이다.

마지막으로, 제대로 된 칭찬을 하기 위해서는 행동 자체가 아닌 그 행동의 '영향력'을 언급해주는 것이 좋다. 집안일 때문에 급하게 자리를 비우게 된 동료를 대신해서 야근을 하며 그의 업무까지 챙겨준 박 대리를 칭찬한다고 해보자. "자기 일도 힘들 텐데. 고생이 많았어, 박 대리." 이건 '고생한' 행동에 대한 칭찬이다. 이보다는 "박 대리가 도와준 덕분에 우리 팀에 서로 돕는 분위기기 만들어진 것 같아"처럼 행동이 가져온 긍정적인 영향을 칭찬하는 것이 바람직하다. 사람들은 누구나 다른 사람에게 영향력을 미치고 싶어 한다. 칭찬을 통해 자신의 행동이 바람직한 영향력을 미쳤다는 것을 알게 되면 계속 그 행동을 하려는 욕망이 강해질 것이다.

○ ● 《칭찬은 고래도 춤추게 한다Whale done》는 책이 큰 인기를 끈 적이 있었다. 자주 칭찬하다 보면 정말로 고래가 춤을 출지도 모른다. 하지만 사람은 고래보다 훨씬 복잡하고 까다로운 존재다. 섣부른 칭찬은 오히려 안 하느니만 못한 결과를 가져올 수도 있다. 만약 당신이 칭찬을 해야 한다면 잊지 말도록 하자. 진심으로 상대를 인정해주는 칭찬은 서로 대등한 존재라는 인식에서 나온다는 사실을 말이다. ○ ●

PART
03

-

일상의 경영학,
문학을 만나다

-

Insight Management of Daily Life

동방견문록은 희대의 사기극?
화법을 바꾸면 성과가 달라진다

○● 〈가족오락관〉이란 TV 프로그램이 있었다. 여러 코너 중에서도 "고요 속의 외침"이란 게임이 가장 기억에 남는다. 게임 규칙은 간단하다. 모든 참가자들이 시끄러운 음악이 흘러나오는 헤드폰을 쓴 채 옆 사람에게 '중구난방衆口難防'이나 '일취월장日就月將' 같은 단어를 정확히 전달하면 이기는 게임이다. 얼핏 보면 쉬워 보이지만 음악 소리 때문에 말을 잘 못 알아들은 참가자가 옆 사람에게 엉뚱한 단어를 전달하면서 원래 단어가 이상하게 변질되곤 했다.

어디 말뿐인가. 어떤 형태로 커뮤니케이션을 하더라도 처음 한 말이 왜곡되는 상황이 자주 벌어진다. 〈가족오락관〉에서는 그런 효과를 극대화하기 위해 출연자들에게 헤드폰을 씌웠지만 헤드폰이 없어도 상황은 마찬

가지다. 여러 사람들을 거치면 거칠수록 전달자의 의도는 본래 의미와는 다르게 변질되기 마련이다. ○ ●

《동방견문록》과 마르코 폴로

《동방견문록》의 저자로 유명한 마르코 폴로Marco Polo는 정작 '동방견문록'이라는 책을 알지 못했다. '동방견문록' 제목은 일본인의 '작품'이기 때문이다. 13세기 말 이 책이 첫 선을 보였을 때 제목은 'Divisament dou Monde'였다. 영어로 'The Description of the World'라고 번역할 수 있다. 우리말로는 '세계의 묘사' 정도가 되겠다. 하지만 실제로 이 책은 '일 밀리오네Il Milione'라는 별명으로 불렸다. 왜 이런 별명이 붙었는지 정확히 알려지진 않았지만, '밀리오네'에 '과장된 이야기' 혹은 '부풀려진 이야기'라는 뜻이 있는 것을 보면 당시 사람들이 이 책을 어떻게 생각했는지 짐작할 수 있다.

실제로 폴로와는 동시대 사람이며 당대 지식인이었던 피렌체의 시인 단테는 이 책에 대해 일언반구一言半句도 없었다. 당시는 교통과 물류의 전파 속도가 오늘날과는 비교할 수 없을 정도로 느렸던 시기였다. 하지만 이 책은 나온 지 불과 몇 달 만에 이탈리아 전역에 보급될 만큼 엄청난 인기를 끌었다. 나름 한 시대를 풍미한 베스트셀러였음에도 단테가 한마디 언급조차 하지 않았다는 것은 단테 역시 이 책을 상상에 근거해 만들어낸 엉터리로 여겼다는 뜻이 아닐까?

그렇다면 마르코 폴로는 어떤 사람이었을까? 폴로는 셰익스피어의 작품에 등장하는 그 유명한 '베니스 상인'의 후예였다. 폴로의 아버지는 셰익스피어가 비아냥거린 '상인'이라는 범주에서 한 치도 벗어나지 않는 사람이었다. 돈벌이를 위해 여기저기 돌아다니기 바빴던 그의 아버지가 자식 교육에 관심을 갖기는 어려웠을 테고, 덕분에 폴로는 라틴어를 전혀 몰랐다. 게다가 그의 나이 17세 때 여행을 떠났으니, 교육 수준으로만 봐서는 일자무식이라고 해도 별 무리가 없을 것이다.

우리 속담에 "개 눈에는 똥만 보인다"는 말이 있다. 너무 심한 표현일지 모르겠지만, 일자무식 장사꾼의 관심을 살 것이라곤 돈 될 만한 것 말고는 없었을 것이다. 폴로의 《일 밀리오네》의 가장 핵심적인 주제는 당시 서양보다 생활수준이 높았던 중국의 도시들을 과시적으로 드러내는 것이었다. 예를 들면, '좋은 마을'이나 '좋은 도시'처럼 그가 책에서 자주 사용했던 가치판단적 어휘인 '좋은'이라는 단어는 '값비싼 재료로 만들어서 비싸 보인다'는 말에 다름 아니다. 돈밖에 모르던 일자무식 폴로는 중국이라는 이국땅에서 25년간 겪은 신기하고도 방대한 경험을 글로 조리 있게 표현할 수 있는 지적 능력을 갖추지 못했다. 어쩌면 그냥 묻혀버릴 뻔했던 신기한 경험은 전혀 엉뚱한 계기로 세상에 그 모습을 드러내게 되었다.

대필 작가가 쓴 동방견문록

1295년, 긴 여행을 마치고 고향으로 돌아온 폴로는 지중해 해상권을 두고 벌어진 베니스와 제노바의 전쟁에서 포로로 잡혀 감옥에 갇힌다. 그리고 이 감옥살이는 세계 역사상 가장 중요한 책 중 한 권이 탄생하는 계기가 된다.

폴로는 감옥에서 루스티첼로Rustichello를 만난다. 피사 출신의 작가였던 그는 당시 유럽에서 유행하던 로맨스 소설 분야에서 꽤 잘나가는 작가 중 한 사람이었다. 이 루스티첼로가 바로 《일 미리오네》를 탄생시킨 장본인이었다. 그가 없었다면 동방견문록은 세상에 나올 수 없었을 것이다. 25년 동안 중국에서 살다 보니 폴로는 베니스어나 불어를 제대로 하지 못했다. 뿐만 아니라 중국어조차 몽고어와 뒤섞인 이상한 말을 구사했다. 어쨌든 같은 방에 갇힌 두 남자. 한 남자는 지난 세월 자신이 겪은 온갖 신기한 경험을 쏟아냈고, 다른 남자는 꿈을 꾸듯 쏟아내는 횡설수설 무용담을 놓치지 않고 받아 적었다.

'뭐 눈에는 뭐만 보인다'는 속담은 폴로뿐만 아니라 루스티첼로에게도 고스란히 적용된다. 폴로는 자신이 보고 들은 사실을 말했지만, 루스티첼로는 폴로의 경험담을 로맨스 소설가의 입장에서 들었다. 그리고 로맨스 소설의 구조 속에 폴로라는 주인공을 등장시켰다. 예를 들면, 몽고 제국의 왕 쿠빌라이 칸Khubilai khan이 폴로를 환영하는 장면은 당시 유행하던 로맨스 작품의 한 장면, 즉 랜슬롯Launcelot 경이 카멜롯에 있는 아서 왕의 조정에 도착하는 장면을 기본 모델로 한 것이다. 소설 속 주인공을 폴로로 바꿔놓는 식의 묘사는《일 밀리오네》안에서 수없이 발견된다.《일 밀리오네》가 당시 이탈리아에서 베스트셀러가 될 수 있었던 것은 중국이라는 미지의 국가에 대해 사람들이 갖고 있던 호기심도 한몫했겠지만, 무엇보다 당시 사람들이 이 작품을《아서 왕 이야기King Arthur and his knights of the round table》나《트리스탄과 이졸데Tristan und Isolde》와 같은 로맨스 소설처럼 받아들였기 때문이다. 중국의 발달된 문명과 선진 기술을 알리고 싶던 폴로의 의도와는 달리 서양 사람들에게 최초로 형성된 중국의 이미지는 로맨스 소설 무대로서의 환상적인 공간이 되어버린 것이다.

왜곡은 거기서 끝나지 않는다. 인쇄술이 발달하기 이전인 당시에는 책을 유통하려면 손으로 베껴 쓸 수밖에 없었다. 한 사람도 아니라 여러 사람이 달라붙어서 필사하는 과정에서 내용의 윤색과 가감이 일어나는 건 당연한 일이었다. 심할 경우 자기 상상을 덧붙여서 내용을 왜곡하는 경우도 비일비재했다. 《일 밀리오네》는 나오자마자 폭발적인 인기를 끌었고 10여 개 언어로 번역되었다. 그 과정에서 번역자의 개작도 심심찮게 있었을 것이다. 이처럼 이 책은 한 사람 한 사람의 손을 거칠 때마다 그 사람의 도덕적, 종교적 가치판단에 의해, 또 번역되는 나라의 문화적 상황에 맞게 변질되고 왜곡되었다. 그러다 보니 현재 《동방견문록》은 140여 개나 되는 판본이 남아 있는데, 그중 어느 하나가 다른 것보다 우월하다고 주장할 수 없는 상황이다. 그렇다면 지금 우리가 읽고 있는 《동방견문록》은 과연 마르코 폴로가 의도했던 내용이 적힌 책이라고 할 수 있을까?[1]

성과를 만드는 리더의 소통 방법

"고요 속의 외침"은 우스꽝스럽고, 《동방견문록》은 황당하다. 하지만 분명한 시사점이 있다. 사람들은 자기의 경험이나 지식의 테두리 안에서, 또는 현재 자신이 처한 상황에서 남의 말을 받아들인다는 것이다. 그렇기 때문에 말하는 사람은 조리 있고 분명하게 말을 해야 한다. 그뿐만 아니라, 듣는 사람의 입장까지 배려하면서 말을 해야 자신이 원하는 바를 정확하게 전달할 수 있다.

조직을 이끄는 리더 역시 이런 점을 잘 헤아려야 한다. 리더들이 자주 하는 푸념 중 하나는 부하 직원이 자신의 마음을 너무 몰라준다는 것이다. 이런 기분을 느껴본 리더라면 무조건 부하 직원이 야속하다며 직원 탓만 할 것이 아니라 왜 그런지 이유를 한 번쯤 곰곰이 생각해봐야 할 일이다. 눈에 빤히 보이는 글로 쓰인 내용도 본래 의도와는 다르게 전달되는 판인데, 하물며 입 밖으로 나오자마자 바로 소멸되어버리는 말에 내 마음을 담아 전달하는 것은 얼마나 어렵겠는가. 부하 직원들이 제멋대로 리더의 말을 해석하는 것은 어찌 보면 당연하고 자연스러운 현상이다. 하지만 리더와 부하 직원 간에 이런 식의 소통이 계속된다면 조직은 그 기능을 발휘할 수 없다. 의도하는 바를 부하 직원에게 정확하게 전달하기 위해 필요한 커뮤니케이션 방법을 살펴보자.

상대의 눈높이에 맞는 언어를 사용하라

'가장 경쟁력 있는 저가 항공사가 되자.' 이제는 저가 항공을 넘어 항공업계 전체 4위로 떠오른 사우스웨스트 항공이지만, 사업 초기 비전은 소박했다. 그러한 비전을 직원들과 공유하고 그들로 하여금 실행하게 하는 것은 CEO의 가장 중요한 역할 중 하나다.

당시 CEO였던 허브 켈러허Herb Kelleher가 보기에 '가장 경쟁력 있는 항공사'와 같은 말은 공허한 구호일 뿐이었다. 그는 직원들에게 "우리 모두 최고의 경쟁력을 갖출 수 있도록 노력합시다"라고 말하지 않았다. 대신 각 부서별로 다른 메시지를 전달했다. 지상 운영을 담당하는 직원들에게는 '지상 대기 시간을 15분 미만으로 줄이라'고 지시했고, 승무원들에게는 '승객들을 재미있게 해주기 위해 최선을 다하라'고 말했다.

마르코 폴로가 중국의 선진 문명과 기술에 대한 이야기를 아무리 해봤자 루스티첼로는 로맨스 소설의 틀 안에서 흥미로운 스토리만 받아들인 것처럼, CEO가 '경쟁력'이니 '업계 1위'니 하는 말들을 아무리 외쳐도 직원들은 자기 나름대로 해석하게 마련이다. 그것은 CEO의 언어이지 그들의 언어가 아니기 때문이다. 그래서 켈러허는 '경쟁력 있는' 회사를 만들기 위해 각 파트에서 해야 할 일이 무엇일까 꼼꼼히게 고민했고, 그것을 직원들이 알아들을 수 있는 언어로 바꿔주었다.

값을 싸게 받으면서 수익을 높이기 위해서는 많이 파는 수밖에 없다. 값싼 식당은 테이블의 회전율을 높여야 하는 것처럼 저가 항공사는 비행기의 회전율을 높여야 한다. 그러려면 비행기가 하늘에 떠 있는 시간을 늘려야 했다. 당시 사우스웨스트 항공의 비행기는 평균 60분을 비행하고 지상에서 45분을 대기한 후 다시 60분을 비행했다. 이를 '45분 턴'이라고 부른다. 따라서 5시부터 23시까지 하루 18시간 동안 비행기는 약 10번 운항을 하게 된다. 그런데 이 지상 대기 시간을 15분으로 줄일 수 있다면(15분 턴) 비행기의 운항 횟수는 무려 14회로 늘어난다. 연료비와 공항 사용료 이외의 비용은 거의 고정비이므로, 지상 대기 시간을 15분으로 줄일 수만 있다면 한 대당 30퍼센트의 비용 절감 효과가 생기게 된다. 그래서 지상운영팀에게는 '경쟁력을 갖추자'는 추상적인 표현 대신 '지상 대기 시간을 15분으로 줄이라고' 지시했다. 지상운영 팀원들은 경쟁력을 갖추기 위해 구체적으로 무엇을 해야 할지 고민하는 대신, 어떻게 하면 항공유 급유

시간을 줄이고, 기내 청소와 유지, 보수 작업을 신속하게 마무리할 수 있을지에 집중할 수 있었다.[2]

뿐만 아니라 경비를 절약하기 위해 식사를 제공하지 않았고 기내에 잡지 같은 읽을거리도 비치해놓지 않았었다. 승객의 입장에서는 '싼 게 비지떡'이라는 생각이 들 수도 있다. 그래서 돈을 들이지 않고 고객 만족도를 높일 수 있는 방법으로 고객을 재미있게 해주라고 승무원들에게 지시했다. 예를 들어 비행 전 구명조끼 착용 시범을 보일 때에도 그냥 입었다 벗었다 하기보다는 유행하는 힙합 댄스 동작으로 한다든지, 담배를 피우는 손님이 있다면 담배 좀 꺼달라고 무안을 주기보다는, 문을 열고 나가시면 날개 위에 흡연석이 준비되어 있다고 유머러스하게 말하라는 식으로 말이다. 이처럼 리더의 언어는 현장의 수준에 맞춰 번역되어 부하 직원들에게 전달되어야 한다. 그래야 실행으로 연결된다.[3]

직접 커뮤니케이션하라

개가 짖는다. 한국 사람은 '멍멍'이라고 듣고 미국 사람은 '바우바우'라고 듣는다. 왜 똑같은 소리를 서로 다르게 들을까? 자기 관점에서 듣기 때문이다. 우리는 개는 '멍멍'한다고 배웠고 미국 사람은 개는 '바우바우'한다고 배웠기 때문에 그렇게 들리는 것이다. 이런 원리는 말뿐이 아니라 글에도 적용된다. 그래서 《동방견문록》은 사람들의 손을 거칠 때마다 조금씩 바뀌게 된 것이다.

일상의 경영학

따라서 자신의 말이 의도한 대로 정확히 전달되길 바란다면, 부하 직원과 직접 소통하는 것만큼 확실한 것도 없다. 맥도널드 형제로부터 패스트푸드 체인을 인수한 레이 크록Ray Kroc은 햄버거 업체의 성공 요건이 무엇일지 고민했다. 그가 내린 결론은 퀵서비스 레스토랑은 본질적으로 쇼 비즈니스라는 것이었다. 매장에서 공연을 하겠다는 것이 아니라 직원들이 쇼맨십을 가져야 한다는 의미였다.

예를 들어, 손님이 매장으로 들어오면 '좋아 죽겠다는' 표정으로 "어서 오세요" 하고 큰 소리로 맞이한다든지, 실제로는 시간이 더 걸릴지라도 주문을 받을 때는 반드시 "네, 주문하신 상품은 30초 안에 준비됩니다" 하고 응대하라는 것이다. 이런 과장된 쇼맨십이 고객 만족을 높이는 데 중요하게 작용하기 때문이다. 햄버거를 먹는 손님들은 매장에서 많은 시간을 보내지 않으므로, 짧은 경험이 매장의 전체적인 인상을 좌우한다. 따라서 눈에 잘 띄는 곳은 그 어느 곳보다도 깨끗하고 정리되어 있어야 한다. 그래서 '고장 난 형광등은 무조건 먼저 본 사람이 갈아 끼운다'거나 '화장실은 건물 안에서 가장 깨끗한 곳으로 유지한다'와 같은 규칙을 정하고 매뉴얼에 넣었다.

그러나 매뉴얼을 만들어놨다고 해서 직원들이 읽는 것은 아니다. 크록은 틈만 나면 매뉴얼을 들고 다니며 직원들에게 일일이 내용을 설명해주었다. 은퇴한 이후에는 심지어 시골 벽지의 매장까지 찾아다니면서 직원들에게 매장 운영의 노하우를 직접 설명해주었다. 한 번은 누군가 크록에게 'CEO가 그런 사소한 일까지 일일이 챙기냐'고 물어본 적이 있다. 그러자 그는 이렇게 대답했다. "CEO에게 이것보다 더 중요한 일도 있습니까?" 조직의 성과를 위해서는 리더의 생각을 부하 직원들에게 정확히 전달해야 하고, 직접 얼굴을 맞대고 커뮤니케이션하는 것만큼 확실한 방법은 없다는 의미일 것이다.

○● 《동방견문록》은 여러 사람이 자신의 구미에 맞게 제멋대로 뜯어고친 것이 오히려 인기를 얻는 계기가 되었다. 하지만 리더의 언어는 듣는 사람의 판단에 따라 제멋대로 해석되어서는 안 된다. 성과를 높이겠다는 생각으로 조직 구조나 시스템과 같은 하드웨어를 손대려드는 리더라면 그 전에 먼저 한번 생각해볼 일이다. 과연 내가 부하 직원이 이해할 수 있는 언어로 소통하고 있는지 말이다. 추상적인 단어나 모호한 숫자가 아니라 현장 직원들이 쉽게 이해할 수 있는 언어를 사용해야 한다. 화법을 바꾸기만 해도 조직의 성과는 크게 달라진다. ○●

아내가 다른 남자와 결혼했다
제도가 갈등을 유발한다

○ ●

서울 밝은 달 아래 / 밤 깊도록 노닐다가

들어와 잠자리를 보니 / 다리가 넷이로구나

둘은 내 것이었는데 / 둘은 누구 것인고

본디 내 것이다마는 / 빼앗아 간 것을 어찌하리오.[4]

처용가의 한 소절이다. 사람들의 해석은 보통 이렇다. 노는 데 정신이 팔려 밤늦게 귀가한 처용이 안방 문을 열었더니 다리 네 개가 보였다. '이상하다? 아내는 다리가 두 개밖에 없을 텐데, 나머지 두 개는 뭐지? 아, 아내가 바람이 났구나. 두 개는 내연남의 다리겠네.' 하지만 도량이 큰 처용은

| 그림 | 《악학궤범》에 실린 처용가

몽둥이를 드는 대신, 쿨하게 남자를 보내버린다. 두들겨 맞을 상황에서 빠져 나온 이 남자의 정체는 나쁜 병을 퍼뜨리는 역신. 처용의 배포에 감동한 역신은 처용의 얼굴을 그려놓은 집에는 병을 옮기지 않겠다고 한다.

좀 이상하지 않은가? 모텔도 없던 시절이니 집으로 외간 남자를 끌어들인 것까지는 이해할 수 있다 치더라도, 남편이 돌아올 줄을 알면서도 '밤 깊도록' 누워 있었다는 것은 불륜 커플의 도리가 아니다. 납득할 수 없는 것은 처용도 마찬가지다. 아내와 섹스 중에 현장에서 딱 걸려버린 현행범에게 '다음부터는 조심하세요' 하고 보내줬다니 말이다. 아무리 좋게 이해하려 해도 기존의 해석은 뭔가 석연치 않다. 이렇게 찜찜하지 않은 깔끔한 설명은 없을까? ○ ●

일상의 경영학

출퇴근 방식의 결혼

고대 일본에는 '카요이콘通い婚, かよいこん'이라는 결혼방식이 있었다. '카요이通い'는 왔다 갔다 하는 것이고 '콘婚'은 결혼이라는 의미이므로, 카요이콘은 남자가 여자 집으로 '출퇴근'하는 결혼 형태를 말한다. '방문혼'이라고도 부르는 이 결혼 방식은 밤이 되면 남자가 여자 집에 찾아가 머물고, 아침이 되면 자신의 집으로 돌아가서 생업에 종사하다가, 다시 날이 저물면 여자 집에 가서 밤을 지낸다.

당시에는 모계에 따라 재산이 상속되었기에 여자는 자기 나름의 재산이 있었다. 어머니로부터 살고 있는 집을 물려받는 경우도 있었다. 따라서 여자는 자기 집으로 출퇴근하는 남자에게 경제적으로 의존할 필요가 없었다. 아이가 생기면 어머니가 맡아 기르고 아버지는 밤에 잠깐 놀아주기만 하면 된다. 남자 입장에서는 이렇게 좋은 결혼 제도가 있을까 싶다.

문제는 남자가 꼬박꼬박 출근을 하지 않는 경우다. 처음엔 허벅지라도 꼬집으면서 기다려보겠지만 평생을 독수공방으로 살 수는 없는 노릇이다. 돌아오지 않는 남자를 무작정 기다리는 대신 여자는 새로운 남자를 들인다. 출근하는 사람이 바뀌는 것이다. 그렇게 새로운 남편과 잘 살고 있는데, 어느 날 갑자기 옛 남편이 나타나는 경우가 있다. 비유하자면 무단결근을 밥 먹듯하다 해고된 직원이 뜬금없이 출근한 것이다. 하지만 "제가 이제 새사람이 됐거든요. 이제는 절대로 결근하지 않을 테니 해고는 없던 일로 해주세요"라고 요청한들 그 말이 먹힐까? 옛 남편도 그저 쿨하게 새 남편을 인정하고 돌아서는 것 외에는 달리 방도가 없었을 것이다.[5]

카요이콘은 일본 헤이안 시대의 고대 소설인《겐지모노가타리源氏物語》에 등장한다. 전해지는 기록이나 유적이 워낙 희소하다 보니 고대 사회의 결혼 방식에 대해서는 전문가들도 확신하지 못하는 듯 보인다. 하지만 아마추어의 자유로운 상상력을 발휘해 조심스럽게 추측해보건대, 당시 한반도와 일본 열도의 활발한 인적 교류를 감안한다면 신라에도 카요이콘과 비슷한 풍습이 있지 않았을까? 처용도 카요이콘을 한 것이라면 어떨까? 처용은 시내에서 다른 여자들과 '밤 깊도록 노니느라' 결근을 밥 먹듯이 했다. 그러다 뒤늦게 정신을 차리고 집으로 돌아왔지만 안방은 이미 다른 남자가 꿰차고 있었다. 있을 때 잘해야 했지만, 이미 물 건너간 일이다. "본디 내 것이었다만 빼앗아 간 것을 어찌하리오" 하며 돌아설 수밖에 달리 방도가 없었을 것이다.

다부일처제를 다룬 소설, 《아내가 결혼했다》

결혼의 양태가 여러 가지인 것 같지만, 결국 그림에 보이는 바대로 네 가지로 수렴된다. 하나씩 살펴보도록 하자. 먼저 남녀 모두 다수인 다부다처제가 있다. 전쟁과 같은 특수 상황이라든지 특정한 종교를 믿는 사람들 사이에서 간혹 발견된다. 하지만 아이의 아버지가 누구인지 모르는 곤란한 상황이 벌어진다. 종족 보존을 위한 특수한 상

| 그림 | 결혼할 수 있는 방식

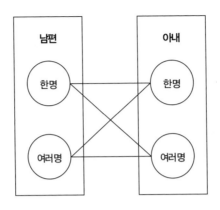

황에서나 잠깐씩 생겨나는 형태이지 지속가능한 결혼 방식은 아니다. 다음으로 한 명의 여자가 다수의 남자와 결합하는 다부일처제가 있다. 앞에서 소개한 카요이콘이나 고구려의 '형사취수兄死娶嫂' 풍습이 다부일처의 근거로 자주 언급된다. 오해하지 말아야 할 것은 다부일처제는 여자 한 명이 여러 남자를 거느리고 사는 것이 아니라는 점이다. 카요이콘은 남자가 번갈아 바뀌는 것이고, 형사취수는 형이 죽으면 동생이 형수를 취하는 것이다. 아마존의 여전사가 아닌 이상 여자 한 명이 여러 남자를 거느리는 다부일처 풍습은 거의 발견되지 않는다. 역시 아버지가 누구인지 모르게 되는 것도 문제이리라.

그나마 다수의 이성을 거느리는 제도가 있으니 일부다처제다. 하지만 모든 남자에게 허락된 것은 아니다. 왕이나 귀족, 아니면 돈 많은 사람들 중 일부만이 가능했다. 일부다처가 허락된 곳에서도 극히 일부의 사람만이 축첩을 할 수 있었던 것이지 아무나 아내를 여럿 둘 수 있었던 것은 아니었다. 당연하다. 세상은 남자 반 여자 반으로 구성되어 있는데, 어찌 모든 남자가 여러 명의 여자와 짝을 지을 수 있겠는가? 결국 몇몇 예외적인 케이스들이 존재하긴 했지만, 보편적이고 지속가능한 결혼방식은 아쉽게도(?) 일부일처제밖에 없다.

박현욱의 《아내가 결혼했다》는 평범한 남자의 평범하지 않은 사랑 이야기다. 평범하지 않다고 한 이유는 이 소설이 '당당한' 다부일처라는 초유의 소재를 다루기 때문이다. 줄거리를 간략히 짚어보자면, 회사원인 덕훈은 업무 관계로 프리랜서 프로그래머인 인아를 만나게 되고, 세련되고 적극적인 그녀에게 관심을 갖게 된다. 특히 남자들의 전유물이라고 여겨지던 유럽 축구에 대한 그녀의 열렬한 관심과 열정으로 인해 둘은 급속도로 가까워진다.

관계가 한참 깊어져 갈 때, 인아는 덕훈에게 조심스러운 제안을 한다. 연인 관계는 유지하되, 서로의 사생활에는 간섭하지 말자고 말이다. 세상에, 이럴 수가! 예쁜 애인이 바람피울 자유까지 주겠단다. 덕훈은 인아의 제안을 덥석 받아들이지만, 곧 깨닫게 된다. 자신은 딴 여자와 양다리 걸칠 자유 따위는 필요하지 않다는 사실을 말이다. 그 자유는 전적으로 인아에게 필요한 자유였던 것이다.

양다리를 시도하는 애인을 잡아두는 가장 확실한 방법은 결혼이다. 덕훈은 결혼을 서두른다. 하지만 결혼 후에도 그녀의 사생활을 절대적으로 존중하겠다는 서약을 하고서야 그는 결혼할 수 있었다. 결혼한 여자의 사생활이라! 제아무리 발버둥을 쳐도 연애 시절과는 다를 거라는 기대가 있었다. 하지만 결혼한 지 얼마 되지 않아 덕훈은 청천벽력 같은 소리를 듣게 된다. 다른 남자가 생겼다는 것이다. 인아를 사랑하는 덕훈은 그냥 모른 척 넘어가고 싶었다. 하지만 자기 아내가 다부일처제의 결혼관을 갖고 있는 사람인 줄은 몰랐다. 그것도 카요이콘이나 형사취수도 아닌 아마존 여전사 스타일의 결혼관 말이다.

헤어질 수 없다는 덕훈에게 인아는 말한다. 너와의 이혼을 원하는 것이 아니라 두 사람 모두와의 결혼을 원한다고. 아내를 독점하고픈 (당연한) 욕망과 상대 남자에 대한 질투심을 버릴 수 없는 덕훈은 온갖 방법을 써서 아내를 설득하고 회유하려 하지만 결국 꺾인 것은 그 자신이었다. 그는 한때 이혼을 결심하기도 했지만 결국 아내의 소원을 들어주고 만다.[6]

구조 갈등의 해결 방안

21세기 한국을 배경으로 다부일처제라는 감당하기 어려운 소재를 꺼내든 작가는 어떻게 글을 마무리하려는 것일까? 궁금증을 억누르며 마지막 장을 넘겼지만 딱 부러지는 결말은 없었다. 덕훈과 인아, 그리고 그녀의 두 번째 남편 간 갈등은 전혀 해소되지 않은 상태로 소설은 끝났다. 작가로서도 그럴 수밖에 없었을 것이다. 소설이라는 것이 분명한 캐릭터를 가진 인물들이 빚어내는 긴장을 통해 갈등을 유발하고 그렇게 쌓인 갈등을 해소하면서 마무리되는 것인데, 인아와 덕훈의 갈등은 당사자들끼리 노력한다고 해서 해결될 수 있는 것이 아니기 때문이다. 그 이유는 갈등의 원인이 당사자들 간에 있지 않고, 일부일처제를 규정하고 있는 사회 시스템에 있기 때문이다.

이처럼 갈등의 원인이 당사자들이 아닌 외부에 있는 경우를 조직 행동론Organizational Behavior에서는 '구조 갈등'이라고 부른다.《아내가 결혼했다》의 경우에는 일부일처제라는 사회적 규약이 덕훈과 인아 사이의 갈등의 주된 원인인 것처럼, 회사 내에서는 성과 지표를 비롯한 각종 제도나 규칙이 갈등을 유발하는 경우가 있다. 이런 종류의 갈등을 해결하기 위해서는 당사자 간의 이해와 양보 말고도 다른 종류의 해법이 필요하다. 사회 제도가 심각한 갈등을 유발했던 경우를 살펴보고, 회사에서 구조 갈등이 발생하는 경우, 어떤 해결책을 강구할 수 있는지 사례를 통해 알아보자.

구조 갈등이 불러온 용산 참사

재개발 보상 대책에 반발해온 철거민들은 적정한 보상비를 요구했으나 받아들여지지 않았다. 그들은 2009년 1월 19일 한강로의 한 건물을 점거하고 경찰과 대치했다. 그 와중에 불이 나 여섯 명이 죽고 스물네 명이 다쳤다. 용산 참사다. 벌써 5년이 지났지만 참사의 원인을 놓고는 아직도 의견이 분분하다. 어떤 이들은 경찰의 과잉 진압을 문제 삼는다. 추락에 대비해서 매트를 깔지도 않았고, 시너 같은 발화 물질이 쏟아져 있는 것을 알고도 진압에 나섰다고 비난한다. 용

일상의 경영학

산은 개발 기대가 많은 곳인데, 철거민들에게 밀렸다가는 개발 심리에 찬물을 끼얹을까 두려워 무리수를 뒀다는 시각도 있다. 정반대의 주장도 들린다. 철거민들의 과도한 욕심이 대형 사고를 야기했다는 것이다. 철거 보상금은 늘 아쉬운 법인데, 지나치게 많은 보상을 요구하다 대형 참사로까지 이어지게 됐다는 것이다. 양측 모두 별로 설득력이 없다. 자기주장에 부합하는 근거만 가져다 썼기 때문이다.

한편에서는 상가 권리금 문제를 제기한다. 권리금은 일종의 자릿세이자 프리미엄이다. 기존 점포가 보유하고 있는 고객과 영업 방식을 이어받는 대가로 내는 돈이다. 용산 철거 세입자들이 받을 보상금은 몇 달치 영업 손실 보상 차원으로 책정된 3,000만 원 정도에 불과했다. 다른 곳으로 옮겨가기에는 턱없이 부족한 금액이다. 막대한 권리금을 주거나 거액의 시설 투자금을 들여 상권을 일궈냈지만, 법적으로는 권리금이 인정되지 않기 때문에 헐값에 가게를 비워줘야 했던 것이다. 철거민들은 다른 곳에서 생업을 계속하기 위해서는 투자한 권리금에 대한 합리적인 보상이 있어야 한다고 요구했다. 이 과정에서 농성을 시작했고, 결국 대형 사고로까지 이어졌다는 것이다. 결국 문제는 당사자의 지나친 의욕이나 탐욕이 아니라 권리금이라는 사회구조였다는 점이다.

뒤늦게나마 이런 문제점들을 인식했는지 용산 참사 이후 5년이 지난 2014년 기획재정부와 법무부가 합동으로 임차권 및 상가권리금 보호 대책을 발표했다. 완전치는 않지만, 용산 참사의 배경이었던 상가 권리금을 법적으로 인정받을 수 있는 길이 열린 것이다. 이처럼 구조적인 문제 때문에 발생하는 갈등은 시스템이나 제도를 고쳐서 해결해야 한다.

영업 본부와 지원 본부의 갈등

식료품 회사의 경영자가 들려준 이야기다. 하루는 영업을 담당하는 임원인 A가 찾아와서 하소연을 했다고 한다. 관리 담당 임원인 B 때문에 영업 활동에 심각한 지장이 있다는 것이다. A의 주장을 들어보자. 식음료라는 업종의 특성상 대형 마트나 편의점에게 끌려다닐 수밖에 없다. 실제로 이들에게 미운 털이라도 박혔다가는 매출에 미치는 악영향이 너무 크다. 납품이 끊기는 상황까지는 아니더라도 마트 행사에서 빠지거나 눈에 잘 띄지 않는 매대 구석으로 밀리는 일이 비일비재하다. 이런 악조건 속에서도 밤낮없이 뛰어다니는 영업 직원들을 더욱 힘들게 만드는 건 바로 지원본부다. 정글 같은 시장에서 살아남기 위해 발버둥치는 영업직원들을 도와주지는 못할망정, 융통성 있게 할인율을 정하기라도 할라치면 경영지원본부에서 심한 간섭이 들어온다. 뿐만 아니다. 영업에는 돈이 들게 마련인데, 고객과의 식사 비용은 물론이고, 심지어 교통비까지도 일일이 체크하니 정상적인 영업이 불가능하다. A임원은 이런 식으로 가다가는 올해 영업본부 목표인 '작년 대비 매출 10퍼센트 향상'은 물 건너 간 거라며 한숨을 내쉬었다.

사장이 사실 관계를 확인하기 위해 지원본부의 B상무를 불렀더니 전혀 다른 얘기가 흘러나왔다. B상무의 주장인 즉, 영업팀에 문제가 많다는 것이다. 제품의 할인율은 전사 차원의 가격 정책과 맞물려 가야 하는 것이라 함부로 정해서는 안 되는데, 영업 팀은 상대가 요구하는 대로 다 들어준다는 것이다. 심지어는 밑지고 팔기도 하는데, 그렇게 하면 매출 목표는 채울 수 있겠지만 팔수록 손해이므로 회사에 해를 끼치는 행동이라며 원색적인 비난을 숨기지 않았다. 이런 행태가 계속된다면 '영업 이익률 10퍼센트 달성'이라는 지원본부의 목표는 도저히 맞출 수 없다는 푸념도 빠뜨리지 않았다. 앞으로는 마케팅 비용은 물론, 출장비와 같은 소모성 경비도 더 엄격하게 관리할 예정이라고 한다. 지금까지는 관행으로 해왔던 '끼워 팔기 상품' 지원본부와 사전 합의를 거친 후에 시행하도록 이미 공문까지 보냈다고 한다.

사장은 답답했다. 서로 똘똘 뭉쳐도 시원찮을 판에 임원들끼리 저리 반목해서야 회사가 잘될 수 있겠는가. 사장님은 회식 자리를 마련하여 두 임원뿐만 아니라 본부의 주요 보직자들을 모두 불러 모았다. 서로 주거니 받거니 하다 보니 그동안 마음속에 담아두었던 못 다한 말들이 자연스럽게 나왔다. 2차는 노래방으로 갔다. 서로 어깨동무하고 노래를 부르다 보니 그간 쌓였던 섭섭함이 많이 풀어진 듯 보였다.

결과는 만족스러웠다. 마주칠 때마다 으르렁거렸던 두 임원은 다음날 서로 반갑게 인사까지 나누었다. 사장은 '역시, 직장 생활하면서 쌓인 감정은 소주 한잔하면서 푸는 게 제일이지' 하는 생각이 들었다. 그런데 이게 웬일인가? 실적 보고가 있는 월말이 다가오자 두 임원은 예전의 앙숙 관계로 다시 돌아가는 게 아닌가?

제도와 규칙을 바꿔라

고민이 깊어지던 사장, 마침내 두 본부의 성과 지표에 눈길이 갔다. 영업본부가 규정을 무시하면서까지 툭 하면 할인을 일삼는 것은 결국 매출로 평가받기 때문이다. 영업본부는 매출 성과만 달성한다면 수익률 따위는 어떻게 되든 크게 신경 쓰지 않았다. 반면, 지원본부의 성과 지표는 '수익률'이다. 수익률에 집착하는 지원본부 입장에서는 매출을 높이기 위해 상품을 할인해서 판매하는 영업본부의 행태가 불만스러울 수밖에 없다. 여기까지 생각이 미친 사장은 두 본부의 성과 지표를 통합해버렸다. '총 수익액'으로 말이다.

어떤 일이 벌어졌을까? 영업본부에서는 매출뿐만 아니라 수익률도 신경 쓰기 시작했다. 지원본부 역시 마찬가지다. 수익'률'이 아니라 수익'금액'이 목표가 되다 보니 매출액을 늘려야 했다. 놀라운 변화가 일어났다. 두 임원이 수익액 목표를 달성하기 위해 서로 머리를 맞대고 고민하기 시작한 것이다.

○● 가정에서건 직장에서건 마찬가지다. 다른 사람과 부대끼면서 살아가야 한다면 갈등은 피할 수 없는 존재다. 하지만 갈등이라고 해서 다 같은 갈등은 아니다. 당사자 간의 원만한 이해와 양보로 풀어야 할 갈등이

있고, 제도나 시스템을 고쳐야 해결되는 갈등이 있다. 혹시 양보하고 이해하려 노력하는데도 같은 종류의 갈등이 끊이지 않고 계속되어 골머리를 썩고 있는가? 그렇다면 노력을 잠깐 멈추고 생각해볼 일이다. 혹시 구조적인 갈등을 사람 문제로 풀려고만 했던 것은 아닌지 말이다. ○ ●

그리스판 경국지색, 헬레나 신드롬
신사업에 따르는 리스크 줄이기

○● 아웃도어 열풍이 불었다. 산악인들이나 입는 옷인 줄 알았는데, 남녀
노소 가릴 것 없이 누구나 아웃도어를 입었다. 동네 뒷산을 잠깐 오를 때
도, 외출할 때도, 심지어는 잠옷으로도 입었다. 한때는 수십만 원이 넘는
고가의 아웃도어 점퍼를 중고등학생들이 교복처럼 입고 다녀서 문제가
되기도 했다. 비만의 시대라서 어른들은 운동을 하려고 아웃도어를 입는
다지만, 아이들은 왜 그렇게 등산복에 열광했을까?

교육이 하도 산으로 가다 보니 등교할 때도 등산복을 입는 게 아니겠냐는
분석 같지 않은 분석이 나오기도 했다. 누군가 지어낸 우스갯소리겠지만,
아웃도어 시장이 폭발적으로 성장한 것은 사실이다. 2003년 6,000억 원에
불과했던 시장 규모는 2013년 6조 원을 넘어섰다. 매년 25퍼센트가 넘게

성장해온 셈이다. 시장이 이처럼 빠르게 커지다 보니 여러 회사들이 군침을 흘리며 뛰어드는 것은 당연지사. 기존 업체였던 노스페이스, K2, 코오롱 외에 제일모직의 빈폴, LG패션의 라푸마 등 수많은 업체가 시장에 들어왔다. 15개 남짓이던 브랜드 수는 어느새 100개가 훌쩍 넘었다. 더불어 예전에는 없던 현상도 종종 생겨났다. 재고 정리 매장이 심심찮게 눈에 띄고 적자를 호소하는 업체도 많아졌다. 매력적인 시장임에는 분명한데, 이런 일이 벌어지는 이유는 무엇일까? ○ ●

불화의 여신이 던져놓은 사과

바다의 여신 테티스가 결혼을 했다. 올림포스의 모든 신들이 초대되었는데, 한 명만 초대장을 받지 못했다. '불화의 여신' 에리스였다. 맡은 역할이 주로 고통, 전쟁, 싸움, 살인, 거짓 등이다 보니 여러모로 결혼식장에 어울리는 손님은 아니었다. 하지만 혼자 왕따가 된 에리스, 기분이 좋을 리가 없다. 식이 끝날 즈음 나타난 그녀는 하객들에게 금으로 만든 사과를 하나 던져놓고 떠났다. 문제는 사과에 쓰여 있는 문구였다. "가장 아름다운 여신에게."

아니나 다를까. 당장 싸움이 벌어졌다. 헤라와 아테네, 그리고 아프로디테가 사과의 소유권을 주장한 것이다. 어차피 이런 논쟁은 당사자끼리 끝낼 수 없는 법. 세 여신은 제우스를 찾아가 승부를 가려 달라고 요청했으나 제우스는 골치 아픈 상황에 말려들기 싫었다. 게

| 그림 | 페테르 파울 루벤스, 〈파리스의 심판〉(1639년)

다가 헤라는 자신의 아내가 아닌가. 누구의 손을 들어주더라도 잡음이 날 수밖에 없었다. 제우스는 가장 아름다운 여인은 가장 잘생긴 남자가 골라야 한다고 둘러대며 세 여신을 파리스에게 데려갔다.

파리스는 누구인가? 원래는 트로이 왕의 자식이지만 불행한 운명을 갖고 태어난 청년이었다. 그의 불행은 어머니의 태몽에서 비롯되었다. 꿈에서 그녀가 활활 타오르는 횃불 하나를 낳았는데, 불꽃이 점점 커지더니 시 전체를 잿더미로 만들어버렸다. 꿈 이야기를 들은 왕이 점쟁이에게 해몽을 요구하자 그는 충격적인 말을 들려준다. 뱃속의 아이가 트로이를 몰락시킨다는 것이다. 이에 왕은 아이가 태어나는 대로 죽이라고 명했다.

자식이 죽는 걸 차마 볼 수 없었던 왕비는 시종을 시켜 아이를 몰래 산에 갖다 버렸다. 목동에게 발견된 파리스는 그를 아버지 삼아

가축을 키우는 목동으로 성장한다. 그러던 어느 날 왕의 부하들이 그에게서 황소 한 마리를 징발해간다. 어려서 죽은 왕자(파리스 자신이다)를 기리는 대회에서 우승자에게 줄 상품으로 쓴다는 것이다. 파리스는 황소를 되찾기 위해 경기에 참가했고, 수많은 경쟁자를 물리치고 우승한다. 그가 꺾은 상대 중에는 왕자들도 있었는데, 그들은 미천한 신분인 파리스에게 패한 것에 분해 그를 죽이려 했다. 바로 그 순간 공주이자 예언자였던 카산드라가 자신의 오빠를 알아봤고, 그는 다시 왕의 아들로 받아들여졌다. 왕자로 신분은 바뀌었지만 몸에 밴 습관은 하루아침에 바뀌지 않는다. 파리스는 궁에서 지내기보다는 예전처럼 산에서 양을 치며 살았다.

파리스의 판결

세 여신이 찾아왔을 때 파리스는 가축에게 꿀을 먹이고 있었다. 사과에 몸이 달은 세 여신은 파리스를 유혹했다. 먼저 헤라가 나섰다. "내가 황금 사과를 받게 된다면 너를 세상에서 가장 큰 부자로 만들어주겠다." 아테네는 전쟁의 신답게 말했다. "너를 전쟁에서 지지 않는 자로 만들어주마." 미의 여신 아프로디테도 빠지지 않았다. "너에게 세상에서 가장 예쁜 여자를 주겠다."

파리스는 누구의 손을 들어주었을까? 당시 그의 나이는 16세. 이성에 대한 관심이 인생에서 최고조에 달하는 시기였고, 부와 권력의 달콤함을 알기에는 턱없이 부족한 나이였다. 세상에서 가장 아름다운 여인이라지 않는가? 헤라와 아테네는 자신들이 마주하고 있는 상대에 대해 너무 몰랐다. 파리스는 주저하지 않고 아프로디테에게 황금 사과를 안겨주었다. 문제는 아프로디테가 약속한 최고 미녀 헬레나가 유부녀라는 점이었다. 그것도 그리스 왕 아가멤논의 동생 메넬라오스의 아내였다.

이 판결로 인해 헤라와 아테네는 화가 머리끝까지 났다. 그들은 트로이를 몰락시키자며 의기투합한 채 물러났다. 파리스는 아프로디테와 함께 그리스로 떠날 채비를 갖추었다. 예언자이자 누이인 카산드라가 그를 말렸지만, 누가 말린다고 소용이 있겠는가? 아프로디테는 아들이자 사랑의 신인 에로스를 시켜 헬레나의 심장에 화살을 쏘았고, 그녀는 젊고 잘생긴 파리스에게 반해 그를 따라나섰다. 졸지에 아내를 빼앗긴 메넬라오스는 형인 아가멤논에게 청해 트로이를 침공했고, 10년에 걸친 전쟁 끝에 결국 트로이는 멸망하고 말았다.[7]

헬레나 신드롬

결국 예언대로 실행되었다. 트로이는 망했다. 파리스는 헬레나라는 매력적인 여인에게 눈이 멀어 제 나라를 파멸로 이끌고 말았다. '아무리 아름답기로서니 여자 한 명 때문에 나라가 망하다니' 싶다. 하지만 3,000년이 지난 현재의 비즈니스에서도 비슷한 상황이 심심찮게 반복되고 있다. 이를 일컬어 '헬레나 신드롬Helena Syndrome'이라고 한다. 헬레나 신드롬이란 기업이 신사업을 추진하면서 자신의 역량은 고려하지 않은 채 시장이 매력적이라고만 생각하고 들어갔다가 낭패를 보는 경우를 말한다.

그렇다면 어떤 시장을 '매력적'이라고 할까? 보통 세 가지 잣대를 들이댄다. 첫째, 시장 규모가 충분히 커야 한다. 여러 경쟁자들이 들어오더라도 각각의 기업들에게 돌아갈 몫이 어느 정도 이상은 되어야 한다는 의미다. 둘째, 시장이 계속 성장하고 있어야 한다. 기업의 입장에서는 그래야 계속해서 투자를 할 수 있고, 신사업을 통한 조직의 성장도 기대할 수 있다. 마지막으로 현재 시장에 참여하고 있는 기업들의 수익성이 충분히 만족스러워야 한다. 기존 업체들의 수익성이 충분히 만족스러운 상태가 아니라면 후발주자가 리스크를 감수하면서까지 시장에 들어갈 이유가 없다.

문제는 사람들의 생각이나 판단 기준이 대개 비슷하다는 점이다. 내가 봐서 매력적인 시장은 남이 봐도 탐스럽다. 아웃도어 시장이 그랬다. 신사업을 검토할 무렵에는 경쟁자가 없는 '블루오션Blue Ocean'으로 보였을 것이다. 하지만 나만 그런 생각을 하고 있는 것이 아니다. 블루오션이라고 좋아하면서 들어갔지만 막상 사업이 본 궤도에 올라갈 무렵에는 피가 뚝뚝 떨어지는 '레드오션Red Ocean'에서 허우적거리게 된 것이다. 매력적인 블루오션을 찾아내는 것은 여간 어려운 일이 아니다. 그런데 어렵게 찾아낸 블루오션도 금방 레드오션으로 변해버리는 것이 현실이다. 어설픈 블루오션을 찾아 헤매기보다는 레드오션에서도 이길 수 있는 능력을 갖추는 게 훨씬 중요하다.

소림사 주지 스님의 반성문 소동

2009년 소림사 인터넷 홈페이지에 반성문이 올라왔다. 방장인 스융신釋永信 스님의 이름으로 올라온 반성문은 "사찰의 신성함을 저버리고 젯밥에만 눈이 멀었던 지난날의 어두움을 뉘우친다"는 내용이었다. 소림사뿐만 아니라 중국 불교계가 발칵 뒤집혔다. 조사를 해보니 소림사 방장인 스융신이 올린 반성문이 아니라 그의 아이디를 몰래 도용한 해커의 소행으로 밝혀졌다. 주지 스님의 행적이 도대체 어떠했기에 이런 사건이 발생한 것일까?

1,500년 소림사 역사상 가장 어린 나이인 22세에 방장으로 취임한 스융신은 철저한 비즈니스 마인드로 사찰을 운영했다. 말이 좋아 '비즈니스 마인드'지 재벌의 문어발식 경영과 다를 것이 없다. 쿵푸 세계 공연을 비롯해, 북미와 유럽에서 40개가 넘는 쿵푸 도장과 명상센터를 운영했다. 뿐만 아니다. 영화 제작에 투자하고, 전통의학과 연계한 약국이나 소림사의 이름을 빌린 유통 사업에도 열을 올렸다. 심지어 고기와 술을 금지하는 불교의 계율에도 불구하고 주류와 육류 가공업체에도 이름을 빌려주었다. 부처님이야 스융신을 자비심으로 용서할지도 모르겠지만, 중국인들에게까지 그런 자비를 기대하는 것은 무리였나 보다. 자본주의보다 더한 사찰의 지나친 상업화는 중국 사회에 큰 반발을 불러일으켰다. 반성문 해프닝은 종교의 돈벌이에 대한 중국인들의 거부감을 단적으로 드러낸 사건이었다.[8]

새로운 사업을 시작해서 성공적으로 궤도에 올려놓는다는 것은

일상의 경영학

비즈니스에서 잔뼈가 굵은 경영자들에게도 쉬운 일이 아니다. 불교계 최초의 MBA 스님이라고는 하지만, 사업 경험이 전혀 없는 스용신 스님이 이런 성공을 만들어낼 수 있었던 비결은 무엇이었을까?

내가 '잘하는 분야'로 확장하라

신사업을 성공시키기 위해서는 '잘하는 분야'로 들어가야 된다고 한다. 그래서일까? 경영자들은 자신이 익숙한 분야, 즉 '기존 사업과 비슷한 업종'으로 확장하고 싶어 한다. 여태껏 해오던 일이 아무래도 익숙하고 편안하기 때문이다. 하지만 기존 사업과 비슷하다고 해서 정말 잘할 것이라고 자신할 수 있을까?

90년대 중반, 온라인 쇼핑몰이 세상에 선을 보였다. 기존 오프라인 백화점들은 '우리라고 못할 게 뭔가?'라고 생각했다. 팔아야 할 제품이야 이미 완벽하게 구비되어 있었고, 유통망이나 재고, 물류까지 이미 다 갖추고 있었으니 말이다. 기존 비즈니스에 홈페이지만 하나 얹어놓으면 될 줄 알았다. 그런데 이게 웬일인가? 듣보잡(듣도 보도 못한 잡놈을 뜻하는 비속어)인 줄만 알았던 신생 온라인 쇼핑몰의 매출은 하루가 다르게 올라가는데, 백화점이 만든 온라인 쇼핑몰의 실적은 지지부진하기만 했다.

당연한 결과였다. 사람들이 온라인 쇼핑몰을 이용하는 이유는 오프라인보다 싸기 때문이다. 그런데 백화점 쇼핑몰의 경우, 기존 오프라인 조직의 반발 때문에 매장 판매가보다 싸게 물건을 내놓을 수 없었다. 똑같은 물건을 매장보다 온라인에서 싸게 판다면 누가 발품 팔아 쇼핑을 하겠는가? 그뿐만이 아니었다. 성질 급하기로는 세계에서 둘째가라면 서러워할 한국 사람들 아닌가? 주문한 제품을 받는 데 며칠씩 걸린다면, 용서가 안 된다. 하지만 오프라인 매장 경험만 있던 백화점 직원들은 그 많은 주문 물품을 하루 안에 고객들에게 정확하게 배송할 수 있는 노하우가 없었다. 이쯤 되면 고객이 외면하지 않는 게 더 이상한 노릇이다.

잘하고 익숙한 분야로 사업을 확장하라는 말은 기존 사업과 비슷한 제품을 만들라는 것이 아니다. 그랬다면 소림사도 다른 종교를 만들어 종교 사업을 했어야 할 것이다. 이는 기존 사업을 통해 얻게 된 지식, 경험, 노하우 등의 역량, 그중에서도 우리가 특히 잘하는 '핵심역량'을 활용할 수 있는 분야로 확장하라는 의미다. 소림사의 경우, 스융신 방장이 주목한 핵심역량은 1,500년 이상 쌓아온 쿵푸 도장이라는 '브랜드'였다. 80년대 성룡이 주연한 '소림사'라는 영화를 통해 우연찮게 브랜드를 살려낼 수 있었고, 이를 활용하기 위해 갖은 공을 들였다. 인터넷이 제대로 자리 잡기 전인 1995년에 벌써 소림사 홈페이지를 구축했을 뿐만 아니라 일본의 한 기업이 '소림사'라는 상호를 사용하자 로열티 청구 소송을 걸어 10년 이상 법정 싸움을 벌인 끝에 보상금을 받아내기도 했다. 이런 과정을 거치면서 탄탄하게 구축된 브랜드 파워를 핵심역량 삼아 그것을 활용할 수 있는 분야로 사업을 하나씩 넓혀간 것이다.

기존 제품과 비슷하지 않아도 무방

자사의 핵심역량을 활용할 수만 있다면 굳이 제품이나 서비스가 비슷할 필요는 없다. 정수기 시장이 한참 성장하던 2000년대 초반, 가전업체보다 학습지 회사들이 만든 정수기의 시장 점유율이 높았다. 이런 현상은 생뚱맞아 보이기까지 했다. 기존 사업과 전혀 무관한 업종에서 일궈낸 성공이기 때문이었다. 하지만 핵심역량이란 관점에서 바라본다면 충분히 납득할만한 일이었다.

정수기를 일시불 현찰로 구매하는 사람은 없다. 대개는 월정액을 내는 렌탈 형식으로 들여놓게 된다. 소비자들이 정수기를 렌탈로 구매하는 이유는 일시불로 내야 하는 목돈이 부담스럽기 때문이기도 하지만, 필터 교체 등 주기적으로 유지, 보수가 필요하기 때문이다. 제품을 조금 더 예쁘고 튼튼하게 만드는 업체보다는 가입자를 꼼꼼하게 관리해주고 서비스 해주는 회사의 제품에 아무래도 눈길이 더 가게 마련이다. 전국적인 서비스망을 구축하고 일정 수준의 서비스를 제공하는 측면에서는 다년간 학습지 교사를 운영해본 경험이 많던 학습지 회사들이 아무래도 유리했던 것이다.

○● 대기업이든 중소기업이든 다를 것이 없다. 시장이 매력적이라고 생각하기 때문에 새로운 사업 분야에 뛰어드는 것이다. 하지만 새로운 사업에서 요구되는 핵심역량 없이 시장매력도만 보고 들어갔다가는 헬레나

신드롬에 빠지기 십상이다. '그래도 지금까지 해오던 일과 비슷한 분야니까 큰 실수는 하지 않겠지' 하는 생각은 위험하다. 기존 사업을 통해 어떤 노하우를 축적했는지, 그리고 그 노하우가 새로운 분야에서도 성공의 핵심 요인으로 작용할 수 있는지 충분히 따져봐야 한다. 그래야만 신사업에 따르는 리스크를 줄일 수 있다. ○ ●

오웰이 남의 나라 내전에 참가한 동기
내적 동기 vs. 외적 동기

○● 요즘 세대들은 전쟁을 걱정하지 않는다. 오지 않을 전쟁보다 가까운 미래에 겪어야 할 군생활이 더 두렵다. 그래서인지 최근에는 병영 생활을 보여주는 '진짜 사나이'라는 TV프로그램이 인기를 끌고 있다. 하지만 70~80년대만 해도 전쟁이 상존하는 공포 분위기였고, 사람들은 반공을 주제로 한 작품들을 좋아했다. 그중에 아이들에게 인기가 많았던 〈똘이 장군〉이라는 만화영화가 있었다. 만화라는 장르의 특성상 사람과 동물이 뒤섞여 출연했는데, 줄거리는 다음과 같다.

납북자 집안의 아들 구식이에게 아버지의 친구라며 수상한 아저씨가 나타난다. 남파 간첩인 아저씨의 정체를 알 리 없는 구식이는 아저씨를 따라 서울로 전학을 가게 되고, 그곳에서 똘이와 숙이를 만난다. 아저씨에게 속

| 그림 | 김청기 감독의 〈똘이 장군〉 영화 포스터(1978년)

은 구식이는 간첩 두목인 '제1공작원 불여우 동무'와 접선하던 중 똘이에게 들키게 된다. 늑대 간첩은 숙이의 삼촌인 과학자를 간첩선으로 납치하고, 똘이는 동물 친구들과 함께 숙이 삼촌을 구하러 간다. 따발총으로 무장한 붉은 늑대들과 한바탕 싸움을 벌인 끝에 똘이는 붉은 무리들을 물리친다. 때마침 하늘은 석양이 붉게 물들어가고, 똘이는 '자유 대한 만세'를 외치며 영화는 끝난다.[9]

냉전이라는 시대 분위기를 지나치게 반영했는지, '똘이 장군'은 어린이 만화였음에도 불구하고 반공주의, 특히 북한을 적대시하는 내용이 많이 들어가 있었다. 예를 들어 나쁜 무리의 대장인 붉은 돼지의 이름이 김일성이라든지, 붉은 늑대가 북한 간첩이라든지 하는 식이다. 특히 우두머리 돼지가《동물농장Animal Farm》의 설정과 비슷해서인지 〈똘이 장군〉을 볼 때

일상의 경영학

마다 조지 오웰George Orwell이 떠오르곤 했는데, 그런 생각을 한 사람이 나만은 아니었는지 오웰을 반공 작가로 알고 있는 사람들이 많다.《동물농장》은 공산주의 비판서이고,《1984》는 북한의 현실을 예언한 작품으로 말이다. ○ ●

조지 오웰과 스페인 내전

자칭 사회주의자였던 오웰인데, 대한민국에서는 반공 작가 대접을 받고 있다는 것을 알면 어떤 반응을 보일까? 심지어 그의 작품은 금서가 아닌 청소년 필독서에 올라 있다.《동물농장》과《1984》가 반공 소설로 여겨진 까닭이다. 하지만 오웰은 이 작품들을 반공을 목적으로 쓴 것이 아니다. 좌우를 막론하고 절대 권력은 부패할 수밖에 없고 인간성의 말살을 가져올 따름이라는 당연한 메시지를 담고 있을 뿐이다. 조지 오웰이라는 작가의 사상을 정확히 이해하려면 먼저 스페인 내전에 대해 알아야 한다.

스페인 사람들이 자조적으로 하는 다음과 같은 농담이 있다. 하느님이 스페인 사람들에게 제일 갖고 싶은 것이 무엇이냐고 물었다. 스페인 사람들은 따사로운 태양과 좋은 날씨를 원했다. 하느님은 들어주었다. 그다음엔 좋은 과일과 밀을 부탁했고, 가장 뛰어난 말과 날카로운 칼도 청했다. 하느님은 모두 들어주었다. 그들은 다시 아름다운 여성과 용감한 남성을 바랐고, 하느님은 이것도 들어주었다. 마지

| 그림 | 스페인 내전에서 승리한 프랑코(1939년 5월 20일)

막으로 그들은 좋은 정부를 부탁했는데, 당황한 하느님이 고개를 저으며 이렇게 말했다. "그렇게 좋은 곳이 있다면 내가 가서 살겠다."

농담을 농담으로만 들을 수 없는 것이, 스페인은 유럽에서 군사 쿠데타가 가장 빈번하게 일어난 나라다. 한 스페인 전문가에 따르면 1841년 이래 스페인에서 202회의 군부 쿠데타가 일어났으며 1936년 내전을 일으킨 프란시스코 프랑코Francisco Franco는 202번째 쿠데타에 성공한 사람이었다.

1936년 카나리아 제도로 좌천당한 프랑코는 군사 봉기를 일으켰다. 세계를 뒤흔든 스페인 내전은 이렇게 시작되었다. 선거를 통해 집권한 좌익 정부가 실시하고자 했던 정책에 대한 반발로 군부에서 쿠데타를 일으킨 것이다. 스페인 사람들이 보기에는 정부군과 반란군의 싸움이었지만 외국에서는 공산주의자 대 파시즘의 전쟁으로 보였다. 영국, 프랑스를 위시한 주변 국가들은 군부 파시즘보다 공산주의 소련을 더 위험하다고 보았다. 즉, 영국, 프랑스나 미국은 반공주의가 너무 강하다 보니 프랑코의 파시즘을 덜 위험한 것으로 보았고, 그 결과 이 나라들은 내전에 개입하지 않았다. 내심 반군이 이겼으면 하는 마음이었을 것이다. 소련은 정부군을 지원했지만, 전쟁의 승리보다는 여러 세력들 간의 연정으로 구성된 정부 내 공산주의 세력을 키우는 데 관심이 더 많았다. 그 결과 정부군은 분열되고 결국 반란군이 승리한다.[10]

《카탈로니아 찬가》에서 배우는 사람을 움직이는 방법

내전을 취재하기 위해 스페인으로 간 오웰은 혁명에 매료된 나머지 의용군으로 참전한다. 정부군의 일원으로 직접 프랑코의 파시즘과 대항했던 오웰은 대의를 위해 이름 없이 스러져간 자들, 전선의 상황에는 관심 없이 정치적 계산에만 몰두하는 수뇌들, 파시즘에 대항했던 세력의 분열, 헤게모니 장악을 위해 동료들에 대한 배반을 서슴지 않았던 공산주의자들의 모습을 보면서 전쟁의 진짜 모습을 알리고자 자신이 보고, 듣고, 느낀 내용을 기록해《카탈로니아 찬가 Homage to Catalonia》를 세상에 내놓았다.

그래서인지《카탈로니아 찬가》는 소설이 아니라 보고서 같은 느낌이 든다. 극적인 상황 전개나 절정을 향해 고조되는 인물들 간의 갈등이 없다. 의용군에 지원할 때부터 스페인을 빠져나오기까지의 상황이 그저 시간의 흐름에 따라 담담하게 펼쳐질 뿐이다. 심지어 당시 포스터, 전단지, 신문기사 등이 그대로 들어가 있기도 하다.

줄거리가 없는 책은 흐름을 따라갈 이야기가 없다. 자연히 글을 읽으면서 생각이 많아진다. 영국인인 오웰은 왜 자신과는 별 상관도 없는 남의 나라 내전에 참관하게 되었을까? 목숨을 걸어야 한다는 것을 알면서도 말이다. 군대에 안 가려고 멀쩡한 이빨까지 뽑아내는(진짜 전쟁에 끌려가는 것도 아닌데도) 요즘 세태로는 도무지 납득이 안 되는 상황이다. 더욱 놀라운 사실은 오웰처럼 자진해서 스페인 정부를 수호하고자 피레네 산맥을 넘거나 배를 타고 들어온 외국 청년의 수가 무려 4만 명이 넘었다는 사실이다. 당시 유럽 젊은이들이 스페인으로 몰려들었던 이유는 도대체 무엇이었을까?

그들에게 스페인 내전은 단순히 한 나라의 내전이 아니었다. 민주세력과 파시스트 간의 전쟁이었다. 그들에게 공화국 정부의 승리는 반파시즘의 승리를 의미했다. 그들은 스페인에서 파시즘을 막으면 유럽을 공포로 떨게 한 세계대전의 발발까지도 막을 수 있다고 생각했다. 더구나 이미 파시스트 정권이 들어서 있던 독일과 이탈리아의 젊은이들은 파시즘에 대항하여 스페인에서 벌어지는 전투가 곧 조국을 지키는 전쟁이라고 생각했다. 실제로 이탈리아에서 참전한 청년들은 "마드리드를 거쳐 로마로!"를 구호로 삼기도 했다.

내가 옳다고 여기는 생각이나 세상이 그래야 할 마땅한 모습. 사람마다 조금씩 다를 수는 있겠지만, 결국 이러한 믿음이 그들을 혹독한 전쟁에 스스로 들어가게 만든 것이 아니었을까?

일상의 경영학

내적 동기 vs. 외적 동기

프레더릭 테일러Frederick Taylor는 경영에 과학적 방법론을 도입했다. 그는 스톱워치를 사용해 작업 시간을 분석하고, 줄자로 이동 거리를 쟀다. 예전처럼 주먹구구식으로 노동자에게 작업을 배분하지 않고, 정확한 계산 결과에 따라 작업을 분배했으며 성과를 엄격하게 측정했다. 그리고 그 결과에 따라 보상을 달리 했다. 경영학에서는 이런 경우를 가리켜 외적 동기를 사용했다고 한다. 하지만 《카탈로니아 찬가》에서 확인할 수 있듯이 사람이 늘 외적 동기로 움직이는 것은 아니다. 젊은이들은 돈 때문에 목숨을 걸고 스페인까지 달려온 것이 아니었다. 사람은 돈보다는 자신이 옳다고 생각하는 신념이나 믿음 때문에 움직이기도 한다.

《카탈로니아 찬가》가 조직의 리더에게 주는 시사점이 바로 여기에 있다. 사람에게 동기를 부여하기 위해서는 외적 동기만 사용할 것이 아니라 내적 동기까지 사용해야 한다는 것이다. 신념이나 믿음은 물론이고, 자기 발전을 위한 기대라든지 동료들에게 기여하고 있다는 만족감 같은 내적 동기까지 적절히 활용해야 부하 직원들의 자발적인 추종을 이끌어낼 수 있다. 내적 동기를 어떻게 활용하는지 생각하면서 다음 사례를 살펴보자.

공 차는 아이들을 내쫓은 작가

한 소설가가 한적한 시골 마을에 집을 얻었다. 조용한 곳에서 작품을 구상하기 위해서였다. 그런데 이게 웬일인가? 시끄러운 소리 때문에 새벽부터 잠에서 깨게 된 것이다. 창문 밖을 내다 보니 집 뒤쪽의 공터에서 동네 꼬마들 몇 명이 공을 차고 있었다. '조금 놀다 말겠지' 하고 생각했지만, 아이들은 금방 돌아가지 않았다. 아이들 때문에 소설가는 작품에 몰두할 수 없었다.

이대로는 안 되겠다 싶었던 소설가는 한 가지 꾀를 생각해냈다. 그는 아이들에게 "너희들이 신나게 노는 모습을 보니 적적한 할아버지에게 많은 위안이 되는구나. 내일도 여기 와서 신나게 놀아주는 사람에게 1달러씩 주겠다"고 말했다. 이 제안을 들은 아이들은 잠시 어리둥절한 표정을 지었지만 다음날 공터에 와서 신나게 공을 차며 놀았다. 소설가는 꾹 참고 아이들 모두에게 1달러씩 나눠주었다. 그러면서 "내일도 여기서 오늘처럼 놀아주면 25센트씩 주겠다"고 말했다. 25센트라는 돈이 나쁘지 않은 제안이라고 생각한 아이들은 그 다음날도 노인의 집 뒤 공터에서 신나게 놀았고, 소설가는 군말 없이 약속한 25센트를 아이들에게 나눠주었다. 그리고 "이제부터는 1센트씩 줄 테니 내일도 와서 놀아라" 하고 말했다. "1센트라고?" 아이들은 믿을 수 없다는 표정으로 서로를 바라보더니 "됐거든요!"라고 말하고는 뿔뿔이 흩어졌다. 그리고 다음날부터 노인의 집 뒤 공터에 나타나지 않았다.[11]

미국의 심리학자인 알피 콘Alfie Kohn의 책에 실려 있는 이 사례는 외적 동기의 나약함을 잘 보여준다. 노인은 아이들이 자발적으로 즐거워서 하던 행위에 돈을 줌으로써 '내적 동기'를 '외적 동기'로 바꿔버렸다. 돈에 의해 유지되던 아이들의 외적 동기는 노인이 1센트라는 푼돈을 주겠다고 말하자 이내 사라져버렸고, 아이들은 더 이상 공을 차면서 재미를 찾을 수 없게 되었다. 이 이야기는 사람의 마음을 지속적으로 움직이려면 외적 동기만으로는 충분하지 않고 내적 동기를 자극해야 한다는 점을 보여준다.

결국 금전적인 보상과 같은 외적 동기만으로는 한계가 있고, 내적 동기까지 적절히 사용해야 사람을 움직일 수 있다는 것이다. 그렇다면 문제는 단순해진다. 어떻게 사람의 내적 동기를 자극할 수 있는가?

주인 대접을 해주고 최대한 자율성을 부여해야

우선 부하 직원들을 조직의 주인으로 만드는 것이다. 주인들은 다 그렇다. 대기업의 총수든 동네 자영업 사장이든 마찬가지다. 회사를 키워가고 싶은 마음에 잠이 안 온다. 하지만 직원들은 내 맘 같지 않다. 답답하다. 그저 월급 받아갈 생각밖에 없는 것 같다. "왜 이렇게 주인의식이 없는 거지?" 하면서 직원들을 질책할 때도 있다. 그 마음은 이해할 수 있지만 손가락질의 방향이 잘못되었다. 주인이 아닌 사람에게 주인의식을 가지라고 하니 말이다.

어떻게 하면 부하 직원을 조직의 주인으로 만들 수 있을까? 간단하다. 주인으로 만들어주면 된다. 그렇다고 해서 모든 직원이 주주가 되어야 한다는 말은 아니다. 주인이라면 마땅히 누리는 기본적인 권리를 부하 직원들도 누리게 하자는 것이다. 그 권리는 '정보'와 '영향력'이다.

내가 주인이라는 생각을 갖게 하려면 먼저 회사의 정보를 말단 직원에게까지 속속들이 공개해야 한다. 자율 경영으로 유명한 여행사 '여행박사'는 모든 직원의 법인 카드 사용 내역을 공개한다. 직원들은 회사의 돈을 누가, 어디에 썼는지 속속들이 알 수 있다. 이런 제도는 직원들끼리 서로 감시하자는 것이 아니다. 직원들에게 정보에 대한 접근권을 주는 것이다. 대부분의 회사들은 재무팀 외의 직원들은 회사의 자금 사정에 대해 깜깜하므로, 회사 재정이 안 좋은 경우에도 직원들이 연봉 인상을 요구하곤 한다. 여행박사처럼 정보에 접근할 수 있는 권한만 주어도 부하 직원들이 재무 정보에 대한 주인이 된다. 전사 전략과 목표도 마찬가지다. 올해 우리 회사의 역점 사업이 신제품 출시인지, 기존 상품 시장의 확장인지 명확히 전달하고 진행 사항을 공유해야 한다. 그러면 부하 직원들도 자신이 맡고 있는 일에 주인의식을 가질 수 있게 될 것이다.

주인이 갖는 또 다른 권리는 영향력이다. 조직의 의사 결정에 영향을 미칠 수 있어야 진정한 주인이다. 여행박사에서는 직원이 대표를 뽑는다. 대표뿐만 아니라 팀장, 임원 모두 투표로 선출한다. 팀장으로 승진하고 싶다면 공약을 걸고 구성원의 선택을 물으면 된다. 초임이면 구성원 50퍼센트의 지지가 필요하고, 재임부터는 10퍼센트씩 더해진 지지율(상한선은 70퍼센트)을 받아야 자리를 유지할 수 있다. 여행박사를 창업한 신창연 대표가 떨어지기도 했다. 현실적으로 모든 회사가 이런 시스템을 운영할 수는 없을 것이다. 하지만 우리의 상황을 한번 생각해보자. 인사 결정권은 고사하고 회사를 위한 좋은 아이디어가 있어도 마음 편히 그 의견을 말할 수 있는가? 부하 직원들이 조직에 행사하고 싶은 영향력은 거창한 것이 아니다. 회사의 발전을 위해 자기 의견을 제시할 수만 있어도 된다. 주인의식이 없다고 탓하기 전에 부하 직원이 의견을 말할 수 있는 공간이라도 열어주자. 인트라넷, 직원 커뮤니티, 혁신 게시판 등 무엇이라도 상관없다.[12]

주인 의식은 내적 동기를 자극하는 가장 강력한 엔진이다. 일단 주인 의식이 갖춰졌다면 부하 직원에게 최대한 자율성을 보장해주자. 그러면 내적 동기는 날개를 단다. 수년 전 책으로 소개되어 세계적인 화제를 모은 브라질의 '샘코Semco'라는 회사가 있다. 이 회사의 운영 방식은 독특하다. 직원들이 자기 할 일을 스스로 결정한다. 출근 시간, 같이 일할 사람, 근무 장소, 심지어는 월급까지 모두 자기 마음대로다. 회사의 중요한 의사결정은 철저하게 '다수결'에 따른다. 당신이 만약 관리자라면 화를 낼지도 모른다. "뭐 이런 말도 안 되는 회사가 있어. 기업 경영이 무슨 장난이야?"

하지만 샘코의 실적은 장난과는 거리가 멀다. 이 회사의 지난 10년 간 연평균 성장률은 40퍼센트에 달한다. CEO인 새믈러Ricardo Semler는 말한다. "나는 CEO, 즉 효소역할최고책임자Chief Enzyme Officer다. 샘코의 모든 직원들이 열정적이고 신나게 일할 수 있도록 '촉매제' 역할을 하는 게 내 임무다. 나는 인간은 남이 시켜서가 아니라 스스로 하고 싶은 일을 할 때 가장 창의적이고 열정적으로 일할 수 있다는 신념을 갖고 있다." 한마디로 말하면 자율성에서 기인하는 내적 동기가 샘코 성공의 원동력인 것이다.

연봉이나 인센티브와 같은 외적 동기를 무시하자는 말이 아니다. 내적 동기를 이용해서 보상을 소홀히 하라는 얘기는 더더욱 아니다. 다만 《카탈로니아 찬가》를 읽으며 알게 되었듯이, 사람은 외적 동기로만 움직이는 존재가 아니라는 것이다.

○● 외적 동기보다 내적 동기가 중요하다는 것이 아니다. 하지만 돈이나 권력 같은 외적 동기와는 무관하게 자신이 옳다고 생각하는 신념이나 믿음을 위해 목숨을 걸기도 하는 게 바로 사람이다. 당근과 채찍만 많이 갖고 있다고 해서 리더가 아니다. 부하 직원의 내적 동기를 활활 불태우게 만들고, 자발적으로 움직이게 만드는 사람이야말로 진짜 좋은 리더다. ○●

일상의 경영학

다윗, 약점을 강점으로 바꾸다
후발주자가 선두주자를 이기는 법

○ ● 《구약성서》에 나오는 다윗과 골리앗을 주제로 라디오 방송을 진행한 적이 있다. 그날 방송에서 한 이야기를 간단히 정리하면 이런 내용이다. 우리는 '다윗과 골리앗'을 작고 약한 다윗이 거인 골리앗을 돌팔매질한 번으로 운 좋게 쓰러뜨린 약자의 성공담 정도로 알고 있다.[13] 하지만이 이야기는 잘못 알고 있는 것이다. 다윗은 약자가 아니었다. 신앙의 힘으로 승리한 것은 더더욱 아니었다. 역사에 기록되어 있는 '팩트fact'를 꼼꼼히 따져보면 다윗은 충분히 이길 만한 싸움을 한 것임을 알 수 있다. 골리앗을 쓰러뜨리기 위해 다윗이 택한 전략은 자신보다 강한 경쟁자를 앞서나가려는 기업들에게 시사하는 바가 많다.

이야기도 재미있게 잘 풀어내고, 최근의 경영 사례와 함께 시사점도 잘 정리했다는 생각에 기분이 좋았다. 그런데 방송이 나간 후 시청자 게시판에 글이 하나 올라왔다. "진행자께서는 다윗이 어떤 사람이었는지 너무 모르시는 듯……." 다윗이 거둔 승리의 원인으로 하나님을 언급하지 않은 게 이유인 듯했다. 그런데 그 무렵 때마침 경영 사상가인 말콤 글래드웰 Malcolm Gladwell이 《다윗과 골리앗David and Goliath》이란 책을 펴내 다윗과 골리앗이 싸울 당시의 역사적 상황을 잘 정리했다. 책에 언급된 내용을 간단히 정리해보고, 이 이야기가 주는 교훈을 살펴보자. ○ ●

블레셋과 이스라엘의 싸움

기원전 10세기 '블레셋(오늘날의 팔레스타인)'과 '이스라엘'이 '엘라'라는 요충지를 차지하기 위한 전쟁이 이야기의 무대가 된다. 블레셋 사람들은 원래 지중해 크레타 섬 출신으로 팔레스타인 땅에 정착한 해양 민족이었는데, 기원전 11세기 이후 세력을 확장하면서 토착 세력이었던 이스라엘 사람들과 엘라 지역에서 충돌하게 되었다.

고대 전투에서는 '일대일 결투'가 일반적인 관행이었다. 대결을 벌이는 양측은 대규모 유혈 사태를 막기 위해 각 진영을 대표하는 전사 한 명씩을 뽑아 결투를 시켰다. 이 엘라 전쟁에서 블레셋의 대표는 무시무시한 거인 '골리앗'이었고, 이스라엘의 대표는 15세 소년 '다윗'이었다. 그리고 우리가 잘 아는 대로 어리고 약한 다윗이 골리앗을 쓰러뜨리고 나라를 구해냈다.

일상의 경영학

그런데 좀 이상하지 않은가? 국가의 존망이 걸린 전투의 대표 선수로 15세 소년이 나왔다는 것도 그렇고, 힘과 덩치 면에서 압도적인 상대를 돌팔매질 한방에 보내버렸다는 것도 쉽게 수긍이 가지 않는다. 혹시 다윗이 골리앗을 이길 수 있었던 진짜 이유가 따로 있던 것은 아닐까?

골리앗의 강점에서 약점을 읽어내다

골리앗은 2미터가 넘는 거인이었다. 그는 자기와 같은 전사가 백병전으로 나설 것을 예상했다. 그리고 그에 대비해 전투를 준비했다. 그는 몸에 가해질 적의 타격에 대비해 청동 비늘을 겹쳐 만든 정교한 갑옷을 입고 있었다. 이 갑옷은 골리앗의 팔을 덮고 무릎에 닿을 정도였으니 그 무게가 40~50킬로그램은 족히 나갔을 것이다. 또한 다리를 보호하기 위해 청동으로 된 무릎 보호대를 차고 두 발을 청동 판금으로 둘렀으며, 무거운 금속 투구를 쓰고 있었다.

뿐만 아니다. 그는 근접 전투에 최적화된 무기를 세 개나 지니고 있었다. 방패는 물론 갑옷까지 한 번에 뚫을 수 있는 긴 창과 칼, 그리고 그가 주로 쓰는 무기인 짧은 창이었다. 그중 짧은 창에는 줄이 달려 있어, 손으로 잡고 빙빙 돌리면서 적을 공격할 수 있었다. 짧은 창을 돌리며 기회를 보다가 무거운 긴 창으로 찌르고 들어온다면, 방패는 물론 갑옷까지 한꺼번에 뚫을 수 있을 것처럼 보였다. 누구든 나와서 한판 붙어보자고 포효하는 골리앗 앞에서 이스라엘 병사들은

겁에 질릴 수밖에 없었다.

　그때 어린 소년 다윗이 나섰다. 그가 이스라엘의 대표로 싸우겠다고 청하자, 어이가 없어진 사울 왕은 자신의 칼과 갑옷을 주려고 했다. 시체로 돌아올 어린 병사가 불쌍했기 때문이었다. 하지만 다윗은 왕의 호의를 거부했다. "이렇게 무거운 갑옷과 칼을 감당할 수 없나이다." 대신 그는 허리를 구부려 돌멩이 다섯 개를 주워 어깨에 멘 가방에 넣었다. 그리고는 골리앗을 향해 계곡을 뛰어 내려갔다. 그다음에 벌어진 일은 전설이 되었다. 다윗은 팔매질로 돌멩이 하나를 골리앗의 이마에 날렸다. 골리앗을 그 돌에 맞아 기절했고, 다윗은 그의 칼을 빼앗아 목을 베어버렸다.

다윗의 훌륭한 면은 압도적으로 강한 상대를 만나도 주눅 들지 않고 싸우려는 용기에 있지 않다. 전장에서의 어설픈 용기는 죽음으로 이어질 뿐이다. 다윗이 위대한 것은 적의 강점을 만들어주는 요소가 동시에 적을 약하게 하는 원인이 될 수 있다는 사실을 꿰뚫어본 통찰력에 있다. 다윗은 골리앗의 강점인 큰 덩치와 무거운 장비가 역으로 그의 움직임을 굼뜨게 만든다는 사실을 간파했다. 그래서 무거운 장비를 짊어지는 대신 돌멩이 몇 개를 챙겨서 뛰어 내려간 것이다.

자신의 강점으로 승부한 다윗

다윗이 승리할 수 있었던 또 다른 이유는 기존 싸움의 룰을 따르지 않고 자신이 유리한 방법으로 승부를 겨뤘기 때문이었다. 덩치가 작고 어린 다윗은 보병이 아니라 투석병이었다. 숙련된 투석병의 돌팔매는 아주 치명적인 무기였다. 반면에 골리앗은 중무장한 보병이었다. 그는 당연히 이스라엘의 중보병과 일대일 대결을 예상하고 있었다. 그것이 그 당시 싸움의 관행이자 규칙이었기 때문이다. 하지만 다윗은 그런 관행을 따를 생각이 전혀 없었다. 그는 골리앗에게로 쏜살같이 달려갔다. 무장을 하지 않은 가벼운 차림이라 다윗에게는 기동성이 있었다. 그러고 나서 그는 골리앗의 신체에서 유일한 취약점인 이마를 노리고 팔매질을 시작했다. 최근 연구 결과에서 1초에

6~7번 돌아가는 팔매질로 날린 돌멩이의 속도가 시속 120킬로미터라는 사실이 입증되었다. 강속구 투수가 눈앞에서 공 대신 돌을 던지는 격이다. 그것도 이마를 겨냥하고 말이다. 골리앗을 죽이고도 남을 만한 위력이었다. 실제로 투석병은 중보병에게 치명적이었다고 한다. 무거운 갑옷 때문에 움직임이 느린 보병은 멀리서 공격하는 투석병에게 손쉬운 먹잇감이기 때문이다.

이 상황을 골리앗의 입장에서 생각해보자. 그는 40킬로그램이 넘는 갑옷으로 무장한 채 일대일 결투를 준비하고 있었다. 두꺼운 갑옷으로 적의 공격을 막아내면서 창이나 칼로 일격을 날릴 수 있는 상황을 말이다. 처음에 골리앗은 자신에게 달려오는 어린 소년이 가소로웠겠지만, 곧이어 공기 가르며 날아오는 돌멩이를 본 순간 공포에 휩싸였을 것이다. 자신이 예상했던 결투 방식이 아니었기 때문이다.[14]

선두주자를 따라잡는 후발주자의 방법

《다윗과 골리앗》에서 다윗은 후발 기업으로, 골리앗은 시장을 지배하는 선도 기업으로 고쳐 읽어보자. 시장에 뒤늦게 들어간 후발주자들은 1등 업체를 따라잡기 위해 갖은 노력을 다한다. 선도 업체의 성공 요인을 분석해 자사에 적용해보고, 벤치마킹을 통해 우수한 경영 기법을 따라 하려고 애쓴다. 하지만 아무리 노력해도 시장 점유율 격차는 쉽게 줄어들지 않는다. 당연한 일이다. 그런 선진 경영 기법은 선발 주자들이 가장 잘할 수 있게끔 자신들이 만들어놓은 것이기 때문이다.

그러니 어설픈 따라 하기는 그만두고, 다윗의 승리 비결을 적용해보자. 선도 기업과 비교하면 후발주자는 초라해 보인다. 회사 규모도 작고, 시스템이나 조직화 측면에서도 미비한 점이 많을 것이다. 하지만 선도 기업의 강점만 보고 주눅들 것이 아니라 그들의 강점이 혹시 약점이 될 수는 없는지 통찰력을 갖고 들여다봐야 한다. 그리고 게임의 규칙을 어떻게 바꾸어야 자사의 강점은 극대화되고 상대의 강점은 약점으로 바뀔지 끊임없이 고민해야 한다. TV업계의 강자였던 소니를 꺾은 삼성전자의 사례를 통해 후발주자가 선도 주자를 따라잡는 방법을 살펴보자.

삼성전자가 소니를 꺾은 비결

90년대 초 TV 산업 분야의 골리앗은 소니였다. 당시 삼성전자는 소니보다 20여 년 늦게 뛰어든 후발주자였다. 각종 특허와 원천 기술의 보유, 최적화된 물류와 생산 효율, 그리고 잘 알려진 브랜드까지 소니가 아날로그 TV 산업 분야에서 가지고 있는 강점은 엄청났다. 소니의 독주는 끝나지 않을 것처럼 보였다. 하지만 2014년 초 평판 TV 시장 점유율을 살펴보면, 삼성전자는 29.6퍼센트인 반면 소니는 6.8퍼센트밖에 안 된다. 이제 TV 시장의 지배자가 삼성전자로 바뀐 것이다. 도대체 20년 동안 무슨 일이 있었던 것일까?

당시 삼성전자는 아날로그 TV 시장에서 소니를 따라잡는 것은 불가능하다고 판단했다. 기술 격차를 줄이기도 버거웠지만, 소비자의 마음속에 각인된 브랜드 이미지를 바꾸는 것은 몇 배나 더 힘든 노릇이었다. 그런데 때마침 전자업계에 디지털 바람이 불어오고 있었다. 아날로그에 뒤쳐져 있던 삼성은 '디지털'이라는 새로운 패러다임에 주목했다. 아날로그 시장에서는 아무리 기를 쓴다 해도 소니를 따라잡을 수 없다고 생각한 삼성은 과감한 투자와 연구 개발을 기반으로 디지털 TV 시장에 도전장을 던졌다. 다윗의 전략을 따른 것이다. 그리고 1998년 세계 최초로 디지털 TV를 출시하는 데 성공했고, 마침내 2006년에는 세계 평판 TV 시장 1위로 올라섰다.[15]

디지털 TV 분야에서 삼성전자가 이렇게 치고 나가는 동안 소니는 무엇을 하고 있었을까? 왜 삼성만큼 발 빠르게 시장의 변화에 대응하지 못했을까? 디지털 TV와 관련된 원천 기술이나 특허를 훨씬더 많이 보유하고 있었으면서 말이다. 역설적이게도 그 이유는 소니의 아날로그 TV가 너무 잘 팔리고 있었기 때문이다. 소니의 경영진도 TV 시장의 판도가 아날로그에서 디지털로 넘어가고 있다는 사실을 모르지는 않았다. 하지만 어차피 TV를 살 사람들은 정해져 있었다. 디지털 TV가 나왔다고 해서 필요하지도 않은 TV를 한 대 더 구매하지는 않을 것이라고 생각했다. 그러나 디지털 TV가 판매되는 만큼 아날로그 TV의 판매는 줄어들었다. 결국 잘 팔리고 있는 아날로그 TV를 버릴 수 없던 소니는 '조금만 더 있다가 디지털을 시작해야지' 하는 생각만 반복하다가 디지털 시장으로 넘어갈 타이밍을 놓치고 만 것이다.

소니의 경영진 대부분이 아날로그 시장에서 성공한 사람들이라는 점도 소니가 디지털 시장으로 빠르게 움직이지 못하고 주저한 이유가 되었다. 본디 사람이란 자신이 잘하고 익숙한 분야에서 벗어나고 싶지 않은 법이다. 고객 접점에서는 디지털 시장으로 옮겨가야 한다는 주장이 제기되었지만, 디지털 시장에 대한 확신이 없었던 경영진이 의사 결정을 미루었던 것이다.

삼성전자가 소니를 앞지를 수 있었던 이유는 다른 데 있지 않다. 소니를 업계 1위로 만들어준 요인, 즉 아날로그 분야에서의 핵심역량과 그것을 가능케 한 경영진이 디지털 시장에서는 오히려 소니를 약하게 만드는 약점이 될 수 있다는 사실을 간파한 것이다. 그리고 상대의 강점을 약점으로 만들 수 있는 분야로 과감하게 전장을 옮긴 것이다.

TV 시장, 또 다른 이야기

2010년 미국 TV 시장에서는 작은 이변이 있었다. 비록 4분기 한 번이지만 삼성전자보다 TV를 많이 판 업체가 나타난 것이다. 죽기 살기 식의 치열한 싸움 끝에 소니를 누르고 업계 1위에 올라선 삼성전자 입장에서는 억울할 수도 있다. 비록 미국 시장에 국한된 결과였지만, 업계 1등을 한 지 얼마 되지도 않아 이름도 생소한 회사에게 자리를 내주고 말았으니 말이다.

순식간에 삼성전자를 따돌린 회사의 이름은 비지오였다. 대만 출신의 윌리엄 왕William Wang이 2003년에 설립한 회사로, 7년 만에 미국 시장에서 TV를 가장 많이 판매한 업체가 되었다. 더욱 놀라운 것은 비지오의 전체 직원 수가 186명(2010년 기준)밖에 안 된다는 사실이다. 게다가 그중 65명은 고객 지원 파트에서 일하고 있었다.

이처럼 작은 회사가 거대 골리앗 전자회사를 꺾었다는 것이 이해가 되지 않는다. '저 정도 인력으로 전자 회사를 운영할 수나 있을까?' 하는 생각이 들 정도인데 말이다. 비지오는 '가벼움'을 강점으로 승부하기로 한다. 회사는 기획과 디자인만 담당한다. 연구 개발이나 공장, 유통 채널을 갖고 있지 않다. 과거 모니터 회사를 운영하던 CEO 윌리엄 왕은 당시 좋은 관계를 유지하던 대만의 OEM 전문업체 암트란에 회사의 지분 23퍼센트를 넘겼다. 암트란은 스스로 협력업체들을 독려해 부품 가격을 인하하고 품질을 엄격하게 관리했다. 유통 구조도 획기적으로 뜯어고쳤다. 20~30퍼센트의 마진을 남기는 전자 제품 유통점이 아니라 10퍼센트 마진만 챙겨주면 되는 월마트나 코스트코 같은 할인점을 이용했다.

이런 각고의 노력 끝에 경쟁 제품에 비해 20~30퍼센트 저렴한 가격을 만들어내는 데 성공한 비지오는 흑인이나 히스패닉 등 가격에 민감한 계층을 집중적으로 공략했고, 이런 전략은 정확하게 맞아떨어졌다. 비지오 역시 자신의 강점을 극대화할 수 있는 시장으로 싸움의 무대를 옮긴 것이다.

다윗의 승리가 의외라고 느껴지는 것은 다윗은 작고 골리앗은 크기 때문이다. 우리는 육체적 완력의 관점에서 힘을 생각한다. 힘이

다른 형태로도 나타날 수 있다는 사실, 즉 기존의 규칙을 깨고 육체적 완력을 속도와 기습으로 대신할 수 있다는 사실을 깨닫지 못하는 경우가 많다. 비지오도 다윗과 마찬가지다. 작은 규모가 주는 약점을 오히려 저원가라는 강점으로 바꾸는 데 성공했고, 이를 무기 삼아 경쟁자들보다 앞서나갈 수 있었다.

○● 3,000년 전 다윗의 성공 비결은 오늘날 비즈니스에도 적용할 수 있다. 혹시 1등 기업을 따라잡겠다며 그들이 만들어놓은 게임의 규칙을 무턱대고 따르고 있지는 않은지 되돌아볼 일이다. 일단 내가 가지고 있는 강점은 무엇인지 살펴보자. 그리고 나의 강점을 극대화하되 1등 기업의 강점을 약점으로 만들 수 있는 전쟁터는 어디일지 고민해보자. 강점을 무기로 싸울 때 상대를 이길 수 있는 법이다. ○●

LITERATURE

수용소의 무의미한 하루가 주는 고통
일하는 의미를 알려줘야 진짜 리더

○● 신병 훈련소에서 겪었던 일이다. 어느 날 챙이 길고 빨간 모자를 쓴 교관이 조사할 것이 있다며, 토목공학과 출신은 손을 들라고 했다. 몇 사람이 손을 들었다. 그때 나를 비롯한 토목공학하곤 무관한 전공을 가진 사람들은 '왠지 손해 보는 것이 아닐까?' 하는 생각이 들었다. '토목공학을 전공했기 때문에 편한 보직을 받는 것이 아닐까?' 하는 생각이 들었기 때문이었다. 결국 여러 명의 토목공학 전공자 중에 명문대 출신인 한 친구가 뽑혔다. 다른 훈련병들은 그를 부러워했다. 그런데 그 친구에게 주어진 것은 주전자였다. 족구장을 그려야 하니까 정확하게 그려보라는 말과 함께. 또 어느 날은 전자공학을 전공한 사람은 손을 들어보라고 해서 역시 명문대를 다니다 온 친구 한 명이 뽑혔는데, 그 친구가 맡은 일은 반공 비디오

를 TV로 틀어주는 역할이었다.

'이게 뭐 하는 짓인가?' 하는 생각과 함께 떠오른 것은 알렉산드로 솔제니친Aleksandr Solzhenitsyn의 소설《이반 데니소비치의 하루One Day in the Life of Ivan Denisovich》였다. 소설 속에서 해군 제독이나 영화감독처럼 화려한 경력의 소유자들이 수용소에 들어와 하는 일이라곤 고작 쓰레기를 나르고 허접스러운 장부를 정리하는 일이 다였다. 그런 소설 속 상황이 훈련소에서 벌어지는 일과 묘하게 닮아 있었다. 사소한 일들에 목숨을 걸고 해야만 하는 것도 그랬다.[16] ○ ●

이반 데니소비치의 하루

이 책은 슈호프라는 주인공이 딱 하루 동안 겪은 일을 그린 작품이다. 수용소의 기상 시간인 새벽 5시부터 잠자리에 드는 밤 10시까지 있었던 일을 묘사한다. 뭔가 스펙터클하고 대단한 일, 예를 들면 주인공이 탈옥을 시도한다거나 자신을 괴롭히는 수감자에게 보복을 하는 등의 사건은 발생하지 않는다.

소설에서는 주인공 슈호프의 눈을 통해 당시 소련 수용소의 생활상을 담담하게 그려내고 있다. 수감자들의 침대에는 빈대가 끓어 넘치고, 만들어진 지 수십 년은 되어 보이는 죄수복은 낡고 헤어져 추위를 막기엔 역부족이다. 끼니라고는 취사반원들이 빼돌리고 남은 몇 숟가락 안 되는 멀건 수프와 곰팡이 냄새가 진동하는 딱딱한 빵이

전부다. 한 달에 몇 번씩은 그나마도 제대로 나오지 않아 수감자들은 주린 배를 움켜쥐며 버텨야 한다. 교도관들은 죄수들을 인간 취급하지 않는다. 조금이라도 맘에 안 들거나 미심쩍은 점이 보이면 가차 없이 채찍을 휘두르곤 한다. 전제주의 체제가 흔히 그러하듯이 수감자 중에 프락치를 심어놓고 서로가 서로를 감시하게 만들기도 한다. 노동 환경 역시 열악하기는 마찬가지다. 눈보라가 몰아치는 영하 30도 아래 추위에서 '사회주의 생활 단지'를 만드는 공사에 투입되어 아침부터 저녁까지 시달리기도 한다.

주인공인 슈호프가 수용소에 들어오게 된 이유도 나온다. 그는 소련이 독일과 벌인 전쟁 중에 포로로 잡혔다가 이틀 만에 탈출해 복귀했는데, 상관이 난데없이 그를 가리켜 적에게 회유된 스파이라고 몰아붙였다. 그는 변변한 재판도 받아보지 못하고 졸지에 국가 반역죄를 저지른 죄인이 되어 대규모 수감소에 수용되었는데, 거기서 먹을 것을 못 먹어 영양실조로 죽을 뻔하다가 좀 더 작은 수용소로 이감되어 온 것이다.

책을 읽는 내내 마음이 무겁고 우울했는데, 그 이유가 당시에는 스탈린식 잔혹한 철권 정치와 수감자들의 비참한 모습 때문인 줄 알았다. 하지만 일부 비참한 묘사가 있긴 하지만 소설의 분위기는 그리 어둡지만은 않다. 소소한 행운에 좋아하는 주인공의 모습이나 극한 상황에서도 유머를 잃지 않는 동료들의 모습에서는 오히려 긍정적인 인간상이 드러나기도 한다. 마음이 우울했던 진짜 이유는 수용소에 수감된 주인공 슈호프의 의미 없는 일상이 우리네 삶과 닮아 있다

　　　　　　　　　　　　　일상의 경영학

는 생각이 들었기 때문이었다.

무의미한 일이 주는 고통

《이반 데니소비치의 하루》속 주인공인 슈호프의 삶은 시시포스의 형벌을 연상시킨다. 신들에게 미움을 산 시시포스에게 주어진 형벌은 커다란 바위를 언덕 위로 밀어 올리는 것이다. 며칠 혹은 몇 달에 걸쳐 죽을힘을 다해 간신히 바위를 언덕 위에 올려놓으면 바위는 즉시 언덕을 굴러 내려가 원래 있던 맨 밑자락으로 돌아가버리고 만다. 그럼 시시포스는 이 노동을 처음부터 다시 시작해야 한다. 그리고 그 짓을 영원히 계속해야만 한다. 신들만이 고안해낼 수 있는 참으로 끔찍한 형벌이다. 그런데 여기서 잠깐 생각해보자. 시시포스에게 주어진 벌은 왜 끔찍한 것일까? 이 형벌이 주는 공포는 정확히 무엇일까?

흔히 사람들은 시시포스의 노동이 몹시 고되기 때문이라고 답한다. 육중한 바위를 옮기기 위해 내딛는 한 걸음마다 근육은 끊어지는 듯하고 심장은 곧 터져버릴 것만 같은 고통. 그런데 만약 신들이 시시포스에게 무거운 바위가 아니라 한 손으로 들 수 있는 조약돌을 쥐어주었다면 어떠했을까? 돌멩이 하나 들고 산책하듯 언덕에 올라갔다가, "앗, 돌이 굴러 떨어졌네!" 하고, 휘파람 불면서 다시 처음부터 과제를 시작할까?[17]

작은 돌을 옮기는 과제가 전보다 덜 고되기는 하겠지만, 그것이 주는 고통이 전보다 완화되지는 않을 것이다. 시시포스에게 주어진 형벌이 고통스러운 이유는 과제의 난이도에 있지 않다. 그가 느끼는 고통은 자신이 하는 노동이 공허하고 의미 없는 것이라는 데에서 온다. 슈호프에게 수용소에서 보내는 하루하루가 끔찍한 형벌인 이유도 혹독한 추위와 배고픔보다는 수감 생활이 주는 공허함과 무의미함 때문일 것이다.

일에서 의미를 찾지 못하는 사람은 그 일에 몰입할 수도 없다. 그저 먹고살기 위한 고통스러운 노동을 할 뿐이다. 그래서 진짜 리더는 부하 직원에게 일하는 방법을 가르쳐주기 전에 먼저 일의 의미에 대해 알려줘야 한다. 내가 하고 있는 일의 의미와 맥락을 알아야 일에 몰입할 수 있음은 물론 큰 그림 안에서 정확히 자신이 맡은 부분을 완수할 수 있기 때문이다.

일하는 방법보다 일의 의미를 가르쳐주어야 진짜 리더

수행 중인 일이 어떤 의미가 있는지 얘기하기 위해서는 일단 일의 '끝그림'을 알려주어야 한다. 끝그림이란 일이 완성되었을 때의 최종적인 모습이다. 쉽게 비유를 해보자.

영업 접대라는 명목으로 주말마다 골프장으로 출근하는 남편이 있다고 치자. 아내는 그런 남편이 못마땅하다. 남편은 남편대로 서운하다. 주말에 쉬지도 못하고 나가야 하는데 오히려 냉대만 받아야 하니 말이다. 이 부부가 겪는 갈등의 원인은 무엇일까? 남편이 생각한 가장의 역할과 아내가 기대한 가장의 역할이 다르다는 것이다. 남편은 돈만 많이 벌어다주면 가족들이 좋아할 것이라고 생각한 반면 아내는 돈도 중요하지만 일주일에 단 하루라도 다정한 남편이자 아빠로서의 역할을 해주기를 바라고 있다. 이 사례에서도 볼 수 있듯이 내가 하고 있는 행동의 최종 결과, 즉 끝그림을 모르고서는 그 일이 무슨 의미인지 알 수 없다.

회사에서도 마찬가지다. 팀장은 이번에 승진한 박 과장이 부하 직원과 팀장의 소통을 원활하게 이어주는 역할을 해주기를 기대했다. 반면 박 과장은 승진하면 자신이 맡은 업무를 더 완벽하게 처리해야겠다고 다짐했다. 그래서 박 과장은 자기 일에 몰입했고, 일을 마치면 기분 좋게 퇴근했다. 하지만 팀장은 자신의 기대를 만족시키지 못하는 박 과장이 못마땅했고, 계속해서 박 과장의 업무에 간섭하려 들었다. 이런 상황에서 박 과장이 일의 의미를 찾기는 어려울 것이다. 조직이 기대하는 끝그림과 자신의 끝그림이 완벽히 들어맞지 않기 때문이다.[18]

다음으로는 하고 있는 일에 '가치'를 부여하는 것이다. 2002년 월드컵. 우리는 너나 할 것 없이 빨간색 티셔츠를 입고 거리로 뛰쳐나갔고, 누가 시키지 않았는데도 목이 터져라 함성을 질러댔다. 평소 K-리그에 눈길 한 번 주지 않던 사람들이 말이다. 왜 그랬을까? 갑자기 축구에 대한 관심과 열정이 생겨서? 그보다는 우리나라에서 열리는 세계적인 대회가 성공적으로 마무리되고, 우리 선수들이 좋은 성적을 올리는 데 좋은 영향을 끼칠 것으로 믿었기 때문일 것이다. 즉,

길거리 응원이 의미 있고 가치 있는 일이라고 생각했던 것이다.

좋은 리더들은 단순히 업무 지시를 하는 것에 그치지 않고, '왜 이 일을 해야 하는지, 이 업무가 회사와 당신에게 얼마나 중요한지' 부하 직원 스스로 인식할 수 있도록 계속 강조한다. 당신이 리더라면 부하들 앞에서 무슨 말을 주로 하는지 떠올려보자. 혹시 올해 목표를 달성하면 보너스를 주고, 달성 못하면 내년도 연봉 인상은 없다고 말했는가? 그러고 나서 목표 달성을 위한 업무 추진 방식에 대해 꼼꼼하게 알려주었는가? 그렇다면 당신은 일의 방법을 가르쳐주는 리더다. 만약 부하들에게 어떤 일을 하고 싶은지 물어보고, 그들에게 그 일을 할 수 있는 권한을 주기 위해 애썼다면 당신은 사람의 마음을 움직일 줄 아는 '진짜 리더'다.

이는 가정에서도 그대로 적용된다. 혹시 아이가 공부를 하지 않아 답답한가? 그래서 아이의 성적이 오르면 용돈을 더 주겠다고 말한 적이 있는가? 이제부터는 아이의 '꿈'이 무엇인지 먼저 물어라. 그리고 그 꿈을 이루려면 지금은 공부가 먼저 필요하다는 사실을 스스로 깨닫게 하라.

○● 리더는 일을 시키고 부하 직원은 수행한다. 겉으로는 비슷해 보이지만 실상은 전혀 다르다. 어떤 부하 직원은 자신이 이반 데니소비치고 직장 생활이 다람쥐 쳇바퀴 돌아가는 것 같다며 힘들어한다. 반면에 어떤 부하는 지루한 일상의 업무도 새롭고 흥미롭게 느끼며 몰입해서 일한다. 모두

리더 하기 나름이다. 부하 직원이 자기 일을 장악하고 주인처럼 일하기를 원하는가? 그렇다면 먼저 일이 갖는 의미부터 알려줘라. 일하는 방법이 아니라 일의 의미를 가르쳐주는 사람이 진짜 리더다. ○ ●

씻지 않는 사람부터 죽는다
역경을 기회로 만드는 사람들

○● 한때 압박 면접이라는 것이 유행했다. 당황스럽고 수치스러운 상황을 던져놓고 지원자가 어떻게 반응하는지 관찰하는 것이다. 이를 통해 면접관들은 지원자가 심적 압박을 받는 상황에서도 유연하고 지혜롭게 상황을 극복할 수 있는지 확인한다. 극한 상황에서 어떤 본성이 드러나는지 미리 보려는 것이다.

하지만 이 방법은 효과보다는 문제가 많다. 겉보기에는 당황하지 않고 침착한 것이, 실제로는 부끄러워야 할 상황에서 수치심을 느끼지 못하는 것일 수도 있기 때문이다. 더 심각한 문제는 압박 면접의 취지를 정확히 이해하지 못하는 면접관들이다. 압박과 모욕을 구분하지 못하다 보니 질문역시 한심하기 짝이 없다. "외모 때문에 고생 좀 하셨겠어요?", "이 스펙으로 우리 회사에 될 줄 아셨어요?" 그러자 대학생들은 모욕 스터디를 시작했다. 서로 모여 막말을 주고받는 것이다. 면접에 대한 적응력이 높아질지는 모르겠으나, 마음 한 구석이 왠지 서글퍼지는 건 어쩔 수가 없다.[19]

어디 면접뿐이겠는가. 우리는 모욕이 일상화가 된 사회에 살고 있다. 최근 사회 문제가 되고 있는 갑질 논란이나 직장 내 왕따 문제 역시 모욕 사회의 한 단면일 것이다. 모욕을 주는 사람은 별 생각 없이 내뱉는 말일 수 있으나 당하는 사람에게 모욕은 정서적 원자폭탄이 된다. 마음 속 깊은 곳의 고난으로 작용하여 삶의 의욕까지 앗아갈 수 있기 때문이다. 강제 수용소의 사례를 통해 모욕이 사람을 얼마나 좌절시킬 수 있는지 살펴보고, 이를 시사점 삼아 우리는 자신에게 닥치는 역경 속에서 어떻게 자신을 추스를 수 있을지 알아보도록 하자. ○●

배설물을 이용한 모욕적인 고문

사람의 살갗이 찢어지고 뼈가 드러나는 영화 속 장면에선 눈길을 돌리게 된다. 그런 모습이 부담스럽기 때문이다. 하지만 SF 영화에선 상황이 달라진다. 징그러운 외계인을 칼로 찢거나 잔혹하게 살해해도 시선을 돌리지 않는다. 시퍼런 피가 튀고 머리가 깨져도 심적으로 불편함을 못 느낀다. 왜 그럴까? 예전부터 궁금했는데, 유대인 철학 사상가인 한나 아렌트Hannah Arendt의 설명을 들으니 궁금증이 풀렸다.

그녀는 말했다. "사람을 죽이기보다 개를 죽이기가 쉽고, 개보다는 쥐나 개구리를 죽이는 게 쉬우며, 벌레 같은 것을 죽이는 것은 아무 것도 아니다. 문제는 시선, 즉 눈동자다." 즉, 희생자의 눈을 통해서, 그가 나와 동일한 대상이라는 것을 깨닫게 되면 그의 고통은 쉽게 나의 고통이 된다. 하지만 희생자가 나와는 무관한, 그에게서 어떤 동질감도 느끼지 못하는 경우엔 그가 느끼는 고통은 객관화된 고통, 즉 타인의 고통으로 끝나버리는 것이다. 영화 속 외계인들은 왜 한결같이 피가 푸르뎅뎅한 색깔인지도 이해가 된다.

2차대전 당시 독일 장교들은 이미 이런 사실을 알고 있었다. 그들이 유대인을 그토록 학대한 이유는 수용소의 SS군인들이 유대인을 쉽게 처리하게 만들고자 함이었다. 희생자들이 도저히 인간이라고 보기 어려운 몰골을 하고 있으면 있을수록 그들을 대량 살육하는 부담감을 덜 느끼게 되기 때문이다.

나치 수용소의 생존자들의 육성을 《생존자The Survivor》라는 책으로 엮어낸 테렌스 데 프레Terrence Des Pres에 따르면 수용소에 입소하는 사람들이 마주 하는 첫 공포는 똥오줌이었다. 폴란드에 있는 여러 곳의 수용소로 향하는 사람들은 기차의 화물칸에 태워진다. 창문도 없는 화물차의 한 칸마다 100여 명의 사람들을 밀어 넣는다. 출퇴근 시간의 지하철 마냥 움직일 공간도 없이 채워넣는 것이다. 짐짝처럼 우겨 넣어진 수용자들에게 당장 닥치는 문제는 변소가 없다는 점. 대변은 물론이고 소변을 볼 수 있는 시설도 없다. 생리 현상을 무한정 참을 수는 없는 법. 얼마 지나지 않아 마루 위로는 오줌이 흘러내리고 똥이 넘쳐난다. 이런 상태로 며칠이 지나면 상당수의 사람들이 이미

병에 걸린다. 수용소라고 딱히 다를 것은 없다. 막사 입구에는 대소변을 볼 수 있는 양철통이 있었지만, 그것만으로는 부족할 수밖에 없다. 새벽쯤 되면 막사 전체는 오줌과 똥으로 범벅이 된다. 어떤 사람들은 그 악취 때문에 기절하기도 했다.

배설물을 이용한 고문은 여기서 끝나지 않는다. 악랄한 간수 중 어떤 자는 죄수들이 변소에 들어가기 전에 붙잡아 세우는 것을 취미로 삼기도 했다. 그들은 죄수를 심문하는 척하면서 토끼뜀을 시켰다. 그리고 마침내 견디지 못하게 되면 쌌다는 이유로 또 실컷 두들겨 팬다. 그러고 나서야 이 죄수는 자기 배설물로 온통 범벅이 된 상태에서 변소에 들어갈 수 있도록 허락받는다. 더 심한 경우엔 다른 사람의 입에 소변을 보게 시키고 이를 즐기기도 했다.

나치가 수용소에서 저지른 참혹한 만행이야 셀 수도 없이 많겠지만 이를 다 열거할 필요도 없다. 중요한 것은 이런 환경이 절대 우연히 만들어진 것이 아니라는 점이다. 똥오줌을 뒤집어 쓴 수용자들을 인간 이하의 존재로 보이게 함으로써 이들을 처리해야 하는 군인들이 작업을 용이하게 할 수 있게 하려는 치밀한 계산 끝에 나온 결과물이었다. 그런데 나치의 이런 시도는 의도하지 않았던 결과를 가져오기도 했다.[20]

몸을 씻지 않는 사람부터 죽다

수용자들 일부가 삶의 의지를 놓아버렸다. 오물에 범벅이 된 채로 하루하루를 견뎌야 하는 서로의 모습을 바라보면서 자존심을 잃어버리고, 그런 환경이 우연히 만들어진 것이 아니란 사실을 알게 된 수용자들의 상당수는 스스로 삶을 포기했다. 숙소와 하수구, 담벼락 뒤에 있는 똥 무더기들이 만들어내는 불결함은 수용자들의 육체뿐만 아니라 그들의 마음까지 똥오줌 속에 빠뜨렸고, 진흙과 배설물 속에 자존감을 처박아버렸다. 총살장이나 가스실로 끌려가면서 크게 저항하지 않은 심리는 여기에서도 기인한 것이다.

하지만 살아남은 사람들은 달랐다. 그들은 수용소에서 닥쳐오는 인간적인 모멸감과 참상 속에서도 결코 자존감을 잃으면 안 된다는 사실을 깨달았다. 육체의 더러움은 영혼까지도 불결하게 만들고, 마음 깊숙한 곳의 존엄이 회복 불능의 상태로 파괴되었을 때 생의 의지도 소멸해버린다는 점을 깨달은 것이다. 그래서 그들은 기회가 될 때마다 몸을 씻었다. 비록 작은 행동이지만 자신의 외모를 보살피는 것이 수용소에서 생존하기 위한 출발점이 될 수도 있다는 것을 깨달은 것이다. 살아남은 생존자는 얘기한다.

더 이상 나는 무관심에 빠져 허탈해 있어서는 아니 되었다. 나는 외모를 사람답게 만드는 데 집중하기로 하였다. 그런 상황에서 이것은 좀 우습게 들릴지도 모르겠다. 내가 새로이 발견한 정신적 저항력과 내 몸에 걸친 차마 눈뜨고 볼 수 없는 누더기와 무슨 관계가 있었겠는가? 그러나 묘하게도 그것들은 관계가 있었다. 그때 이후로 수용소 생활이 끝날 때까지 나는 그 사실을 염두에 두고 주위를 살폈다. 그 결과 어떤 여자든 세수를 할 기회가 있는데도 하지 않거나, 신발 끈 매는 것은 에너지의 낭비라고 생각하는 여자들에게 생의 종말이 시작되는 것을 보았다. (……) 수용소에 들어간 사람은 처음에는 절망감으로 인하여 자신의 외모에 대해 무관심하지만, 점차 씻지 않고는 살아남을 수 없다는 사실을 깨닫게 된다.

-테렌스 데 프레,《생존자》중에서[21]

살아남은 사람들의 비밀, 회복 탄력성

수용소에 수감된 사람들은 누구나 똑같은 모멸과 고난을 겪었다. 그에 대한 사람들이 반응은 두 가지로 나뉘었다. 좌절해서 꺾어지는 사람도 있었고, 이를 극복하고 살아남은 사람도 있었다. 심리학에서는 이를 '회복탄력성'이라는 개념으로 설명한다. 회복탄력성이 높은 사람은 힘든 일을 겪었을 때 좌절하지 않고 오히려 이를 활용해서 더 좋은 결과를 만들어낸다. 똑같이 오줌똥에 범벅이 되어 말로 형언할 수 없는 고초를 당하지만 회복탄력성이 높은 사람들의 행동은 달랐다. 역경에 굴복하기보다는 그것이 비록 몸을 씻는 등의 작은 행동이라 할지라도 자신만의 방법을 통해 그러한 역경을 기회로 만들어낸 것이다.

회복탄력성의 사전적 정의는 '피할 수 없는 역경을 발판 삼아서 꿋꿋하게 다시 튀어 오르는 능력'이다. 회복탄력성은 현대의 비즈니스맨들도 반드시 갖추어야 할 중요한 자질이다. 생각해보자. 다양한 이해관계가 얽힌 사람들과 함께 일해야 하는 조직의 특성상 얼마나 많은 사건과 사고가 벌어지겠는가. 이때 회복탄력성이 낮은 사람들은 쉽게 좌절한다. 살다 보면 좌절할 수도 있지 않냐고 생각하겠지만 그리 간단치만은 않다. 고난은 우리네 인생에서 언제든지 나타날 수 있기 때문이다. 원하는 회사에 들어가지 못했다거나 좋아하는 이성에게 데이트 신청을 했는데 거절당하는 개인적인 좌절부터 자신의 의사와는 상관없는 사회, 경제적 좌절까지. 인생을 찾아오는 고난을 삶의 에너지로 바꾸지 못하고 매번 좌절하기만 한다면 성공은 차치하고서라도 평범한 인생을 살아내기도 어려울 것이다. 그러니 스스로 고난에 대처하는 탄성을 높여야 한다. 고무공같이 역경에서 튀어 오를 수 있는 사람이 되어야 한다. 이러한 사람들, 즉 회복탄력성이 높은 사람들에겐 두 가지 공통점이 있다. 이제부터 하나씩 살펴보자.[22]

낙천과 긍정, 결과는 천지 차이

다시 수용소로 돌아가보자. 강제 수용소에 갇힌 사람들은 언제 이곳에서 나가게 될지 아무도 모른다. 이때 사람들의 심리 상태는 세 가지로 나뉘어진다. A는 생각한다. '내 인생 끝났구나. 나치 놈들한테 이렇게 죽고 마는구나.' 이런 사람을 뭐라고 부를까? 비관주의자다. B는 전혀 다른 생각을 한다. '겨울만 잘 넘기면 나갈 수 있겠지.' 그런데 이걸 어쩐다? 해가 바뀌도록 전쟁이 끝나질 않는다. 이제 마음을 고쳐먹는다. '따뜻한 여름이 되기 전엔 이곳에서 나갈 수 있을 거야.'

하지만 가을이 되어도 달라지는 게 없으면 이렇게 생각한다. '설마 이 지긋지긋한 곳에서 겨울을 두 번 나기야 하겠어?' 이런 사람은 뭐라 할까? 낙천주의자다. 대책 없는 낙천주의자라고 부른다. 이들은 본인의 헛된 소망이 반복적으로 이루어지지 않는 것에 좌절하다 결국 생에 대한 희망까지 놓아버린다.

이 상황에서 긍정적인 사람들은 어떻게 행동할까? 그들은 건강한 몸을 만들기 위해 짬을 내어 운동을 한다. 침대에서 일어날 때 윗몸 일으키기를 한다든지, 혼자 있을 때 팔굽혀펴기를 하는 식으로 말이다. 나치가 똥오줌으로 공격해오더라도 포기하지 않고 몸을 씻으면서 인간적인 존엄성을 잃지 않으려고 했다. 그들은 힘든 현실을 직시하고 그것을 사실로서 받아들이지만, 그 속에서 내가 할 수 있는 일을 찾는다. 이런 사람이 진정한 의미의 긍정적인 사람이다.

긍정과 낙천을 혼동해선 안 된다. 낙천은 현실을 외면한 채 본인이 보고 싶은 것만 보는 것이다. 이에 비해 긍정은 현실을 있는 그대로 받아들이되 내가 그 현실을 바꾸기 위해 영향력을 발휘할 수 있는 행동을 해나가는 것이다.

또 다른 예를 들어보자. IMF 시절 회사 분위기가 흉흉했다. 어느 부서는 통째로 없어질지도 모른다는 소문도 돌았다. 업무가 끝나면 동료들과 함께 매일같이 소주잔을 기울이곤 했다. 서로를 위로하기도 하고, 회사가 어떻게 이럴 수 있느냐며 비분강개하기도 하지만 술자리가 끝날 때 하는 얘기는 늘 똑같았다. "괜찮아. 잘될 거야. 너무 걱정하지 말자고." 낙천적인 사람들이다.

긍정적인 사람들은 어떻게 행동할까? 어느 회사든 상황이 어려워지면 회의가 많아진다. 분위기가 좋을 리가 없다. 입사한 지 얼마 되지도 않은 한 신입 사원은 유머를 모아놓은 책을 한 권 샀다. 그리고 회의가 시작되기 전 무거운 분위기 속에서 말을 꺼냈다. "오늘 분위기도 별로인데 제가 우스갯소리라도 하나 할까요?" 그리고 책에서 본 썰렁한 농담을 하나씩 늘어놓았다. '신입 주제에 뭐 하는 거야' 하며 시큰둥하던 선배들도 피식 헛웃음을 짓고 회의를 시작했고, 그렇지 않았던 경우보다는 밝은 분위기 속에서 회의를 마치곤 했다. 회복 탄력성이 높은 긍정적인 사람은 현실을 외면하지 않는다. 하지만 그런 현실을 조금이라도 바꾸기 위해 자신이 무엇을 할 수 있을지 고민한다. 낙천과 긍정. 한 글자 차이지만 결과는 전혀 다르다.

행동은 마음에서 나온다

2009년 '7대륙 최고봉'을 오르고 '세계 최고 14좌' 등정에 도전하고 있는 사람이 있다. 쉽지 않은 일을 해냈지만 그다지 특별할 것도 없지 않냐고? 이미 14좌 모두를 오른 사람도 여럿 있으니 말이다. 하지만 이 도전자가 손가락이 하나도 없는 사람이라면? 아마 생각이 달라질 것이다. 산악인 김홍빈은 1991년 북미 최고봉인 매킨리에서 열 손가락을 모두 잃었다. 1989년 에베레스트 원정을 시작으로 촉망 받는 등반가로서 첫 걸음을 내디딘 지 고작 2년 만의 일이었다.

손가락이 하나도 없다는 것. 혼자서는 밥을 먹을 수도, 옷을 갈아

입을 수도 없다. 대다수 사람들에겐 인생을 그만두고 싶을 좌절이었겠지만 그는 산을 포기하지 않았다. 많은 등반가들이 장애를 입은 후 산과 멀어지는 것과는 달리 김홍빈은 손에 붕대를 감고 뒷산부터 다시 올랐다. 자신의 상황에 맞게, 장비를 최소화하는 '경량 등반'을 고안했다. 그리고 다시 높은 봉우리들을 오르기 시작했다. 1997년 그는 7대륙 최고봉에 서겠다는 목표를 세웠다. 주변의 반응은 싸늘했다. 하지만 그는 자신에게 맞는 특수 장비를 개발하는 등 차근차근 하나씩 준비한 끝에 12년 만에 마침내 목표를 달성했다.[23]

사람은 외부의 자극에 대해 즉각적으로 반응하지 않는다. 심리학자들에 따르면 외부 자극과 사람의 행동(반응) 사이에는 틈이 있다. 마음이 개입할 수 있는 빈 공간이 존재하는 것이다. 그러니 그 마음을 달리 먹기만 하면, 즉 자극에 대한 생각을 바꾸기만 하면 얼마든지 다른 행동(반응)이 나올 수 있는 것이다.

회복탄력성이 높은 사람은 이 빈 공간을 '감사하는 마음'으로 채운다. 김홍빈 씨도 마찬가지였을 것이다. "조난 사고로 열 손가락을 잃었다"는 것은 외부에서 주어진 자극(역경)이다. 만약 빈 공간을 '손가락이 하나도 안 남았으니 내 인생도 끝이다'는 생각으로 채웠다면, 자포자기하는 행동으로 이어졌을 것이다. 하지만 그는 빈 공간을 감사하는 마음으로 채웠다. '등반가에게 중요한 것은 튼튼한 다리 아니겠어? 이렇게 다리가 남아 있으니 얼마나 다행이란 말인가?' 하고 말이다. 감사하는 마음이 다시 산을 오르고 7대륙 최고봉을 목표로 삼는 행동으로 이어진 것이다.

직장에서도 마찬가지다. 업무를 맡긴 상사가 자꾸 간섭을 한다. 이런 외부 자극에 대한 빈 공간을 '나를 못 믿나?' 하는 마음으로 채웠다면 부하 직원이 취할 행동은 뻔하다. 업무 처리에 소극적이 될 것이다. 하지만 '중요한 일을 맡기셨나 보다. 더 열심히 해야 하겠는걸' 하는 감사하는 마음으로 채운다면 그의 행동은 매우 적극적인 업무 처리로 바뀔 것이다.

결국 행동은 마음에서 나온다. 감사하기는 생각만큼 어렵지 않다. 아침에 일어나면 할 일이 있다는 것, 나를 찾아주는 고객이 있다는 것, 남을 도울 여력이 있다는 것, 심지어 하기 싫지만 해야 하는 의무까지도 이런 시각에서 보면 고마움의 대상일 수 있다.

○● 좋은 일이 있어야만 행복해지는 것은 아니다. 행복한 마음이 있으면 어떤 상황에서건 행복을 느낄 수 있다. 직장 생활을 하다 보면 누구나 역경을 마주칠 수밖에 없다. 이러한 어려움에 굴하지 않고 오히려 한 걸음 더 나아가는 에너지로 활용하기 위해서는 회복탄력성이 필요하다. 어떤 역경이 오더라도 늘 긍정과 감사하는 마음을 갖는 것. 이것이 남보다 높이 튀어 오르기 위한 첫 걸음일 것이다. ○●

세이렌의 유혹에 맞선 영웅 오디세우스
환경을 바꾸면 행동이 바뀐다

○● 앞 차를 들이받았다. 스마트폰에 정신이 팔려 있었기 때문이었다. '다시는 운전 중에 전화기를 만지지 않으리라.' 열 번도 넘게 다짐했지만 몸에 붙어버린 습관은 쉽게 떨어지지 않았다. 옆자리에 던져둔 전화기가 울려대면 나도 모르게 손이 갔다. 신호를 기다리는 중에는 심지어 전화기로 인터넷을 뒤져보기도 했다. 이래서는 곤란하다. 좀 더 확실한 대책이 필요했다. 조수석 앞 글러브 박스에 전화기를 넣어버렸다. 이젠 괜찮겠지. 그런데 웬걸. 벨이 울리니 나도 모르게 손이 나갔다. 뒷좌석에 놓아도 봤지만 무의식중에 고개가 돌아가는 통에 사고가 한 번 더 날 뻔했다.

고민 끝에 전화기를 트렁크에 넣어버렸다. 벨이 아무리 울려대도 전화를 받을 수 없게 해버린 것이다. 불안했다. '중요한 전화였으면 어쩌지?' '급한 문자라도 오면 어쩌지?' 그러나 걱정은 기우에 불과했다. 어차피 시내에서 운전 시간은 길어봤자 한 시간 남짓. 목적지에 도착해 얼른 전화기를 꺼내지만 기껏 와 있는 문자라곤 '오빠, 요즘엔 왜 안 오는 거야?' '급전 필요하시면 싼 이자로 대출해 드립니다' 같은 광고가 대부분이다. 못 받은 전화는 찍힌 번호로 연락하면 된다. 한두 시간 늦었다고 세상이 뒤집힐 일도 없다.

문제는 마음이 아니라 환경이다. 운전 중에는 전화를 쓰지 않겠다고 굳게 다짐했지만 아무 소용이 없었다. 사람의 결심이란 별로 믿을만한 존재가 못 된다. 전화기를 잡을 수 없는 환경을 마련하는 것이 필요하다. 이는 리더십에도 그대로 적용된다. 좋은 리더는 말로만 이끌지 않는다. 부하들이 행동할 수밖에 없는 환경을 만들어줘야 좋은 리더다. 세이렌의 유혹에 넘어가지 않은 오디세우스의 이야기를 통해 조직을 이끄는 리더들에게 주는 시사점을 살펴보자. ○ ●

사이렌의 유래

경찰차나 구급차가 내는 요란한 소리를 사이렌이라고 한다. 사이렌은 그리스로마 신화에 나오는 물귀신 세이렌에서 유래한 말이다.

제대로 된 지도나 나침반도 없이 별이나 해를 보면서 목적지를 찾아가야 하는 뱃사람들에게 바다는 두려움과 공포의 대상이었을 것이다. 두려움은 이성으로 설명할 수 없는 존재를 여럿 만들어냈다.

일상의 경영학

세이렌도 그렇게 만들어진 물귀신 중 하나다. 세이렌은 상반신은 여자이고 하반신은 독수리의 형상을 하고 있다. 세이렌이라는 이름은 '휘감는 자, 옴짝달싹 못하게 얽어매는 자, 묶는 자'라는 뜻의 옛 그리스어에서 비롯되었다고 한다. 세이렌의 목소리를 듣게 되면 도저히 빠져나올 수 없다는 고대인들의 믿음과도 관련이 있다. 절벽과 암초들로 둘러싸인 섬에서 그녀들이 하는 일이라곤 배를 타고 지나가는 선원들을 향해 노래를 불러 유혹하는 것이다. 신비로운 노래 가락에 홀린 선원들은 뱃머리를 세이렌의 섬 쪽으로 돌렸다가 배가 난파되어 목숨을 잃거나 스스로 물에 뛰어들어 죽었다고 한다.

뱃사람들이 전하는 세이렌의 생김새 역시 시간이 지남에 따라 달라졌다. 세이렌의 모습은 고대 그리스에서 제작된 도자기에 처음 등장하는데, 사람의 얼굴에 새의 날개와 다리를 지니고 있다. '새가 운다'고 표현하는 동양과는 달리 '새가 노래한다Birds sing'고 말하는 서양 사람들의 사고방식이 투영된 모습이 아닐까 싶다. 노래하는 존재 하면 새가 떠오르는 것이고 기왕이면 새의 얼굴에 사람 몸뚱이보다는 사람 얼굴에 새의 몸통을 가진 것이 훨씬 나아 보이니 말이다. (인어도 마찬가지다. 물고기 상반신에 사람 다리를 갖고 있는 것보다 사람 상반신에 물고기 하반신이 그나마 다행스럽다. 나만 그런가?)

하지만 로마 시대를 거치며 세이렌의 모습은 점점 섹시해진다. 얼굴뿐 아니라 상반신까지 사람의 모습(그것도 여자다!)으로 확대되어 갈뿐더러, 새의 하반신이 물고기 하반신으로 바뀌기도 한다. 그리고 19세기에 이르면 노랫소리로 남자들을 유혹해서 잠들게 한 뒤 잡아먹

| 그림 | 허버트 드레이퍼, 〈오디세우스와 세이렌〉(1909년)

거나 죽이는 치명적인 여인인 팜므 파탈로 진화하게 된다.

과학이 발달한 오늘날에 세이렌을 두려워하는 선원들은 없어졌다. 하지만 바다가 주는 공포는 아직도 완전히 없어지지 않았다. 안개가 조금 심하기라도 하면 대도시의 항구에서조차 선박들이 충돌해서 수십 명의 사람들이 목숨을 잃곤 하니 말이다. 그래서 선박 회사들은 배에 거대한 나팔을 달고 다니도록 했다. 불과 몇 미터 앞도 보이지 않는 안개 속에서 울려대는 이 나팔 소리는 마치 세이렌의 노랫소리처럼 섬뜩하다 해서 이 나팔 소리 역시 사이렌이라고 불리게 되었다. 어디 그뿐인가. 한길 건너 하나씩 자리 잡고 있는 스타벅스 로고 속의 긴 머리 여인도 세이렌이다. 이제 우리는 물귀신의 얼굴과 목소리를 마주 하지 않고서는 거의 하루도 지낼 수가 없게 되었다.[24]

일상의 경영학

의지가 아닌 환경의 힘으로 세이렌을 벗어난 오디세우스

그리스와 트로이가 긴 전쟁을 벌였다. 끝나지 않을 것 같던 전쟁은 오디세우스의 아이디어로 인해 막을 내릴 수 있었다. 오디세우스가 고안한 '트로이의 목마'를 전리품으로 오해한 트로이인들은 성 안으로 목마를 들여왔는데, 그날 밤 목마에 숨어 있던 그리스 병사들이 쏟아져 나와 트로이를 불태워버렸다. 용맹한 아킬레우스가 10년간 싸워도 열지 못했던 트로이의 성문을 오디세우스는 단 하루 만에 연 것이다.

전쟁에서 승리한 오디세우스는 부하들을 이끌고 고향으로 향한다. 트로이가 위치한 곳은 오늘날의 터키. 에게 해만 건너면 그리스 땅이다. 한국과 일본 거리밖에 안 된다. 항해 장비가 열악했던 시절이라 해도 며칠이면 도착할 거리다. 그 짧은 거리를 오디세우스는 10년 동안 헤맨다. 바다의 신 포세이돈이 저주를 걸었기 때문이다. 세이렌과의 만남도 그 과정에서 벌어진 일이다.

모험 중에 풍랑을 만난 오디세우스는 아이아이에라는 섬에 상륙한다. 그곳에서 만난 마녀 키르케는 오디세우스를 떠나보내며 여러 조언을 해주었다. 그중에는 세이렌에 대한 조언도 포함되어 있었는데, 매혹적인 노래 가락에 이끌리다 보면 배가 난파되기도 하고 듣는 사람이 노래에 홀려 물에 뛰어들게 된다는 것이었다. 그러니 세이렌들이 사는 곳을 지나기 전에는 밀랍으로 부하들의 귀를 단단히 틀어막으라고 했다.

오디세우스 본인은 세이렌의 노래에 흔들리지 않을 자신이 있었다. 하지만 자기보다 앞서 이 바다를 통과한 뱃사람들도 스스로의 의지를 과신하다 불귀의 객이 되고 말았다는 사실을 알고 있었다. 호기심 많은 오디세우스는 세이렌의 노래를 직접 듣고 싶었지만 그는 자신의 의지를 신뢰하지만은 않았다. 오디세우스는 부하들에게 밀랍으로 귀마개를 만들어 귀를 덮으라고 명했다. 그리고 자신이 세이렌의 음악에 홀려 바다에 뛰어들지 못하도록 자신의 몸을 배의 돛대에 단단히 묶어달라고 명령했다. 밧줄을 풀고 벗어나려 하거든 더욱 꽁꽁 묶어 움직이지 못하게 해야 한다는 지시도 잊지 않았다.

마침내 세이렌의 섬을 지나가게 되었을 때 그의 귀에 아름답고 황홀한 노랫소리가 들려왔다. 조금이라도 더 잘 들어보겠다고 죽음을 무릅쓰고 바다로 뛰어드는 뱃사람들을 이해할 수 있었다. 그도 점점 광분해서 밧줄을 풀어달라고 부하들에게 고함쳤으나, 이미 명령을 받은 부하들은 그럴수록 그를 더 세게 옭아매었고 그 덕분에 위기를 모면할 수 있었다.

환경이 변하면 행동이 바뀐다

맥락이 비슷한 이야기를 하나 더 해보자. 사자 포토 존이 있는 동물원 사파리가 있다. 널찍한 바위 위에 사자들이 앉아 있기 때문에 통유리로 된 사파리 버스를 세워 놓고 사진을 찍으면 마치 사자 앞에 서 있는 효과가 난다. 사람들에게 인기가 많은 곳이다.

일상의 경영학

문제는 겨울이다. 추운 날씨에 차가운 바위 위에 배를 깔고 누우려는 사자가 없기 때문이다. 하지만 별 기대 없이 동물원을 방문한 사람들은 깜짝 놀라게 되니, 포토 존 바위 위에 사자들이 무리를 지어 앉아 있기 때문이다. 어떻게 이런 일이 가능했을까?

채찍과 당근에만 익숙한 리더는 이렇게 말할지도 모른다. "사자들의 정신 상태가 훌륭하다"고. 정말 그렇다면 사육사들은 먹이를 주면서 이렇게 말할지도 모른다. "사자 여러분! 우리 업종이 뭐죠? 서비스업이잖아요. 날이 좀 춥지만 고객님들을 위해 마리당 3시간씩은 바위 위에 올라가도록 합시다." 물론 사람 말을 알아듣지도 못하겠지만 설령 알아들었다 해도 이런 식으로 행동을 바꿀 수는 없다. 추운 날씨에 사자를 바위에 올려놓은 비결은 바위에 있었다. 바위에 열선을 깔아줬더니 누가 시키지 않아도 날이 추워질수록 오히려 바위 위로 더 몰리게 된 것이다.

자신의 진정성이 제대로 전달되기만 하면 부하들의 행동을 바꿀 수 있다고 믿는 리더가 있다. 이런 리더는 삼류다. 어떤 리더는 채찍과 당근을 적절히 활용하면 충분하다고 여기기도 한다. 조금 낫지만 일류는 아니다. 진짜 리더는 이 모든 것에 환경까지 고려한다. 열정이 식어버리거나 의지가 약해져도 그렇게 할 수 밖에 없는 환경을 만들어놓는다. 이제는 비즈니스 사례를 살펴보도록 하자.

미국의 카이저퍼마넨테 병원은 한 해에 250건이나 발생하는 투약 실수 때문에 고민이 많았다. 간호사들이 하루에도 수십 명의 환자와 수백 종의 약을 다루다 보니 생기는 실수지만 환자들에게는 치명적인 결과를 가져올 수 있었다. 그래서 간호사들에게 틈만 나면 강조했다. 투약이란 환자의 생명이 달린 중요한 업무니 약을 다루는 동안엔 절대적인 집중을 해달라고. 하지만 약을 섞고 있는 줄 모르는 동료가 지나가다 말을 걸면? "308호 환자 상태는 별 문제 없지?" 자신도 모르게 대답이 나오고, 그러다 보면 투약 실수가 생기게 된다.

이런 문제는 사람을 변화시켜 해결하기보다는 환경을 바꿔주는 것이 훨씬 효과적이다. 고심 끝에 병원이 택한 방법은 약을 섞는 간호사들에게 노란 조끼를 입게 만드는 것이었다. 시행 초기에는 반발이 적지 않았다. 우리가 초등학생인 줄 아냐는 둥, 노란 조끼라니 환자들 보기 창피하다는 둥 이유도 다양했다. 하지만 멀리서도 눈에 확띄는 노란 조끼는 '지금 나 투약 중이니까 말 걸지 말라'는 메시지를 강력하게 전달했다. 작은 조치였지만 조끼를 입게 한 이후 투약 실수는 40퍼센트가 넘게 감소했다고 한다. 직원들이 몰입할 수 있는 환경을 만들어준 것이 주효했던 것이다.

온라인 쇼핑몰을 운영하는 회사들 역시, 직원들의 실수 때문에 고민이 많다. 수만 개에 이르는 판매 상품의 가격을 그때그때 업데이트시켜줘야 하는데, 이 과정에서 잦은 실수가 발생한다. 잘 나가던 제품이 갑자기 판매가 뚝 떨어져 살펴보면 시시각각 변하는 경쟁사의 가격을 비교하여 최저가로 책정해야 하는 가격을 잘못 붙여놓는 바람에 회사에 큰 손해를 끼치기도 한다. 아웃도어 용품을 판매하는 오케이아웃도어닷컴이라는 국내의 한 온라인쇼핑몰은 직원들의 낮은 업무 몰입도가 문제라고 판단했다. 그래서 시행한 것이 "집중 근무

시간"이다. 매일 오전 8시 30분부터 10시까지는 가격표 붙이는 일처럼 혼자 집중해야 하는 일을 하게끔 한 것이다. 이 시간에는 화장실에도 갈 수 없고, 업무상 통화도 전면 금지했다. 핸드폰 역시 반드시 끄도록 했으며 협력사에도 협조를 요청했다. 그 이후 직원들의 업무실수가 놀랄 만큼 줄어들었음은 물론이다. 집중해서 일에 몰입할 수 있는 "환경"을 만들어준 것이 주효했던 것이다.

환경을 바꿔줌으로써 행동을 변화시키는 방법은 다양하게 응용될 수 있다. 부하 직원들이 제때 보고를 하지 않아 고민인 상사라면 보고 좀 제때 하라고 윽박지르는 대신 몇 가지 환경을 바꿈으로써 문제를 해결할 수 있다. 일단 업무 완수 목표일 기준 1일 전, 3일전, 1주일 전에 보고를 하도록 컴퓨터 아웃룩 프로그램의 알람을 설정하도록 한 것이다. 또 하나, 보고서 작성을 부담스러워하는 직원에게 표준화된 양식을 만들어주었다. 간단하게라도 그 양식만 채워 제출하게 하였다. 부하 직원들의 업무 보고 태도가 확 달라진 것은 물론이다.

○● 사람의 성격이나 됨됨이가 아니라 환경이 문제인 경우가 많다. 그렇기 때문에 환경을 조금만 바꿔줘도 사람의 행동을 크게 변화시킬 수 있다. 혹시 부하 직원이 내 맘 같지 않아 고민인가? 그렇다면 잔소리만 할 것이 아니라, 행동 변화를 위해 환경을 어떻게 바꿔줄 것인지 고민하자. 이제 말로만 리더 노릇하던 시대는 지났다. ○●

일상의 경영학,
예술을 만나다

-

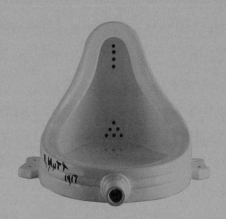

Insight Management of Daily Life

ART

뒤샹의 샘, 소변기가 예술이라고?
가격 책정의 비밀

○● 컨설팅 회사에 근무하던 시절, '게스티메이션Guestimation'이라는 면접 기법이 유행했다. 게스티메이션은 영어로 '추측한다'의 '게스guess'와 '추정한다'의 '에스티메이션estimation'이 합성된 용어다. 예를 들면, "서울시에는 전봇대가 몇 개나 있을까? 우리나라에서 도축되는 소는 1년에 몇 마리나 될까? 하루 동안 한남대교를 건너는 차는 몇 대나 될까?" 같은 것들이 전형적인 게스티메이션 문제들이다. 어차피 답이 있는 문제가 아니다 보니 물어보는 면접관들도 답을 모른다. 이 문제를 통해 면접관이 확인하려는 것은 지원자가 자신의 답을 뒷받침할 수 있는 탄탄한 논리적 근거를 갖고 있는지, 빠른 시간 안에 계산을 할 수 있는지 여부다.

논리력과 창의성을 갖춘 인재를 선발한다는 명목으로 지원자들을 괴롭

히던 면접 방식이었는데, 몇 번 해보고 나니 시들해졌다. 지원자들이 너무 쉽게 문제를 풀어냈기 때문이다. 나중에 합격자들에게 물어봤더니 예상 문제를 뽑아서 정답을 미리 달달 외운다고 했다. 이런 얄미운 지원자에게는 '가격 책정pricing'에 대한 질문을 준비했다. 예를 들자면 이런 문제다. "지원자께서 다국적 제약회사의 CEO라고 해봅시다. 다년간의 연구 끝에 한 알만 먹으면 안경을 벗어도 될 정도로 눈이 좋아지는 알약을 개발했습니다. 가격은 얼마로 책정하겠습니까?" 하는 식이다. 막힘없이 술술 답변을 하던 사람도 가격 얘기만 나오면 난감한 표정을 지었다. 하기야 적절한 이익을 남기면서도 가격 저항을 최소화한다는 것은 경영자들에게도 쉬운 문제가 아닌데, 이제 사회에 발을 들여놓는 초년병들에게는 오죽하겠는가.○●

평범한 소변기가 예술 작품으로

1917년 뉴욕, 젊고 실험적인 성향의 작가들의 작품을 전시하는 '앙데팡당 전시회Indépendant'의 주최 측은 출품된 작품 하나를 치워버렸다. 6달러만 내면 누구나 작품을 전시할 수 있는 전시회였기에 이 사건은 예외적인 일로 받아들여졌다. 전시회의 운영위원을 맡고 있던 마르셀 뒤샹Marcel Duchamp이 익명으로 출품한 '샘'이라는 작품이었다.

얼마 안 되는 출품료만 내면 어떤 작품이라도 전시할 수 있는 곳인데, 왜 굳이 철수되어야만 했을까? 현대 미술이 아무리 전위적이라지만 이건 해도 너무 했다는 공감대가 있었기 때문일 것이다. "나도 엄연히 작품이오" 하며 떡 하니 자리를 차지하고 있는 물건은 화장실에 흔히 널려 있는 소변기였다. 심지어 'R. Mutt'라는 이름까지 적혀 있다. 작품을 처음 봤을 때, 작가가 R. Mutt라는 사람인 줄 알았는데, 나중에 알고 보니 당시 뉴욕의 화장실 전문 제조업자였던 리처드 머트Richard Mutt라는 사람의 이름이었다.

이 사건으로 미술계는 발칵 뒤집혔다. 어떻게든 남의 이목을 끌어보겠다는 치기 어린 무명작가의 행동도 아니고, 운영위원까지 맡고 있던 사람이 이런 짓을 했으니 말이다. "남성용 소변기로 예술을 모독했다"는 악평이 쏟아져 나왔다. 결국 이 작품 같지 않은 작품은 전시 기간 내내 관객의 눈에 띄지 않는 곳에 치워져 있어야 했고, 뒤샹은 운영위원직에서 물러나야 했다.

심사가 뒤틀린 뒤샹은 친구들과 함께 미술 전문지《눈먼 사람들The Blind Man》을 창간하고 당시 미술계를 신랄하게 비판했다. 뒤샹의 말인즉, 자기는 '레디메이드ready-made'라는 장르를 만든 것인데, 미술계에서 알아보는 사람이 없다는 항변이었다. 레디메이드란 문자 그대로 기성품, 즉 시중에 이미 존재하고 있는 제품이다. 평범하기 짝이 없는 '소변기'라도 새로운 의미를 부여해주기만 하면 원래의 기능에서 벗어나 예술 작품 '샘'으로 거듭날 수 있다는 것이다. 이제 예술은 더이상 풍경이나 인물을 손으로 재현하는 기술이 아니라는 선언이었다. '샘'을 계기로 이제 예술가의 손을 거쳐 만들어진 작품뿐만 아니라 예술가의 선택이나 우연한 발견과 같은 아이디어도 작품의 영역

일상의 경영학

| 그림 | 마르셀 뒤샹, 〈샘〉(1917년)

에 들어올 수 있게 되었다.[1]

2,000달러짜리 소변기가 36억 원이 된 사연

뒤샹의 주장을 듣고 있자니 이제 '예술'하기 엄청 쉬워졌다. 그냥 변기에게 "오늘부터는 더러운 변이나 받지 마시고 예술 작품으로 거듭 나시죠" 하면 되는 것 아닌가? 궤변으로 들린다. 하지만 지금까지 미술의 역사가 그래 왔다. 미술사를 조금만 되짚어 올라가보면 상식과 전통적인 가치를 뒤엎은 혁신가들을 쉽게 찾을 수 있다. 처음에는 그들 대부분이 사회 부적격자나 괴짜, 혹은 이단아로 취급받았지만 시간이 흐르면서 그들이 내놓은 새로운 세계를 이해하는 사람들이 서서히 생겨났다. 뒤샹 역시 다르지 않았다. 그리고 그를 이해하는 사람이 생겨나면서 첫 번째 변화는 그가 전시한 '작품'의 가격 상승이었다. 1964년 처음 거래된 '샘'의 가격은 2,000달러가 채 되지 않았다(그래도 '소변기'치고는 엄청 비싸다). 이후 작품이 한 번씩 거래될 때마다 값이 오르기 시작하더니 2004년에는 마침내 36억 원을 넘어섰다.

도대체 미술 작품의 가격을 산정하는 근거는 무엇일까? 흔히 드는 기준으로는 작품성, 세계 유명 미술관의 기획전이나 비엔날레 등의 국제전 참가, 세계 주요 미술지의 리뷰 게재 횟수, 유명 미술관의 소장 여부 등이 있다. 재료비도 가격에 영향을 미치는지 작품의 크기도 중요하다고 한다. 요즘은 소비자가 가격을 직접 결정하는 경매도 늘고 있지만, 경매 기준가 역시 앞에서 언급한 기준에서 크게 벗어나지는 않는다고 한다. 하지만 이런 기준을 들이대면서 가격을 합리화하려는 노력을 아무리 해본들, 미술 전문가가 아닌 사람들의 눈에는 소변기 하나가 예술가의 선택을 받았다는 이유만으로 이런 천문학적인 가치를 지닐 수 있다는 사실이 쉽게 받아들여지지 않는다.

납득할 수 있는 가격 책정

예술을 이해하지 못하는 사람이 작품의 가격에 불만이 있다고 한들 화가는 크게 신경 쓰지 않을 것이다. 어차피 작품은 한 점밖에 없

일상의 경영학

으니, 가격을 인정하는 사람 한 명만 있으면 되기 때문이다. 하지만 비즈니스 영역에서는 문제가 달라진다. 기업은 대량의 제품을 다수의 대중에게 판매한다. 만일 소비자들이 기업이 정한 가격을 받아들이지 않는다면 기업의 존립 자체가 불가능할 수도 있다. 특히 가격을 올려야 하는 경우에는 소비자들의 저항이 더욱 심해지기 때문에 보다 세심한 주의를 기울여야 한다.

2013년, 즉석 밥의 가격이 인상되었다. 대표적인 서민 식품인지라, 제조사에서도 10년 동안이나 가격을 올리지 못하고 있었지만 곡물 가격이 치솟아 원가가 계속 올라가자 참다못한 제조사가 가격을 올린 것이다. 밑지는 장사를 할 수는 없는 노릇이기 때문이었다. 그런데 소비자들은 거세게 반발했다. 대기업의 횡포라며 불매 운동을 벌였고, 판매량은 걷잡을 수 없이 떨어졌다. 예상 밖의 사태였다.

이런 경우 제조사는 억울하다. 원가 압력을 버티다 못해 어쩔 수 없이 올린 것인데, 소비자들은 전혀 알아주지 않으니 야속하기만 하다. 하지만 너무 섭섭해할 필요는 없다. 소비자는 제조사의 원가 구조에는 관심이 없다. 제조사로서는 그보다는 소비자 마음속에 있는 가격 지도에서 어떤 자리에 위치할 것인가를 결정하는 것이 더욱 중요하다.

이 장의 도입부에서 예로 든 눈이 좋아지는 알약의 사례 역시 마찬가지다. "알약의 가격을 얼마로 하시겠습니까?"라는 질문에 대한 가장 나쁜 반응은 그동안 연구 개발로 투자한 비용이 얼마인지 묻는 것이다. 좋은 대답을 하기 위해서는 소비자 마음속 지도를 살펴봐야 한다. 이 경우, 알약의 경쟁 품목인 안경, 콘택트렌즈 등이 마음속 지도 위에 찍힐 것이다. 그중 안경을 예로 들어보자. 시력이 안 좋은 사람이 평생 동안 몇 개의 안경을 끼게 되는지, 안경 하나의 단가를 따져보면 평생 동안 안경에 써야 하는 금액이 나올 것이다. 그런데 이 약한 알만 먹으면 귀찮게 안경을 끼지 않아도 되니, 안경 값 총액에 적절한 프리미엄을 붙여도 될 것이다. 프리미엄 금액과 고객의 거부감이 균형을 이루는 점이 알약의 적정한 가격이 될 수 있다. 알약의 원가는 밑지지 않을 최저 금액을 산정하기 위한 것이지, 그 자체가 가격 결정의 근거가 될 수는 없다. 다시 말하지만 소비자들이 관심을 갖는 것은 제조사의 원가 구조가 아니라 자신이 느끼는 가격 대비 효용이다.

가격 인상에서 더 중요하게 생각해야 할 점은 가격표에 적힌 숫자가 달라지는 것이 아니라 소비자 마음속에 그려져 있는 '심리적 가격'이 달라진다는 사실이다. 즉, 우리의 마음속에는 저마다 여러 상품들의 가격이 지도처럼 찍혀 있다. 비누 가격은 이 자리에, 주스 가격은 저기에, 우유 값은 저쪽에 하는 식으로 말이다. 그러던 어느 날, 다른 상품의 가격은 모두 제자리에 있는데 특정한 상품 하나의 가격만 위치를 바꾸게 되면 소비자들은 혼란스럽다. 소비자들이 가격 인상에 분노하는 것은 실제 돈을 더 지불해야 하기 때문이라기보다 심리적 가격 지도가 갑자기 바뀌는 데서 오는 혼란 때문인 경우가 많다. 따라서 가격을 올려야 하는 경우에는 심리적인 혼란을 최소화 해야 한다. 이를 위한 몇 가지 방법을 살펴보도록 하자.

일상의 경영학

기습 인상은 금물

우선 기습 인상은 금물이다. 소비자 마음속 '가격 지도'의 특정한 위치에 자리 잡고 있던 가격이 다른 위치로 옮겨가게 되는 경우에는 반드시 (그럴 만한 사정이 있었다는 점을) 미리 설명해주어야 한다. 소비자들의 반발이 가장 거세지는 경우는 바로 기습적으로 가격을 인상할 때다. 아무런 안내도 없이 지도 속 높은 자리로 슬쩍 옮겨가버리면 소비자는 혼란을 느끼기 때문이다.

2013년에는 커피 프랜차이즈 업체 중 한 곳이 커피 값을 기습적으로 올리는 바람에 소비자들의 따가운 눈총을 받은 적이 있다. 가격 인상 하루 전에 홈페이지에 "커피 값이 인상됩니다"라고 짧게 통보하고 끝낸 것이 화근이었다. 너무 갑작스럽게 가격을 높인 터라 이 사실을 모르는 소비자들이 많았는데, 아무것도 모르는 상태에서 어제보다 많은 돈을 내야 하니 불쾌해진 것이다. 이렇게 은근슬쩍 가격을 인상하다가는 소비자들의 큰 저항을 불러올 수 있다. 따라서 가격을 올리는 경우에는 소비자들에게 미리 알려야 한다.

미국의 유아용품 전문업체인 '에르고베이비Ergobaby'는 가격을 올리기 6주 전에 인상 품목과 날짜를 매장에 공지했다. 더불어 가격을 올릴 수밖에 없는 자세한 이유까지 밝혔다. 원가가 30퍼센트 이상 높아져 가격 인상이 불가피하다는 사과문을 작성한 것이다. 이렇게 미리 공지하니 소비자들은 필요한 물품을 미리 사둘 수 있었고, 비싸질 수밖에 없는 이유도 쉽게 받아들이게 되었다.

충성 고객은 차별 대우가 필요하다

충성도가 높은 고객일수록 가격 인상에 크게 반발한다. 충성 고객이란 마음속 가격 지도에서 특정 상품의 위치가 다른 사람들보다 더욱 진하게 표시된 사람들이다. 기존 가격을 지우는 것이 남들보다 힘들기에 가격 인상에 대한 충격과 배신감도 클 수밖에 없다.

2011년 7월, 미국의 회원제 DVD 대여업체인 넷플릭스는 월 9.99달러에 이용할 수 있던 서비스를 9월부터는 16달러로 올린다고 발표했다. 넷플릭스의 장점은 저렴한 가격에 DVD 대여와 온라인 영화 감상 서비스를 동시에 이용할 수 있다는 점이었으니 가격이 오르자 기존 고객들이 반발한 것은 당연했다. 특히 거래한 기간이 길고 서비스를 자주 이용하던 이른바 충성 고객들의 반발이 가장 심했다. 이들은 각종 온라인 게시판마다 넷플릭스를 비난하는 글을 도배하기 시작했다. 이로 인해 회원 수는 2달 만에 80만 명이나 줄어들었다.

이처럼 충성 고객이 분명하게 드러나는 경우에는 가격 인상에서도 살짝 차별화 포인트를 주는 것이 좋다. 가령, 장기 이용 고객에 대해서는 1년 치를 선불로 결제하면 인상 전의 가격으로 할인해준다는 식의 새로운 옵션을 제시하는 것이다. 이 경우 기존에 충성도가 높던 고객은 '이 회사는 내 로열티를 인정해서 이런 혜택을 주는구나'라고 생각하게 되고, 일반 고객들은 '가격은 올랐지만 조금만 더 열심히 사용하면 나도 할인을 받을 수 있겠구나' 하는 기대를 하게 된다. 일률적으로 가격을 올리는 경우보다 쉽게 고객의 마음을 붙잡을 수 있다.

일상의 경영학

결국 중요한 것은 '정당성'이 아니라 '납득성'이다. 가격을 올릴 때마다 기업들이 단골로 꺼내 드는 핑계는 "원가가 올랐기 때문에 우리도 어쩔 수 없다"는 것이다. 가격 인상에 정당한 사유가 있다는 것이다. 하지만 소비자들은 기업의 원가에 관심이 없다. 관심이 있다 한들 확인할 방법도 없다. 소비자들이 원하는 것은 정말 가격을 꼭 올려야만 했는지 납득할 수 있게 해달라는 것이다.

○● 조그마한 그림 한 점에 수백, 수천만 원을 호가하는 미술품의 가격은 일견 터무니없어 보인다. 작품에 들어간 재료비나 화가가 쏟아부은 노력 등을 아무리 감안해주어도 그렇게 높은 가격은 정당화되지 않기 때문이다. 하지만 구매자가 그 가격을 지불할 의향이 있다면 거래가 이루어지는 데 별 문제가 없다. 이러한 원리는 미술 작품뿐 아니라 비즈니스 재화에도 그대로 적용된다. 기업이 정한 가격을 소비자가 납득하는 것이 가장 중요하다. 그러기 위해서는 충분한 시간을 갖고 소비자들과 소통해야 한다. 회사 입장을 알리는 것보다 소비자의 의견을 듣는 것이 더 중요하다. 소비자들이 가격 결정에 충분히 참여했다고 느끼게 해야 한다. 이와 같이 고객을 납득시키려는 충분한 노력이 전개된다면 가격 인상처럼 어려운 사안도 쉽게 풀어갈 수 있을 것이다. ○●

ART

반 고흐, 벤치마킹의 천재

성공하는 벤치마킹은 따로 있다

○● 학창 시절에는 '엄친아'들이 늘 문제였다. 엄마 친구 아들들은 어쩌면 그렇게 공부도 잘하고, 부모님 말씀까지 잘 듣는지 궁금하기만 했다. 어른이 되어 엄친아 스트레스에서 벗어나나 싶었더니, 더 무서운 사람들이 등장했다. 바로 '아친남', 즉 아내 친구의 남편들이다. 이 사람들은 기본적으로 돈을 무지 잘 번다. 하지만 돈만 잘 번다고 아친남이 되는 것은 아니란다. 성격도 좋아야 하고, 주말에는 애들하고도 잘 놀아줘야 한다. 아내들이 쉴 수 있게 말이다. 한번은 벽에 못을 박다 손을 찧은 적이 있는데, 고통에 겨워 쩔쩔매는 나에게 아내가 핀잔을 준다. "쯧쯧, 친구 남편들은 벽에 못도 잘 박는다던데……."

잘난 사람들 좀 보고 배우라는 말은 집에서나 듣는 얘기인 줄 알았는데,

요즘에는 직장에서도 그런 말을 듣는다. 바로 '벤치마킹'이다. 하지만 '엄친아'를 아무리 따라 해도 성적이 나아지지 않았던 것처럼, 속칭 '잘나간다'는 회사들을 따라 한다고 해서 반드시 성과가 좋아지는 것은 아니다. 미술계에서 잘 알려진 벤치마킹 사례를 하나 살펴본 후, 성공하는 벤치마킹을 위해 챙겨야 할 요건을 알아보도록 하자. ○ ●

한류보다 150년 빨리 시작된 일류, 우키요에

일식집이나 이자카야에는 눈에 띄는 소품이 있으니, 마네키 네코まねきねこ라는 고양이 인형과 '우키요에浮世繪'다. 우키요에는 에도시대 일본에서 시작된 목판화를 말한다. 이발소에 걸려 있는 풍경화가 예술 작품은 아니듯이, 술집 벽에 걸려 있는 우키요에도 예술품은 아니다. 우키요에는 주로 유흥 안내나 관광 정보를 제공하기 위한 용도로 그려졌다. 요즘으로 치면 신문 사이에 끼어 있는 전단지라고 보면 된다. 가끔은 독특한 아이디어나 디자인으로 눈에 띄는 것도 있지만, 전단지가 예술품이 아니듯이 대량으로 찍어내는 우키요에 역시 예술적 가치를 인정받지 못했다.

그런데 우키요에가 우연한 기회에 서양에 알려지게 된다. 명-청 교체기에 중국의 도자기 수출이 주춤하면서 일본 도자기의 유럽 수출이 늘어났다. 도자기를 실어 나르려면 포장지가 필요한 법. 요즘이라면 뽁뽁이 비닐을 사용하겠지만 당시에는 남아도는 우키요에로

도자기를 샀다. 유럽의 도자기 가게에서는 포장지를 뜯어버렸을 터, 아무렇게나 버려진 우키요에가 몇몇 화가들의 눈에 띄었고, 그들은 충격을 받았다. 대담하고 파격적인 구도와 강렬한 색채, 과감하고 단순화된 외관선과 평면적인 디자인. 유럽의 그림에서는 볼 수 없던 것들이었다. 그들은 자신들이 고민하던 새로운 화풍에 우키요에의 기법을 적극적으로 도입했다. 우키요에는 이런 식으로 인상주의라는 미술 유파를 형성하는 데 중요한 구실을 하게 된다.

19세기 후반 서양 미술에 나타난 일본 미술의 영향, 즉 자포니즘 Japonism은 이렇게 시작되었다. 정작 일본에서는 쇠퇴의 길을 걷던 우키요에가 비슷한 시기에 유럽에서는 열광의 대상이 된 사실은 아이

| 그림 | 19세기 일본의 대표적 우키요에 화가 카쓰시카 호쿠사이의 〈가나자와의 해일〉(1831년)

러니지만, 이후 우키요에는 일본을 대표하는 미술 장르로 여겨졌고 일본 미술뿐만 아니라 일본 문화 전체를 대표하는 상징으로 자리매김하게 된다. 특히 인상파 화가들의 우키요에와 자포니즘에 대한 관심은 남달랐다. 그들이 우키요에에 심취했던 이유는 우키요에가 새로운 조형 실험에 필요한 혁신의 실마리를 제공했기 때문이다. 강렬하면서도 순수한 색채, 세부를 생략한 과감한 묘사, 원근법을 무시한 평면성의 강조, 대각선이나 사선 구도 등 서양화에서는 찾아볼 수 없는 일본 판화의 특성이 인상주의 작가들의 창작 혼을 자극한 것이다.

자신만의 화풍을 창조한 고흐

화가 빈센트 반 고흐Vincent van Gogh의 이력을 들여다보면 의문이 생긴다. 고흐는 27세라는 늦은 나이에 그림을 시작해 37세까지 불과 10년 동안 900여 점에 달하는 많은 그림을 남겼다. 화가로 입문하기 전 경력도 유별나다. 영국의 사립학교에서 독일어와 수학을 가르치기도 했고, 네덜란드의 서점에서는 점원으로 일하기도 했다. 신학교를 중퇴하고 벨기에의 탄광촌에서 전도사로 활동하기도 했으나 재계약을 거부당해서 성직자의 꿈을 접기도 했다.

교사, 서점 직원, 선교사 등 다양한 직업을 전전하다가 독학으로 화가의 길에 들어선 고흐는 어떻게 미술사의 거장이 될 수 있었을까? 그 이유는 그가 그 시대 전형적인 그림과 차별화된 자신만의 화풍을 만들어냈기 때문이다. 고흐는 자신이 화가로서 많은 결점을 지

니고 있다는 사실을 알고 있었다. 미술을 정식으로 배우지 못한 데다가 남들보다 한참을 늦게 미술에 입문했다. 그는 자신의 부족함을 타국의 예술을 흡수하는 방식으로 보충했다. 전문적인 미술 교육을 받지 못한 결점은 타 문화를 수용하는 데 오히려 도움이 되었다.

그렇다면 고흐가 받아들인 타문화는 무엇이었을까? 그의 그림 〈별이 빛나는 밤〉에서 확인할 수 있듯이 고흐 표 화풍의 특성은 강렬한 형태와 색채의 왜곡, 그리고 소용돌이치는 붓 터치다. 이중에서도 밝고 선명한 색채, 비대칭의 대담한 구도, 명암을 제거한 평면성의 강

조 등이 바로 우키요에서 가져온 것이다. 그 시절, 화가들은 예술가의 사적인 감정이나 개성을 그림에 표현하는 것보다는 대상을 실제와 흡사하게 그리는 것을 더 중요하게 여겼다. 그러기 위해 물감을 세심하게 혼합하고 부드러운 붓질로 대상을 꼼꼼하게 묘사했다. 하지만 자신 내면에 잠재된 격렬한 감정을 표현할 수 있는 길을 우키요에서 찾아낸 고흐는 개인적인 느낌이나 주관을 표현하는 것에 중점을 두었고, 자신만의 독특한 화풍을 만들어내는 데 성공했다.[2]

이처럼 고흐는 우연히 접한 일본 판화에서 좋은 점을 배웠다. 그리고 이를 자기가 즐겨 쓰던 기법에 녹여 넣었다. 그래서 누가 보더라도 고흐의 그림이라는 것을 바로 느낄 수 있는 자신만의 화풍을 만드는 데 성공했다. 이처럼 다른 사람의 장점을 배워서 활용하는 혁신 방법론을 '벤치마킹'이라고 부른다.

어디 미술계뿐이랴. 경영 컨설팅회사 베인앤컴퍼니Bain & Company가 조사해봤더니, 기업들이 가장 많이 쓰는 경영혁신 방법론이 벤치마킹이었다고 한다. 그런데 가장 만족스럽지 못한 방법론 역시 벤치마킹이었다고 한다. 다시 말하자면, 벤치마킹은 손쉽게 적용해볼 수 있지만 성공하기는 가장 어려운 방법론이라는 것이다. 그렇다면 고흐가 우키요에를 벤치마킹해서 자신만의 독자적인 화풍을 만들어낸 것처럼 성공적인 벤치마킹을 위해 알아야 할 포인트는 무엇일까?

내게 맞는 방식인지가 중요

첫 번째 '아무리 좋은 방식이라도 우리 회사와 맞아야 한다'는 것이다. 잘나가는 회사를 무작정 따라 한다고 해서 성과가 나는 것이 아니라 그 방식이 나와 딱 맞아야 성과를 낼 수 있다는 의미다. 일본에서는 1990년대 장기 불황이 시작되면서 백화점들이 가장 먼저 직격탄을 맞았다. 그런데 '이세탄 isetan'이라는 그리 크지 않은 백화점 한 곳만 독야청청 잘 나갔다. 다른 백화점들은 그 이유가 궁금했다. 유통업체들은 벤치마킹을 하기가 쉽다. 직원들을 보내 쇼핑을 해보게 하면 된다. 그래서 벤치마킹에 나서보니, 역시 잘 나가는 백화점이라 그런지 자기네들과 좀 다르긴 달랐다. 손님이 매장에 들어서면 직원들이 달라붙어 자꾸 꼬치꼬치 질문을 해댄다. "원피스 색상이 마음에 드십니까?" "구매를 안 하는 이유가 가격 때문입니까, 디자인 때문입니까?" "조금 더 밝은 색이었다면 구입하시겠습니까?" 그러고는 자신들의 질문에 손님들이 어떻게 반응했는지를 수첩에 꼼꼼히 메모했다. 그리고 백화점이 폐장한 뒤에는 그 층의 직원들이 모두 모여 그날의 메모를 공유했다. 그러니 어떻겠는가? 다음날이 되면 잘 팔리는 상품 위주로 매장이 싹 바뀌게 된다. 평당 매출이 높아질 수밖에 없다.

"아하! 저게 성공 포인트구나." 다른 백화점들도 매장 직원들에게 당장 수첩을 들게 했다. 그리고 손님들에게 자꾸 질문하고 메모하도록 시켰다. 근데 아무리 닦달을 해도 매출은 제자리걸음일 뿐이었다. "뭔가 노하우가 따로 있을 거야" 하는 생각에 사람을 빼오기도 했다. 그래도 매출은 요지부동이었다. 몇 년의 시행착오를 겪고 나서야 그 이유를 알게 되었다. 이세탄은 작은 규모의 백화점이었다. 2, 3달만 적자가 지속되면 당장 월급이 나올지, 안 나올지를 걱정해야 하는 곳이다. 당연히 직원들은 절박할 수밖에 없었고, 누가 시키지 않아도 자기들끼리 고객 정보를 활용하려고 애를 썼다. 하지만 다른 백화점들은 상황이 달랐다. 대부분 대기업의 계열사들이었기에, 장사가 안된다고 해서 월급 걱정까지 할 상황은 아니었던 것이다. 절박함이 없는 직원들에게 수첩만 들려준다고 해서 그것이 성과로 연결되지는 않았다. 남에게는 성공의 묘약이던 수첩이었지만 내게는 약효가 없었던 것이다.[3]

실패 사례에서도 배워야 한다

두 번째 포인트는 성공만이 아닌 실패에서도 시사점을 찾으라는 것이다. 2000년대에 들어 일본 전자업체들은 전자책 단말기를 줄줄이 출시했다. 당시 일본 전자업체들의 기술력은 세계 최고였다. 첨단 기술력에다 일본 제품 특유의 세련된 디자인이 더해지니 완벽한 제품이 나왔다. 이제 전자책 시장은 모두 일본 기업의 차지일 것 같았다. 하지만 결과는 그리 좋지 않았다. 성능이나 디자인이 나빠서가 아니었다. 바로 '이북e-book', 즉 콘텐츠가 없어서였다. 내용물이 없는데 아무리 단말기가 좋으면 뭐하겠는가? 이유인 즉, 가격이나 여타 공급 조건을 놓고 깐깐하게 구는 온라인 서점들 때문에 콘텐츠를 확보할 수 없었던 것이다. 이러한 실패를 지켜본 미국의 온라인 서점 아마존은 자신들이 직접 전자책 단말기를 만들어야겠다고 결심했다. 전자책 시장에서 성공하기 위해 가장 중요한 요소는 단말기의 품질이나 디자인이 아니라 콘텐츠를 안정적으로 공급할 수 있는 능력이라고 생각했기 때문이다. 그리고 자신들이 유통하는 수많은 도서들을 활용하면 충분히 경쟁력이 있을 것이라고 판단했다. 즉, 일본 가전회사들의 실패를 보면서 자신들의 강점을 활용한 신규 사업의 인사이트를 얻은 것이다. 그들은 보유한 책들을 이북 콘텐츠로 바꾸는 데 전력을 다했고, 이 콘텐츠를 기반으로 한 전자책 단말기 '킨들kindle'을 출시해서 큰 성공을 거두었다.

타 업종에서도 배워야 한다

마지막으로는 동종 업계뿐만 아니라 다른 업종까지도 살펴보라는 것이다. 고흐가 '우키요에'라는 일본 판화의 양식을 차용한 것 역시 이종 벤치마킹의 전형적인 사례다. '유럽'과 '유화'라는 지리적, 양식적 한계 밖에 존재하는 '일본' '판화'의 양식을 벤치마킹함으로써 고흐는 동시대 그림과는 완전히 차별화된 자신만의 고유한 스타일을 만들어낼 수 있었다.

고흐의 성공 방정식은 비즈니스에도 고스란히 적용할 수 있다. 같은 업종에 있는 회사일수록 따라 하기 쉬운 것이 사실이다. 그래서 '어디 한 곳이 잘 나간다' 하면 너나 할 것 없이 따라 하고, 그러다 보면 모두가 비슷해지는 상황이 벌어지곤 한다. 그러니 동종 업계가 아닌 타 업종의 성공 사례를 의식적으로라도 들여다봐야 한다.

2009년 미국병원협의회AAHP에서 선정한 '미국에서 가장 환자 친화적인 병원'은 UCLA 대학병원이다. 하지만 이 병원이 개원할 때부터 환자들의 만족도가 높았던 것은 아니다. 2003년 데이비드 파인버그David T. Feinberg가 CEO로 부임했을 당시만 해도 병원의 교육·연구·임상 부문은 최고 수준이었지만 환자들의 만족도는 바닥이었다. 당시 의사들은 진료에만 신경을 썼을 뿐 "의료비, 식사, 입원 환경 등은 좀 소홀해도 괜찮다"라는 생각을 가지고 있었기 때문이다. 하지만 실제로는 이런 점들이 환자의 체감 만족도와 깊이 관련되어 있는 부분이다. 파인버그는 서비스 부문의 개선이 시급하다고 판단했다.

처음에 파인버그는 서비스가 훌륭한 병원을 벤치마킹하려 했지만 눈에 띄는 병원이 없었다. 그런데 가만히 생각해보니 병원에 입원하는 것은 병원 안에서 끼니를 해결하고 숙박을 해야 한다는 의미가 아닌가? 그는 문득 호텔을 떠올렸다. 이후 그는 좋은 호텔들을 찾아다니면서 호텔이 고객에게 어떤 서비스를 제공하는지 열심히 배웠다. 그러고 나서 거동이 불편한 환자의 발렛파킹 서비스, 병실에서 전화로 음식을 주문할 수 있는 서비스를 도입했다. 호텔의 룸서비스를 벤치마킹한 것이다. 뿐만 아니라 병실까지 직접 주전자를 들고 와서 커피를 따라주고, 식당에는 예쁜 간식도 놓아두었다. 산모에게는 예쁜 축하 카드를 준비했다. 그랬더니 2005년 입원·외래 부문에서 30퍼센트대에 그쳤던 환자 만족도가 2011년에는 95퍼센트까지 뛰어올랐다.

○● 불황이라고 다들 아우성들이지만, 신문에는 잘나가는 회사들이 연일 지면을 메우고 있다. 남의 성공 방식이 곧 검증된 성공 방정식은 아니다. 잘나가는 회사라 해서 무턱대고 따라 하는 '묻지마' 벤치마킹은 성공하지 못한다. 벤치마킹에도 지켜야 할 법칙이 있다. 무작정 따라 하기보다는 정말 우리 회사와 맞는 방식인지 따져보고, 성공 사례보다는 실패 사례에서 인사이트를 얻고, 다른 업종에서는 배울 점은 없는지 살펴야 한다. 정확한 벤치마킹 방법을 지키면서 다른 회사의 장점을 흡수할 때 경쟁자를 확실하게 앞지를 수 있을 것이다. ○●

일상의 경영학

공주의 턱이 긴 이유, 근친혼과 유전병
조직에는 다양한 DNA가 필요하다

○● 영화 '대부'에서 알 파치노가 연기한 마이클 꼴레오네는 가족을 싫어한다. 자신의 집안이 마피아였고, 가족 사업으로 포장된 것이 결국 도박, 매춘, 고리대금업이라는 사실을 알고 식구들을 멀리한 것이다. 그는 집에서 먼 대학에 진학하고, 해군에서 복무하는 등 아버지와는 다른 삶을 살아간다. 하지만 어느 날 아버지가 경쟁 조직의 총격을 받자 그는 완전히 달라진다. 아버지의 뒤를 이어 조직을 물려받은 후, 경쟁 조직의 보스들을 일거에 살해하고 뉴욕의 암흑가를 깨끗하게 정리해버린다. 총이라면 기겁을 하던 범생이였지만, 친형이 조직을 배반하자 가차 없이 죽이는 냉정함을 보여주기도 한다.

그 아버지에 그 아들이랄까? 잔혹한 성격이 너무 닮았다. 성격은 유전되는 것일까, 아니면 가족력일까? 이 경우는 가족력이라고 보는 것이 맞을 것이다. 이를테면 마이클은 범죄 유전자를 타고났다기보다는 범죄를 아무렇지 않게 여기는 주변 환경이 그의 성격에 영향을 끼쳤을 것이다. 이처럼 가족력은 유전적인 요인뿐만 아니라 가족이 공유하는 음식, 생활 습관, 평소의 대화 등 환경적인 요인이 많은 영향을 미친다. 이에 비해 유전은 어떨까? 혈우병이나 다운증후군 같은 유전질환은 유전자를 타고 흐른다. 다른 요소가 개입될 여지가 없다. 피를 속일 수는 없는 것이다.[4] ○ ●

〈시녀들〉에 그려진 턱이 긴 가족

그림의 주인공은 흰 드레스를 입고 있는 소녀다. 창백한 얼굴과 어깨까지 오는 금발머리를 늘어뜨린 이 소녀는 마르가리타 공주다. 펠리페 4세와 그의 두 번째 부인인 마리아나 사이에 태어난 딸로서, 훗날 신성로마제국의 황제와 결혼하지만 21세의 나이에 세상을 떠나는 불운한 황녀이기도 하다.

공주 옆에는 시녀가 있게 마련이다. 공주 왼편에서 무언가를 건네주는 여자와 정면을 바라보는 소녀는 궁정에서 일하는 시녀들이다. 제일 오른편에 키는 작지만 왠지 나이 들어 보이는 얼굴을 한 여자와 개 등에 발을 올리고 있는 아이는 궁정의 어릿광대다. 당시 궁에서는 난쟁이를 어릿광대로 쓰는 일이 많았다. 화면 오른쪽 더 깊숙한 곳에서 이야기하고 있는 남녀, 그리고 가장 먼 곳 계단에 발을 올려놓고

일상의 경영학

| 그림 | 디에고 벨라스케스, 〈시녀들〉(1656년)

있는 사람 역시 궁정에서 일하고 있는 이들이다.

언뜻 보면 공주를 모시는 시녀들과 여러 인물들을 그린 그림으로 보인다. 그런데 왼편으로는 캔버스의 뒷면이 보이고 그 앞에는 화가가 우리를 응시하고 있는 것이 왠지 그림과는 잘 안 어울린다. 뿐만 아니라 공주와 시종들이 있는 공간의 끝 벽에는 흐릿해 보이는 액자 속에 두 인물이 있는데, 거울에 비친 왕과 왕비다.

뒤죽박죽으로 보이는 상황을 재구성해보자. 왕과 왕비가 초상화의 모델이 되기 위해 서 있고, 화가는 캔버스 뒤에서 그들을 그리고 있는 중이다. 같은 자세로 장시간 있어야 하는 왕과 왕비의 피곤함을 풀어주기 위해 궁정의 어릿광대와 개까지 대기하고 있다. 그때 마르가리타 공주가 시녀들을 이끌고 방에 찾아왔다. 우리가 보고 있는 것은 바로 엄마, 아빠에게 인사하려는 공주의 모습이며, 그림을 바라보고 있는 우리가 위치한 곳이 바로 왕과 왕비가 서 있는 그 자리다.

스페인의 수도 마드리드에 있는 프라도 미술관에 가서 이 그림 앞에 섰을 때, 적잖게 놀랐다. 3미터가 넘는 그림을 직접 마주하니 삽화에서는 안 보였던 것들이 보였다. 벽 한 면을 다 차지하는 큰 그림이 주는 원근감 때문에 마치 시녀들 뒤로 실제 공간이 있는 듯한 느낌이라든지, 개털 한 올까지도 정교하게 묘사해 놓은 화가의 붓놀림 등등이 눈에 들어왔다.

반면에 어색하고 부자연스러운 점도 있었다. 작은 도판으로 볼 때는 몰랐는데, 거울 속 왕의 얼굴이 너무 길었다. 요즘에야 생긴 대로 정확하게 그리는 것이 초상화가들의 미덕이지만, 당시 초상화가들은 대상을 정확하게 묘사하지 않았다. 특히 왕이나 왕비를 그려야 하는 궁정의 초상화가는 실물보다 보기 좋도록 적당히 보정해주는 것이 관례였다. 요즘 디지털 카메라로 사진을 찍으면 으레 포토샵을 하는 것처럼 말이다. 벨라스케스 역시 보이는 얼굴을 그대로 그리지는 않았을 것이다. 그럼에도 불구하고 부자연스럽게 보일 정도라면 실제로는 상당히 주걱턱이었으리라.

| 그림 | 디에고 벨라스케스, 〈사냥복을 입은 필리페 4세〉(1635년)

스페인 왕가의 유전병

유럽의 왕족 가문인 합스부르크가 사람들은 가문의 권력을 유지하기 위한 방편으로 근친혼을 계속했다. 그 결과, 혈통의 순수성은 지킬 수 있었으나 나쁜 유전 인자가 계속 나타나게 되었으니 바로 턱과 아랫입술이 튀어나오는 병이다. 합스부르크 립Hapsburg Lip이라고 불린 이 병은 합스부르크 가문의 유전병으로 몇 대가 지나도록 없어지지 않았다. 합스부르크 왕족들은 이 질환으로 인해 음식을 잘 씹지못해 위장 장애에 시달렸고, 심지어는 의사소통에까지 문제가 되는 경우도 많았다. 스페인 왕가 역시는 그 당시 유럽을 지배하던 합스부르크 가문의 일원이었다.

앞의 그림은 펠리페 4세의 모습이다. 긴 턱이 확실히 두드러져 보인다. 안타깝게도 양악 수술이 없던 시절인지라, 펠리페 4세 역시 턱 때문에 고생이 심했다. 입이 다물어지지 않아 침을 계속 흘렸으며, 음식을 제대로 씹지 못해 몸도 허약했다. 그렇게 영양 부족과 소화 장애로 고생하다 43세라는 이른 나이에 세상을 떠났다.

생전에 펠리페 4세는 누이인 마리아 안나를 끔찍이 사랑했다. 여동생으로서가 아니라 이성으로. 하지만 누이는 신성로마제국으로 시집을 가야 했고, 자신도 프랑스 부르봉 가문의 왕녀 이사벨과 결혼했다. 이사벨은 여덟 명의 자식을 낳았으나 결국 난산으로 사망하고 말았다. 슬픔에 빠져 있던 펠리페 4세는 두 번째 부인을 맞이하게 되는데, 사랑하던 누이의 딸 그러니까 자신의 조카인 마리아나였다. 막장도 이런 막장이 없다. 마리아나와의 사이에서 낳은 딸이자 '시녀들'의 주인공인 마르가리타 공주 역시 나이가 들어감에 따라 턱이 점점 길어졌다.

근친 간 결혼에서 같은 유전 질환이 계속 발생하는 이유는 결함이 있는 유전자끼리 계속 만나기 때문이다. 비록 나쁜 유전자가 있다 할지라도 다른 유전자들과 결합하면 그 농도가 묽어지지만, 비슷한 유전자끼리만 섞이다 보니 나쁜 유전 형질이 계속 나타나는 것이다.

근친혼의 위험성은 기업 내 조직 구성에도 시사점을 준다. 다양한 '이종'이 섞이지 않은 '근친' 조직은 단결이 잘 되고 일사불란하다는 장점이 있다. 그러나 문제는 기업을 둘러싸고 있는 외부 환경이 점점 더 빠르게 변화하고 있다는 점이다. 예측하지 못했던 변화에 빠르게 대응하기 위해서는 다양한 아이디어와 기존 상식을 깨는 생각의 전환이 필요한데, 유사한 경험과 배경, 지식을 공유하는 사람들만으로는 그런 과감한 혁신이 불가능하다. 생각하는 것이나 일하는 방식이 서로 비슷하기 때문이다. 이런 조직으로는 환경 변화에 발 빠르게 대응할 수 없다. 다양성이 조직을 구성하는 데 있어서 중요한 변수로 떠오르고 있는 이유다. 하지만 무턱대고 여러 부류의 사람들을 모아 놓는다고 해서 다양성에 따른 성과가 나오는 것은 아니다. 다양성이 성과로 이어지기 위해서는 어떤 점을 유의해야 하는지 알아보도록 하자.

다양성에 대한 흔한 오해

정부 개각 때마다 들려오는 소식이 있다. 이번 개각에는 호남 출신의 장관이 몇 명이라더라, 총리는 어디 지역 출신이더라 하는 이야기다. 강원도·제주도·충청도 출신이 각료 명단에 들어 있는 경우, 이번 인사는 다양한 출신지 인물들이 골고루 발탁된 좋은 개각이라는 평을 듣기도 한다. 그런데 이렇듯 여러 지역 출신들을 골고루 뽑으면 무조건 좋은 것일까?

우리는 여러 부류의 사람이 골고루 섞여 있으면, 다양한 인적 구성을 갖춘 좋은 조직이라고 여기는 경향이 있다. 물론 일부 소외된 지역의 인사들이 고위직에 임명되는 것은 바람직할 수도 있다. 특정 지역이 배제되면 그 지역민들이 소외감을 느낄 수 있기 때문이다. 그러나 이것은 정치적 고려에 따른 인사이지 다양성과는 관련이 없다. 인적 구성의 다변화가 조직의 효율성을 높이는 데 별다른 기여를 하지 못하기 때문이다. 다양성에 대한 오해 중 하나가 여러 부류 사람들이 골고루 잘 섞여 있으면 조직이 다양화되었다고 생각하는 것이다.

같은 부류로 구성된 조직은 획일화되고 경직되기 쉽다. 또한 외부환경의 변화에 유연하게 적응하지 못한다. 이를 막기 위해 회사에서는 조직 구성원의 동종성과 균일성을 낮추고, 다양성은 높이기 위해 이질적인 구성원의 비중을 의도적으로 늘리게 된다. 하지만 우리가 일하는 회사를 한번 생각해 보자. 다양화를 위한 여러 노력들에도 불구하고 20~40대의 남성들이 절대적인 대다수를 차지하고 있다. 직급이 올라갈수록 일부 대학 졸업자들이나 특정 지역 출신들의 비중이 급격하게 높아지기도 한다. 하지만 유사한 백그라운드와 경험을 갖춘 비슷한 나이 대의 한국 남성들이라는 사실에는 변함이 없다. 근본적인 한계가 있는 것이다. 이를 탈피하기 위해서는 여성과 외국인의 비중이 높아져야 한다. 실버 인력을 활용하려는 노력도 보다 적극적으로 이루어져야 한다.

조직의 핵심역량으로 작동하는 다양성

다양성을 높이는 것은 조직의 성과를 높이기 위해서이지 '우리 회

사는 여성과 실버 인력 고용에도 신경을 쓰는 좋은 회사입니다' 하고
보여주기 위해서가 아니다. 다양성이 성과로 이어지기 위해서는 그
것이 조직의 핵심역량으로 작동할 수 있어야 한다. 핵심역량이란 우
리 회사만이 갖고 있는 고유하고 독자적인 능력을 말하는데, 조직 내
부의 기술이나 단순한 기능을 뛰어넘는 노하우를 포함한 종합적인
능력으로서, 기업 경쟁력의 원천이 되는 역량이다. 쉽게 말하면 남보
다 잘하는 우리 회사만의 역량이고, 성과를 내기 위해 반드시 갖추어
야 할 능력이기도 하다. 핵심역량으로 이어지는 다양성은 고객과의
관계를 돈독하게 만들고 수익을 내는 데 기여한다.

이와 관련된 사례를 들어보자. 생활 기업 CJ에서는 리턴십Returnship
프로그램을 운영하고 있다. '리턴십'은 '인턴십'을 흉내낸 조어다. '다
시 돌아온 사람들'이라는 의미다. 결혼이나 육아 때문에 2년 이상 직
장을 떠나 있던 여성들이 회사의 다양한 직무에서 6주간 인턴으로
근무하는 것이다. 이를 통해 현장에서 본인의 전문성을 발휘하고, 입
사 기회를 얻는 프로그램이다. 물론 여성만 지원 가능하고, 각자의
가정환경을 고려해 파트타임과 풀타임 두 가지로 운영된다. 그런데
이런 경우엔 파트타임이 풀타임화되는 경우가 자주 발생한다. 하던
일을 끝마치지 않고 퇴근하려면 회사의 눈치가 보이기 때문이다. 이
래서는 제도가 정착될 수 없다. CJ는 정확한 출퇴근을 보장하기 위해
새로운 제도까지 도입했다. 리턴십 직원에게 초과 근무를 5회 이상
시킨 상사에게는 연말 평가에서 불이익을 주는 제도를 만든 것이다.

경력 사원이 필요하면 그냥 뽑으면 되지 CJ는 왜 이런 제도를 만들

었을까? CJ의 주요 계열사를 살펴보자. CJ제일제당, CJ푸드빌, CGV, CJ에듀케이션즈, CJ오쇼핑 등 대부분이 실생활과 밀접하게 관련된 회사들이다. 가장 큰 소비자들은 이른바 '엄마'들이다 보니, 고객을 가장 잘 이해하는 '엄마'가 회사에 있어야 한다. 그런데 결혼이나 출산과 함께 여성들이 회사를 떠나다 보니 회사에 엄마가 남아 있지 않았던 것이다. 리턴십 프로그램은 철저하게 조직의 핵심역량을 보완하는 방편으로 설계된 것이고, 이렇게 만들어진 프로그램들은 성과를 내며 오래 지속될 수 있었다.[5]

'보여주기'식 다양성은 위험하다

핵심역량을 보완하는 정도까지는 아니더라도 운영 효율성을 높이는 데에도 다양성이 이바지할 수 있다. 사례를 들어보자. 최근 재건축되거나 신축되는 아파트는 안전을 이유로 화물차가 들어갈 수 없게 만들어지는 경우가 많다. 그런데 이런 아파트로 인해 택배사의 고충이 많았다. 택배원이 아파트 입구에 택배 차량을 세워놓고 손수레를 사용해 택배를 옮겨야 하다 보니 배송 효율이 떨어지기 때문이다. 상황이 이렇게 되자 택배업이 힘든 일로 여겨지게 되고 젊은 배송 인력을 충원하기도 녹록치 않았다. 그러자 대한통운은 이렇게 차량 접근성이 떨어지는 곳을 시니어 택배의 거점으로 삼고 실버 택배를 시작했다. 물론 처음부터 쉽지는 않았다. 의욕적인 시니어 인력을 모집하는 게 쉽지 않았고, 모집하더라도 별도로 교육을 해야 했다.

하지만 결국 대한통운은 아파트 단지나 전통 시장의 물류 효율을 크게 높이는 데 성공했다. 시니어 인력 네 명이 기존 택배기사 한 명 몫을 하는 것이지만 배송 효율과 고객 만족도를 생각하면 결코 손해가 아니었다. 시니어 인력의 이직률이 낮기 때문에 재교육에 드는 비용도 줄었기 때문이다. 실버 택배를 통해 회사의 핵심 역량이 강화되었다고 보기는 어렵지만 운영의 효율성은 확실히 높아졌다.[6]

가장 안 좋은 것은 CSR기업의 사회적 공헌, Corporate Social Responsibility을 가장한 어설픈 '보여주기'식 다양성이다. 경력 단절 여성을 채용했다가 몇 달도 안 되어 계약을 종료한다거나 시니어 인력을 뽑아놓고 발령하지 않는 상황이 종종 벌어진다. 새로운 인력을 어떻게 활용할지 현업 부서에서 충분한 고민을 거치지 않은 상태에서 인사 부서가 어설픈 CSR을 기업 홍보라는 빌미로 밀어붙였기 때문이다.

○● 순혈주의는 위험하다. 유사한 DNA끼리 섞이다 보면 열성 인자가 증폭될 수 있기 때문이다. 조직에서도 마찬가지다. 생각의 DNA가 비슷한 사람들로서는 갑작스런 환경 변화에 대응하기 어렵기 때문이다. 그래서 조직의 다양성을 높이려는 시도는 바람직하다. 하지만 명심해야 할 것이, 다양성은 조직의 핵심역량으로 작용할 때 의미가 있다는 사실이다. 핵심 역량으로 작용하지 못한다면 최소한 운영 효율을 높이는 데라도 기여해야 한다. 단순한 섞어놓기식의 다양성은 성과로 이어지지 않는다. ○●

세잔, 고전주의와 인상주의를 잇다
모순되는 두 전략을 모두 사용하기

○● 메이저리그에 진출한 류현진 선수는 체인지업으로 톡톡히 재미를 봤다. 그런데 시즌 막바지에 이르자 눈썰미 좋은 타자들이 체인지업을 때려내기 시작했다. 많은 사람들이 '내년에는 올해만큼 잘 던지긴 힘들겠구나'라는 생각했지만, 이듬해에도 성적이 좋았다. 새롭게 습득한 슬라이더 덕분이란다. 체인지업은 직구와 같은 투구 폼에서 시작한다. 타자들은 직구로 판단하고 배트를 휘두르지만 직구에 비해 공의 속도가 10~20킬로미터 정도 느리다. 타자 앞까지 와서 갑자기 뚝 떨어지기도 한다. 타자는 빠른 공이 들어올 줄 알고 잔뜩 힘을 주고 스윙을 하지만 공은 맥없이 천천히 들어온다. 타이밍을 맞출 수가 없다. 반면에 슬라이더는 옆으로 꺾여나간다. 타자 앞까지 멀쩡하게 들어오다 갑자기 바깥으로 확 도망쳐나간

다. 방망이가 따라갈 수 없다.

류현진이 대단한 선수라는 것은 체인지업과 슬라이더가 서로 상극인 구종이기 때문이다. 직구와 같은 폼으로 던져야 하는 체인지업은 공을 놓는 포인트를 높게 가져가야 하고, 좌우 변화가 중요한 슬라이더는 아무래도 팔의 높이가 낮을 수밖에 없다. 두 구질을 던질 때 사용되는 근육도 다르거니와 의식적으로 팔의 높낮이를 바꿔야 하기 때문에 정상급 투수라 할지라도 두 구종을 모두 잘 던지기는 어렵다. 메이저리그 최강의 슬라이더 투수로서 2014년 사이영 상을 수상한 LA다저스의 클레이튼 커쇼 Clayton Kershaw도 체인지업은 던지지 못한다. 그래서일까? 슬라이더를 장착한 2014년 류현진 역시 시즌 초반에는 체인지업이 밋밋해졌고, 후반에는 체인지업을 살리기 위해 노력하면서 슬라이더가 무뎌지는 모습을 보였다. 하기야 어디 야구뿐이겠는가. 예술이건 비즈니스건 마찬가지다. 서로 모순되는 분야를 모두 잘 한다는 건 쉽지 않은 노릇이다. ○ ●

고전주의와 인상주의의 결합

폴 세잔 Paul Cézanne은 같은 대상도 수백 번 반복해서 그렸다. 그는 정물화를 유난히 좋아했다. 사과나 와인 병 같은 정물은 아무리 오랫동안 작업을 해도 사람처럼 힘들어하지 않았기 때문이다. 그는 모델들에게도 정물처럼 완벽하게 정지된 채로 앉아 있기를 요구했다. 유명한 화상인 앙브루아즈 볼라르 Ambroise Vollard의 초상화를 그릴 때였다.

세잔은 이른 새벽부터 볼라르를 불러내 자정까지 조금의 휴식도 없이 앉아 있으라고 강요했다. 하루는 볼라르가 졸다가 바닥에 넘어졌다. 미안할 법도 한데 세잔은 퉁명스럽게 말했다. "사과가 움직이는 것 봤어?" 그 후 볼라르는 의자에 앉기 전에 엄청난 양의 커피부터 마셨다. 계속되는 '사과' 노릇에 진이 빠진 볼라르는 초상화에서 색칠하지 않은 부분을 발견했는데, 바로 손이었다. 볼라르가 이유를 묻자 세잔이 대답했다. "그 부분을 채울 수 있는 적절한 색을 아직 찾지 못했어. 만일 신중하게 생각하지 않고 칠했다가는 다른 부분의 색까지 전부 바꿔야 할지도 모르거든." 작은 부분일지라도 깊이 연구하지 않고 색을 썼다가는 전체적인 색채의 조화가 깨져 작업을 처음부터 다시 해야 한다는 뜻이었다.[7]

세잔은 왜 그렇게까지 완벽을 추구했을까? 어쩌면 세잔은 이룰 수 없는 목표를 추구한 것인지도 모른다. 그는 '고전주의'와 '인상주의'의 대립을 극복하려 했다. 고전주의란 무엇인가? 계몽사상의 영향을 받은 양식으로, 엄격하고 균형 잡힌 구도와 명확한 윤곽, 사물의 입체적 형상을 정확하게 표현하는 것을 목표로 한다. 대상이 가진 뚜렷한 형상과 고유한 색깔을 그림 속에서 잡아내야 한다.

이에 비해 인상주의자들은 사물의 고유한 색과 실제 우리가 보는 색채가 다르다고 여긴다. 흔히 사과가 빨갛다고 하는 것은 특정한 시간과 공간을 전제하지 않은 사과의 일반적인 색이다. 하지만 우리가 보고 있는 사과의 색깔은 지금 이 순간 사과에 떨어지는 특정한 빛이 만들어낸 것이다. 인상주의자들은 사물이 아니라 바로 이 순간 대

일상의 경영학

| 그림 | 클로드 모네, 〈루앙 대성당 연작〉(1894년)

상에 떨어지는 빛을 그려내려고 했다. 심지어 클로드 모네Claude Monet
는 같은 대상을 빛이 다른 조건에서 여러 번 그리기도 했다. 동틀 무
렵에 한 번, 점심 먹고 와서 한 번, 그리고 잠들기 전에 또 한 번. 모네
가 의도한 것은 빛과 빛 사이, 순간과 순간 사이의 경계를 비집고 들
어가서 거기에서 새로운 빛과 공간을 구축하고자 한 것이었으리라.
하지만 그 결과는 어떠했을까? 성당의 원래 모습은 사라지고 햇빛에
따라 시시각각 달라지는 표면만 남았다. 빛은 사물에 차별을 두지 않
기에 대상과 배경을 구분해주던 윤곽선도 사라져버렸다. 성당은 견
고한 형태를 잃어버리고 마치 물 위에 떠있는 그림자처럼 흐물흐물
해져 보인다.

　한때 인상주의자로 불리던 세잔은 다시 고전주의로 돌아가고자
했다. 단, 고전주의로 돌아가되 인상주의가 거둔 성과를 놓치고 싶지
는 않았다. 그런데 그렇게 하려면 사물이 가진 원래의 실체감을 돌려

쥐야 했다. 즉, 인상주의의 빛나는 표면은 포기하지 않으면서 흐물거리는 성당에 다시 견고한 물성을 되돌려주려 한 것이다. 여기서 그의 모순이 시작된다. 도대체 어떻게 고전주의와 인상주의라는 정반대되는 생각을 하나로 결합할 수 있단 말인가?

모순의 해결을 통해 완성한 세잔의 화풍

최근의 연구 성과에 따르면 우리의 눈은 그리 믿을만한 기관이 아니다. 우리의 눈이 받아들이는 시각적인 정보들은 산만하고 혼란스럽다. 우리는 원근법이 절대적이라고 믿지만, 실제 우리의 눈이 받아들이는 단편적인 시각 정보는 잘 그려진 그림 속의 원근법처럼 질서정연하지 않다. 세잔은 그런 어지러운 정보들에 질서를 부여하고 일관되게 통합할 수만 있다면 인상주의의 성취를 잃지 않으면서도 고전주의가 추구하는 견고한 물성을 지켜낼 수 있다고 생각했다.

이를 위해 세잔은 사물을 구나 원뿔과 같은 단순한 기하학적 모양으로 바꾸고, 그림 속에서 이 조각들을 하나로 짜 맞추려고 했다. 마치 모자이크 퍼즐을 맞추듯이 말이다. 같은 대상을 수백 번 넘게 그렸던 이유도 여기에 있었다. 그가 1880년 이후 그린 그림 속의 모든 세부 묘사는 대개 이러한 모자이크 구조를 보여준다. 그림은 세잔의 가장 유명한 작품 중 하나인 '생트 빅투아르 산'이다. 그는 여러 개의 단순한 기하학적 모양들을 쌓음으로써 화면 전체를 모자이크처럼 구성하고 있다.

그림을 보자. 산과 들판이 갖는 물성을 견고하게 유지하면서도 인상주의의 특징인 빛나는 표면이 반짝반짝 살아 있다. 세잔 이후 여러 화가들이 세잔의 이런 시도에서 많은 영감을 얻었다. 세잔이 원기둥, 구, 원뿔로 단순화한 자연의 기본적인 형태는 피카소 같은 화가에게로 넘어가 입체파로 발전했고, 그가 즐겨 사용하던 색채와 붓 터치로 입체감과 원근법을 나타내는 기법은 야수파 화가들에 의해 계승되었다.[8]

세잔은 인상주의와 고전주의라는 서로 양립하기 불가능한 두 유파의 장점만을 취해 자신의 화풍을 완성했다. 불가능해 보이는 것을 가능으로 만들어가는 고통 속에서 그는 자신만의 차별점을 만들어냈다. 사람들은 하나를 얻기 위해 다른 하나를 포기해야 한다고 여긴다. 이는 미술뿐만 아니라 다른 분야에서도 마찬가지다. 경영 전략의

대가인 마이클 포터 Michael Porter 교수는 전략은 선택 trade-off 이며, 하지 않을 일을 선택하는 것이라고 했다. 원가를 절감해서 확실한 저가 정책을 구사하든지, 부가가치를 높이는 차별화 전략으로 가야 한다는 것이다.

이처럼 사람들이 하나를 갖기 위해서 당연히 다른 하나를 포기해야 한다고 여길 때, 둘 모두를 성취하려는 혁신가들도 있게 마련이다. 스포츠나 예술 분야에서도 있었고, 비즈니스에서도 마찬가지였다. 그리고 그렇게 모순된 두 가지를 마침내 이루어낸 사람들은 남들과는 확연히 구별되는 그들만의 경쟁력을 갖게 되었다. 그렇다면 기업이 모순되는 전략을 동시에 추구하기 위해서는 무엇을 챙겨야 하는지 알아보자.[9]

기업이 당면하고 있는 모순, '탐구'와 '활용'

기업을 법인이라고 한다. '법적인 사람'이라는 의미다. 가끔은 법'인'이 진짜 '사람' 같을 때가 있다. 예컨대 오른손잡이가 왼손으로 밥을 먹으려면 불편한 것처럼, 일단 어느 한쪽에 익숙해지면 다른 쪽을 사용하는 게 잘 안 되는데, 이는 회사도 마찬가지다. 군이 비유를 하자면 회사의 행동도 오른손 행동, 왼손 행동으로 나눌 수 있다. 오른손 행동은 이미 가지고 있던 전략, 시스템, 기술, 지식, 문화 등 기존 역량을 '활용 exploitation'하는 것이다. 현재 수행 중인 사업의 매출을 확대하고 효율을 높이기 위한 여러 활동들을 떠올려보면 된다. 그에 비해 왼손 행동은 보유하고 있지 않던 새로운 역량을 찾는 '탐구exploration' 활동이다. 신사업을 추진하는 것이 좋은 예이다.

기존 역량의 '활용'에서 핵심이 되는 것은 효율을 높이고 리스크를 줄이는 것이다. 반면에 새로운 영역의 '탐구'에서 핵심이 되는 것은 창조적인 사고와 과감한 리스크 감수다. 문제는 이 두 가지 행동이 전혀 다른 역량에 기반을 두고 있다는 것이다. 그래서 두 가지 모두를 잘 하기란 몹시 힘든 일이다. 마치 오른손잡이가 왼손으로 글을 쓰는 것과도 같다. 경영학에서는 이를 '탐구와 활용exploration & exploitation 패러독스'라고 한다.

정반대되는 이 두 가지 행동 유형 사이에서 딜레마에 빠질 경우, 기업은 어느 쪽으로 선택할까? 대다수 사람들이 오른손에 익숙하듯이, 기업 역시 기존 역량을 활용하는 방향으로 가게 된다. 당연한 일이다. 새로운 사업 분야나 전략, 시스템, 기술 등에 대한 모험적 '탐구'는 불확실성과 실패 리스크가 높기 때문이다. 설사 성공한다 하더라도 수익으로 연결되는 데에는 오랜 시간이 필요하다. 반면 이미 지니고 있는 역량을 반복적으로 사용하고 점진적으로 개선하는 '활용'은 불확실성과 실패 확률이 낮고, 성과도 바로 나타나기 마련이다. 따라서 대부분의 회사들은 현재 잘하고 있는 역량을 효율적으로 활용해 눈앞의 단기 성과와 기존 사업의 수익을 극대화하는 데에 몰두하게 된다.[10]

문제는 '활용'만 반복하다 보면 치명적인 위험에 노출된다는 점이다. 기존의 성공 방식을 계속해서 활용하다 보면 다른 대안이나 가능성은 자꾸 무시하게 되기 때문이다. 그러다 갑자기 경영 여건이 달라지기라도 하면 기존 게임의 규칙은 더 이상 유효하지 않게 된다. 이제 익숙한 오른손만 사용하던 기업들은 점점 설 자리를 잃어가고, 왼손을 잘 쓰는 혁신 기업들이 전통적인 강자를 무너뜨리고 있다. 세계적인 경영 사상가인 게리 하멜Gary Hamel은 이런 현상에 주목하여 "21세기에는 끊임없는 창조적 혁신이 기업의 생존을 위한 필수조건이 되고 있다"고 강조한다. 세잔이 인상주의가 이루어낸 성과를 놓치지 않으면서 고전주의의 장점까지 확보하려 했던 것처럼 기존에 잘하고 있는 '운영 효율성'은 그대로 유지하되 익숙하지 않은 '창조적 혁신'까지도 잘해내야 하는 것이다.

혁신을 위한 양손잡이 조직을 구축하라

이를 위해서는 '양손잡이 조직Ambidextrous organization'의 도입을 적극 고려해야 한다. 언뜻 모순처럼 보이지만, 양손잡이 조직이란 오른손잡이 조직으로서의 장점, 즉 기존 사업에서의 운영 효율성은 그대로 유지하되 지금까지 해보지 않았던 왼손잡이 조직의 특징, 즉 기술이나 디자인, 비즈니스 모델 등에서의 '창조적 혁신'까지 동시에 수행할 수 있는 조직을 말한다. 하지만 오른손잡이에게 왼손을 쓰라고 강요한다고 해서 금방 되는 것이 아니듯 기존 역량의 '활용'에 익숙한 기업에게 창조적 혁신을 요구해봤자 대부분 실패로 끝나기 십상이다. 따라서 처음부터 양손잡이 조직을 전체 조직에 적용하기보다는

일상의 경영학

새롭게 구성되는 신사업 조직에 먼저 적용해보고 전체 조직으로 확대시켜나가는 방법이 바람직하다.[11]

그렇다면 새롭게 갖춰지는 왼손잡이 조직은 어떤 요건을 갖추고 있어야 할까? 가장 먼저 챙겨야 할 것은 실패를 용인하고 실패로부터 학습을 권장하는 조직 문화다. 창조적 혁신은 큰 도전이며 시간도 오래 걸리는 경우가 보통인데, 그 과정에서 실패를 거듭할 확률이 높기 때문이다. 예를 들어보자. 미국 샌프란시스코의 금문교를 보수하는 공사 현장에서 인부들이 다리에서 떨어지는 사고가 자주 발생했다. 빈번한 안전사고 때문에 고민이 깊어지던 건설회사는 인부들이 작업하는 현장 아래쪽에 안전그물을 설치했다. 아이러니하게도 그물을 쳐놓고 나니 다리에서 떨어지는 사람이 없어졌다고 한다. '떨어져도 괜찮아' 하는 마음을 가지게 되자 심리적인 안정감을 얻고 일에만 몰두할 수 있었다는 것이다. 오른손잡이 조직에서 흔히 그렇듯이 과정상 최선을 다했는데 결과적으로 실패했다고 해서 문책하는 분위기라면 그 누구도 왼손잡이 조직에서 일하려고 하지 않을 것이다.

또한 왼손잡이 조직에는 기존 조직에 적용되는 평가, 보상 시스템과는 다른, 별도의 시스템을 도입해야 한다. 왼손잡이 조직에서 추구하는 창조적 혁신이 성과로 이어지기까지는 장시간에 걸친 투자와 노력이 필요하기 때문이다. 예를 들어보자. 신규 사업은 그 특성상 시작하자마자 바로 수익을 내는 경우가 드물고, 따라서 우수한 인재를 확보하기 힘들다. 이런 경우에는 마일스톤milestone 방식의 보상을 고려해볼 수 있다. 연구개발이나 고객 확보 등 수익과는 무관한 중요한 단계를 정해두고 보상을 하는 것이다. 미국의 전자 장비 제조업체인 테크트로닉스Tektronix는 신규 사업을 시작할 때, 생산수율, 거래처 확보 건수 같은 마일스톤을 정해놓고 각 단계를 달성할 때마다 인센티브를 지급했다. 신규 사업의 경우에는 초기에 수익이 나지 않는 경우가 많다 보니 사업 초기 5~7년 동안은 매출로 성과를 평가하지 않음으로써 우수한 직원들을 왼손잡이 조직으로 끌어들일 수 있었던 것이다.[12]

○● 경영 환경이 근본적으로 바뀌었다. 점진적인 개선만큼이나 창조와 혁신, 그리고 경쟁자보다 빠른 속도가 중요해졌다. 이런 새로운 환경에서는 과거에 존재하지 않았던 새로운 상품이나 기술, 비즈니스 모델을 끊임없이 만들어내는 창조적 혁신 역량이 경쟁에서 이길 수 있는 원천이 된다. 이제 경영자들은 기존 역량을 활용하는 오른손 조직과 신성장 동력을 빨리 만들어낼 수 있는 왼손 조직을 모두 잘 쓸 줄 알아야 한다. 야구 선수가 살아남기 위해서는 체인지업과 슬라이더를 모두 던질 줄 알아야 하는 것처럼 말이다. ○●

일상의 경영학

ART

모나리자가 도둑 때문에 유명해졌다고?
성공의 우상화를 경계하라

○● "다음 전시실로 들어가려고 왼쪽으로 방향을 바꿨는데, 앞에 모나리
자가 떡 하니 걸려 있는 거야. 그때 느낀 감동과 설렘은 지금도 잊히지 않
아. 마음까지 깨끗해지는 것 같더라니까. 명불허전이라더니. 괜히 유명한
그림이 된 게 아니야."

루브르에 다녀온 친구의 말마따나 모나리자는 더 이상 설명이 필요 없을
정도로 유명한 그림이다. 매년 그곳을 찾아오는 600만 관람객 중 대략 80
퍼센트는 모나리자를 보기 위해 방문하는 것으로 루브르 관계자들은 추
정하고 있다. 루브르에서는 모나리자에 들어둔 보험 가격이 무려 7억 달
러나 나가는데, 보험에 든 모든 미술품의 보험금을 다 합친 것보다 많은
액수라 한다. 모나리자는 '대단하다'는 말만으로는 표현할 수 없는 뭔가가

있는 그림임에 틀림없다.

이런 사실은 이미 충분히 알고 있던 터라 커다란 기대감을 안고 루브르 박물관을 방문했다. 하지만 직접 그림을 보자 실망스러웠다. 크기가 너무 작기도 했거니와 두툼한 방탄유리에 가로막혀 있어서 잘 보이지도 않았다. 게다가 사진을 찍느라 정신없는 관람객들에 가로막혀 가까이 가기도 쉽지 않았다. 그럼에도 불구하고 그림을 가까이에서 보고 싶었다. 멀리서 언뜻 보는 것이 아니라 가까이서 자세히 들여다보면 다 빈치라는 거장의 완벽한 솜씨를 볼 수 있을 것 같았다. 하지만 사람들을 헤치고 어렵게 그림 가까이에 가서 위대한 예술 작품을 제대로 감상할 기회를 얻었을 때조차 뭔가 허전한 느낌이 드는 것은 어쩔 수 없었다. 레오나르도 다 빈치Leonardo da Vinci의 예술적 재능이 유감없이 발휘된 훌륭한 그림이긴 하지만, 사전에 내가 그 작품을 몰랐다면 루브르에 있는 많은 작품 중 모나리자를 콕 집어 "이게 가장 훌륭한 그림이야"라고 할 수는 없을 것 같았다.

이런 내 얘기를 들은 미대 출신 친구가 말했다. "그건 네가 미술을 잘 몰라서 그래. 우리처럼 전문적으로 교육받은 사람들에게는 한눈에 보이는 걸작의 속성이 있는 법이야. 너 같은 일반인은 그냥 전문가들이 하는 얘기를 잘 받아들이면 되는 거야." 완곡하게 표현했지만, 결국 내가 그림 보는 눈이 없기 때문에 명작을 몰라보는 거라는 얘기였다. 이럴 때 무지한 '일반인'은 할 말이 없다. 하지만 그 말이 사실이라면, 어떤 전문가에게는 보이는 대단한 속성이 다른 전문가의 눈에도 똑같이 보여야 마땅하지 않을까? 그런데 미술사를 살펴보면 꼭 그랬던 것만도 아닌 것 같다. ○●

일상의 경영학

모나리자가 유명해진 진짜 이유

모나리자는 수세기에 거쳐 초라한 무명 시절을 보냈다. 물론 좋은 작품이었던 것은 분명하지만, 여러 걸작들 중 그저 그런 작품 중 하나에 불과했다. 다 빈치 역시 어느 정도 존경을 받기는 했지만, 티치아노 베첼리오Tiziano Vecellio나 라파엘로 산치오Raffaello Sanzio 같은 회화의 거장들과 비교할 수준은 아니었다. 모나리자가 혜성처럼 나타나 세계적으로 유명해지기 시작한 것은 20세기에 들어서서였다. 그것도 오랫동안 못 알아보던 명작을 어느 날 갑자기 찾아온 깨달음 때문에

|그림| 레오나르도 다 빈치, 〈모나리자〉(15세기경)

그 진가를 알게 된 미술 비평가나 큐레이터들 때문도 아니었다.

1911년 빈첸조 페루지아Vincenzo Peruggia라는 루브르 직원이 있었다. 자부심 강한 이탈리아 사람인 그는 모나리자가 있을 곳은 프랑스가 아니라 이탈리아여야 한다고 생각했다. 그는 루브르에서 모나리자를 몰래 가지고 나왔다. 하지만 유명한 미술품은 훔치기보다 처리하기가 몇 곱은 더 어려운 법이다. 2년 동안이나 자기 아파트에 모나리자를 숨겨두었던 그는 피렌체의 우피치 미술관에 그림을 팔아넘기려다 체포되고 말았다.

모나리자를 이탈리아로 가져가려는 페루지아의 시도는 실패했지만, 그 덕분에 모나리자는 유명세를 타기 시작했다. 프랑스 사람들은 그 대담한 절도 행각에 폭발적인 관심을 보였고, 다시 찾으리라고는 생각하지 못했던 그림을 찾은 데 환호했다. 이탈리아에서는 한술 더 떴다. 동포의 애국심에 감동받은 이탈리아 사람들은 그를 범죄자가 아닌 영웅처럼 대우했다.

이런 과정을 통해 모나리자가 '뜨기' 시작하자, 화가들은 모나리자를 패러디하기 시작했다. 마르셀 뒤샹은 콧수염과 턱수염을 그려넣기도 했고, 살바도르 달리Salvador Dali와 앤디 워홀Andy Warhol도 각자의 해석으로 모나리자를 따라 그렸다. 그밖에 수많은 사람들이 그 뒤를 이음으로써 모나리자는 셀 수 없을 만큼 많이 복제되고 재생산되기 시작했다. 이제 모나리자 없는 서양 미술은 상상할 수조차 어렵게 되었다.[13]

모나리자에 얽힌 스토리를 듣고 나니 어떠한가? 모나리자에 좋은

| 그림 | 마르셀 뒤샹, 〈수염 난 모나리자〉(1919년)

작품이 지녀야 할 요소가 있는 것은 사실이지만, 그것 때문에 유명해진 것은 아니다. 하지만 일단 유명해지고 나면 사람들은 그럴 만한 필연적인 이유가 있었다고 믿고 싶어 한다. 모델의 신비한 미소라든지 몽환적인 배경, 또는 다 빈치가 처음 사용했다는 스푸마토 기법● 때문에 필연적으로 사람들이 좋아할 수밖에 없다는 식으로 말이다.

● '연기와 같은'을 뜻하는 이탈리아어의 형용사로, 회화에서는 물체의 윤곽선을 자연스럽게 번지듯이 그리는 명암법. 공기 원근법이라고도 한다.

이건 마치 야구에서 발이 느린 1루 주자가 2루를 훔치는 상황과 비슷하다. 만약 아웃되었다면 해설가는 입에 침을 튀기며 이렇게 말할 것이다. "걸음이 느린 선수가 뛰어서는 안 되죠. 무모했어요." 그런데 그 주자가 무사히 도루에 성공했다면 뭐라고 말했을까? "발이 느려 도루하지 않을 것이라는 상대의 허를 찌르는 멋진 작전이었네요. 기발했어요."

이처럼 인과관계와 상관관계를 혼동하는 오류는 비즈니스에서도 어김없이 반복된다. 잘나가는 회사를 보게 되면 우리는 감탄사를 연발하며 이렇게 말한다. "저렇게 엄청난 성과를 가능케 한 저들만의 강점이 분명 있을 거야." 그리고 그 회사를 낱낱이 분석한다. 그러다 뭔가 좋은 점을 찾아내면 바로 그런 장점 때문에 오늘날과 같은 성공이 가능했을 것이라고 판단한다. 물론 그러한 장점과 그 회사의 성공 사이에 상관관계가 전혀 없지는 않겠지만, 그런 장점 때문에 성공한 것이 아닌데도 말이다.

1990년대 후반 많은 회사들이 부러워하고 닮고 싶어 했던 한 회사의 성공과 몰락 과정을 통해, 겉으로 알려진 성공 요인과 다른 진짜 성공 요인을 살펴보도록 하자. 그리고 드러난 장점을 섣불리 따라 하는 것의 위험성에 대해서도 알아보자.

거대 기업 엔론의 부상과 몰락

90년대 미국이 에너지 산업에 대한 규제를 풀자 엔론_{Enron Corporation}

은 전력, 가스 등과 관련된 상품을 중개하는 사업에 뛰어들었다. 엔론은 전력 가격이 급등락하는 데 따른 위험에 대비하기 위해 업계 최초로 선물, 옵션 같은 첨단 금융 기법을 도입했다. 그리고 이런 사업에서 쌓은 노하우로 광고, 날씨, 전파 경매 사업에서 큰 수익을 냈다. 중후장대형 기존 사업에다가 e비즈니스를 결합한 사업이 인터넷 시대를 만나면서 90년대 후반 월 스트리트에서 가장 주목받는 기업 중 하나가 되었다.

엔론은 〈포천〉이 조사한 세계에서 가장 존경받는 기업 25위에 랭크되었고, 5년 연속 '가장 혁신적인 기업'으로 선정되었으며, 최고경영자이자 설립자인 켄 레이Kenneth L. Lay는 미국에서 가장 우수한 CEO 25인 중 한 명으로 뽑혔다. 또한 영국의 《파이낸셜 타임즈Financial Times》는 2000년 최고의 에너지업체로 엔론을 선정하는 등 엔론에 대한 언론의 평가는 오랜 기간 동안 상당히 호의적이었다. 언론뿐만 아니라 경영학자의 평가도 긍정적이었다. 하버드 대학의 경영학 교수인 바틀렛Christopher Bartlett은 "엔론의 최고경영자인 제프리 스킬링Jeffrey Skilling과 창립자인 레이는 기업가적인 행동 양상과 성장 엔진을 창출하였다"며 높이 평가했고, 유명한 경영 컨설턴트인 게리 하멜은 "엔론은 무한한 성장 가능성이 있는 혁신적인 e-비즈니스 개념을 창출하고 있다"고 칭찬했다.

학계와 컨설팅 회사들은 엔론의 고속성장을 가능케 한 사업다각화, 파생 상품을 통한 자금 조달 기법, 자회사 관리 기법 같은 속성들을 벤치마킹하는 데 열을 올렸다. 이렇게 모두가 엔론을 칭송하던

2001년 12월, 엔론은 파산했다. 그제야 비로소 엔론의 진짜 성공 요인이 밝혀졌다. 엔론이 성공한 이유는 뛰어난 경영 기법과 기술력이 아니라, 장부 조작과 막강한 로비, 정치권과의 유착이었다. 엔론은 금융기관에서 빌린 자금을 장부 외 거래로 위장했고, 손실을 감추기 위해 회계장부를 조작했다. 그동안 엔론을 칭송하던 학자들과 컨설턴트들은 모두 입을 다물고 말았다. [14]

어떤 기업이 큰 성공을 거두면 사람들은 그 회사가 성공할 수 있게 한 좋은 속성이 있다고 믿는 경향이 있다. 아이폰이 세계적인 히트 상품이 된 것은 애플의 혁신적인 디자인과 사용자를 위한 유저 인터페이스 덕분이고, 페이스북이 SNS의 대표격이 된 것 역시 새로운 시대를 앞서간 플랫폼 전략 때문이라고 말이다. 하지만 사실상 좋은 속성과는 별 상관없는 이유로 성공한 경우도 꽤 있다. 재미있는 것은 시간이 지날수록 이러한 성공 역시 우상화되고 성공에 필수적인 속성은 나중에 만들어진다는 것이다.

○● 성공한 대상의 진짜 성공 요인을 찾아낸다는 것은 생각보다 힘든 일이다. 벤치마킹이란 성공을 가능하게 해준 요인을 따라하고 배우는 것이다. 그래서 제대로 된 벤치마킹은 생각보다 어렵다. 성공한 회사라고 무턱대고 따라 해서는 안 된다. 자칫하면 성공한 회사의 성공과는 무관한 속성만을 베끼게 되기 때문이다. 먼저 성공과 그것을 가능케 한 속성과의 인과관계부터 차분하게 분석하는 것이 필요하다. 그리고 그러한 성공 요인이

　　　　　　　일상의 경영학

우리 회사에도 적용될 수 있는지 꼼꼼하게 따져봐야지만 제대로 된 벤치마킹을 할 수 있다. ○ ●

피에타, 때로는 단순함이 최고의 전략
심플 룰로 복잡한 시장에서 살아남기

○● 로마를 여행하면서 굳이 유명한 〈피에타〉를 찾아다니지 않은 이유
가 있었다. 하나는 〈피에타〉의 성모 마리아의 얼굴이 너무 앳돼 보이지 않
느냐는 질문에 미켈란젤로 부오나로티Michelangelo Buonarroti가 했다는 말 때
문이었다. "순결한 여성이 순결하지 않은 여자들보다 젊음을 더 잘 유지
한다는 것을 모른단 말인가?" 지금과는 시대가 다르다는 것을 인정하더
라도 지나치게 여성 폄하적인 발언이다. 딱히 페미니스트가 아니더라도
거부감이 들 만하다.

또 다른 이유는 "〈피에타〉가 미켈란젤로의 진짜 작품이라 할 수 있는가?"
하는 나만의 선입견이 있었다. 지금 남아 있는 〈피에타〉는 복원된 작품이
기 때문이다. 사연인 즉, 1972년 5월 21일 헝가리 출신의 라즐로 토스Laszo

Toth가 휘두른 망치에 〈피에타〉 상이 크게 훼손되었다. 정신병자인 토스는 〈피에타〉가 놓여 있는 제단으로 올라가 "내가 예수다"라고 외치며 들고 있던 망치로 〈피에타〉를 12차례나 가격했다. 토스의 공격에 성모의 왼팔과 손 부분이 부서지고, 코가 세 부분으로 깨지는 등 모두 100개의 파편이 생길 정도로 심하게 손상되었다. 경찰이 토스를 체포하는 혼란한 틈을 타 일부 관광객들은 부서진 파편을 챙겼고, 그중 상당수는 아직까지도 회수되지 못하고 있다. 결국 10개월 만에 원래 모습 그대로 복원을 마쳤으나, 복원된 숭례문이 예전 숭례문이 아니듯이 〈피에타〉 역시 미켈란젤로의 오리지널 작품이 아니라고 생각했다.[15] ○ ●

미켈란젤로의 천재성이 드러난 작품, 〈피에타〉

〈피에타〉라는 말은 '동정' '불쌍히 여김' 등의 의미가 있는 이탈리아어이며, 미사 중 사용하는 "주님 지희에게 자비를 베푸소서"라는 기도의 도입부이기도 하다. 미술에서는 십자가에 죽은 아들을 안고 비탄에 빠져 있는 성모 마리아를 표현한 작품을 일컫는다.

남들이 들으면 좀 황당할 수도 있겠지만, 미켈란젤로의 〈피에타〉를 본 순간 처음 떠오른 생각은 '예수님은 안긴 자세에서도 콘트라포스토contraposto가 나오는구나!'였다. 콘트라포스토는 '대비된다'는 뜻의 이탈리아어로서, 원래는 서 있는 인물을 그릴 때 인체의 중앙선을 S자형으로 그리는 포즈를 일컫는다. 흔히 짝다리 짚는다고 할 때 나

| 그림 | 미켈란젤로 부오나로티, 〈피에타〉(1498~1499년)

오는 포즈가 콘트라포스토라고 보면 된다. 한쪽 다리에 체중을 싣게 되면 골반이 비틀어지고, 무게중심을 잡기 위해 자연스럽게 반대편 어깨가 올라가게 된다. 남자가 이 자세를 취하면 차려 자세보다 역동적으로 보이고, 여자의 경우에는 신체의 아름다운 곡선이 돋보이게 된다.

그림에서 보듯 조각상의 전체적인 모습은 성모의 머리를 정점으로 하는 삼각형이다. 성모는 바위 위에 앉아 있으며 무릎 부분이 넓게 조각되어 있다. 그래서일까? 장성한 아들을 안고 있는데도 전체적으로는 안정된 느낌을 준다. 십자가 형벌이라는 처참한 고통으로

일상의 경영학

생명이 끊어졌지만, 예수의 몸은 살아 있는 사람처럼 아름답다. 그리고 머리, 가슴, 배, 다리가 물결 모양의 S자 곡선으로 만들어진 콘트라포스토는 인간 육체의 아름다움을 완벽하게 표현하고 있다.

뿐만 아니다. 성모의 머리, 수건, 옷의 주름은 마치 실크로 만들어진 것처럼 너무 자연스럽고 섬세하게 묘사되어 있다. 그래서 조각에 문외한인 나의 눈에도 과연 이 작품이 단단한 대리석으로 만들어진 것인지 의심이 들 정도였으며, 어디 하나 어색한 곳 없이 완벽한 아름다움을 뽐내고 있었다.

작품의 아름다움에 마음을 홀리고 나니 예전에 갖고 있던 편견도 눈 녹듯이 사라졌다. "순결한 여성이 순결하지 않은 여자들보다 젊음을 더 잘 유지한다"는 미켈란젤로의 발언에서 '순결한 여성'은 성모 마리아를 가리키는 일반적인 표현일 뿐이고, 성모는 나이가 들더라도 인간 여인보다 훨씬 젊고 아름답다는 의미라는 것도 알게 되었다. 성모의 코와 손이 복원되었다지만, 그 나머지 부분의 아름다움만으로도 세상 어떤 조각 작품보다 깊은 예술적 감동을 느끼기에 부족함이 없었다.

불과 23세라는 나이에 이처럼 완벽한 작품을 만들어낸 미켈란젤로라면, 그다음에 만든 작품은 얼마나 놀라울까? 미켈란젤로가 조각한 〈피에타〉상이 두 개 더 있다는 사실을 알았을 때, 나는 그것이 가장 궁금했다.

〈론다니니 피에타〉에서 깨닫는 단순함의 힘

미켈란젤로의 두 번째 〈피에타〉는 〈바티칸 피에타〉 이후 60여 년의 세월이 지나 완성된 〈피렌체 피에타〉다. 피렌체 성당 안에서 작품을 보자마자 '이게 바티칸의 베드로 성당에 있는 〈피에타〉를 만든 그 미켈란젤로의 작품이 정말 맞아?'라는 생각이 들었다. 전문가들은 전작의 안정적인 삼각형 구도가 수직적 구도로 변했다든지, 금방이라도 무너져 내릴 것만 같이 깎여진 예수의 불안한 몸을 증거로 전작과의 차이점을 강조한다. 하지만 비전문가인 내 눈에 가장 뚜렷하고 확실하게 들어온 점은 디테일이 생략되었다는 것이었다.

그가 죽기 4일 전까지 붙들고 있던 〈론다니니 피에타〉 역시 마찬가지였다. 아직 미완성인 작품임을 고려한다 해도 이건 뭐 깎다 만 모양새다. 세부적인 묘사가 없다 보니 인물들의 고통도 드러나 있지 않다. 그런데 이상하게도 작품을 보는 내내 마음이 편안해져 왔다. 바티칸에서 본 〈피에타〉의 영롱한 아름다움이나 〈피렌체 피에타〉의 비탄도 좋았지만, 꾸밈이라곤 전혀 없는 〈론다니니 피에타〉의 덤덤함이 나에게는 훨씬 절절하게 다가왔다.

완벽한 균형과 화려한 디테일만큼 단순함 역시 큰 울림을 줄 수 있다는 〈피에타〉의 깨달음이 요즘 전략 트렌드 중 하나인 '심플 룰Simple Rule, 단순한 법칙'과도 닮아 있다는 생각이 문득 떠올랐다. 과거에는 회사의 경영 여건을 파악하고 전략을 수립하는 과정에서 여러 복잡한 분석이 요구되었다. PEST*라든지, 5-FORCES*, BCG 매트릭스*, 앤소프 매트릭스* 등 이름도 어려운 다양한 분석 도구들을 사용해야 했

- PEST : Political, Economic, Sociological, Technological의 약자. 거시적인 경영 여건을 파악할 때 대표적으로 따져봐야 하는 정치적, 경제적, 사회적, 기술적 변화를 의미한다.
- 5-FORCES : 산업의 매력도를 파악하기 위해 필수적으로 살펴봐야 하는 다섯 가지의 요소. 현재 경쟁자들의 경쟁 강도, 신규 진입자의 등장 가능성, 공급자의 파워, 구매자의 파워, 대체재의 출현 가능성을 의미한다.
- BCG 매트릭스 : 시장의 성장성과 업계에서 자사 제품의 상대적 점유율을 바탕으로 하는 비즈니스 포트폴리오 관리 도구.
- 앤소프 매트릭스 : 기업의 성장 방향성을 결정하기 위해 앤소프가 만든 매트릭스. 시장과 상품이라는 두 가지 관점을 각각 신규와 기존으로 구분해서 네 가지의 선택지 중에서 최적의 방향을 결정하게 된다.

고, 그렇게 얻어진 결과물은 다양한 통계 패키지와 직관적인 분석 방법을 통해 전략이라는 이름으로 정리되곤 했다.

문제는 최근 들어 시장이 너무 빠르게 변화한다는 점이다. 오늘의 히트 상품이 한 달 후에는 구식 취급을 받는 경우도 많다. 이런 상황에서는 외부 환경에 대한 자료를 모으고 내부역량을 따지다가는 전략이 나올 무렵에는 상황이 완전히 달라져버리는 경우가 허다하게 발생할 수 있다. 그러다 보니 최근에는 복잡하고 디테일한 분석 과정을 생략하고 간단한 몇 가지 원칙, 즉 '심플 룰'을 이용해 급변하는 경영 환경을 헤쳐 나가는 기업이 늘고 있다.

'심플 룰'의 성공적 적용 사례

1984년 스탠퍼드 재학생 두 명이 설립해 오늘날 40조 원이 넘는 매출을 올리고 있는 시스코는 M&A 분야에서 '마이다스의 손'으로 불린다. 미국 기업들의 평균 M&A 성공률이 약 30퍼센트인 데 비해 시스코는 166개 기업을 인수하여(2013년 기준) 무려 90퍼센트 이상을 성공적으로 마무리했기 때문이다. 이렇게 높은 성공률을 기록하고 있는 회사인 만큼 그들만의 복잡하고 정교한 기업 평가 방법이 있을 것이라고 생각하기 쉽다. 하지만 시스코가 인수할 기업을 선정하는 원칙은 '정말 이래도 되나?' 싶을 정도로 단순하다. 그 원칙은 직원 75명 미만, 엔지니어가 전체 직원의 75퍼센트 이상인 곳만 인수한다는 것이다.

어린이용 블록 제조업체 레고는 신제품 성공 확률이 높은 회사지만, 제품 출시 여부는 다음과 같은 다섯 가지 간단한 원칙만으로 결정한다. 첫째, 한눈에 봐도 레고에서 만든 제품이라는 것이 드러나는가? 둘째, 아이들이 놀면서도 뭔가를 학습할 수 있는? 셋째, 시중에 나와 있는 제품보다 우수한 품질인가? 넷째, 부모 입장에서 아이들에게 선뜻 권할 수 있는가? 다섯째, 아이들의 창의성을 자극하는가?

시스코나 레고는 왜 이런 심플 룰로 복잡한 전략적 의사결정을 대신하는 것일까? 시스코는 여러 회사들을 인수했던 경험을 통해 성공한 M&A에는 몇 가지 공통점이 있다는 사실을 깨달았다. 분명하고 특징이 강한 조직 문화를 갖고 있던 시스코의 특성상 문화적 특성이 강한 회사와는 충돌이 많았다. 이런 경험을 토대로 시스코는 조직 문화가 강한 회사를 걸러내기 시작했다. 회사의 문화란 단기간에 형성되는 것이 아닌 만큼 신생 회사를 인수하는 것이 성공 확률이 높을 것이고, 새로 생긴 기술회사들은 지원 인력보다 엔지니어 비중이 높기 마련인 점에 착안해서 이런 원칙을 만든 것이다. 레고도 마찬가지다. 언제 어떻게 변화할지 모르는 부모와 아이들의 취향을 섣불리 예측하기보다는 그동안 성공했던 사례들에서 공통된 원칙을 뽑아내고 그것을 꾸준히 지켜나가는 것이 필요하다고 생각한 것이다.[16]

○ ● 빠르게 변화하는 경영 환경으로 인해 미래 예측과 전략 수립에 어려움을 호소하는 기업이 늘어가고 있다. 그런 경우라면 심플 룰을 만들어 활

용해보자. 먼저 우리 회사는 어떤 방식으로 수익을 창출하고 있는지 살펴보자. 그리고 예전에 가장 효과적이었던 전략은 무엇이었는지, 가장 효율적인 방식은 어떤 것이었는지 되짚어보자. 그리고 이런 방식을 통해 얻은 통찰을 정리해서 간단한 원칙으로 만들자. 복잡하고 어려운 시장 상황을 뚫어낼 힌트를 얻을 수 있을 것이다. ○ ●

일상의 경영학

매너리즘, 파괴적 혁신을 만들다
기술 혁신과 파괴적 혁신 사이에서

○● 매너리즘과 슬럼프를 혼동할 때가 많다. "요즘 매너리즘에 빠진 것 같아." 또는 "저 친구 슬럼프인 것 같아" 하는 식으로 말이다. 하지만 두 단어의 의미는 전혀 다르다. 매너리즘은 '항상 틀에 박힌 일정한 방식이나 태도를 취함으로써 신선미와 독창성을 잃는 것'이고 슬럼프는 '운동 경기 따위에서 자기 실력을 제대로 발휘하지 못하고 저조한 상태가 길게 계속되는 것'이다. 그러니까 성적이 안 좋은 야구 선수한테 "저 선수가 요즘 매너리즘에 빠져 있다"고 하는 것이 적절치 않은 것처럼, 직장인들이 "나 요즘 슬럼프인 것 같아"라고 하는 것도 딱 들어맞는 표현이 아니다.

직장인들은 주로 매너리즘에 빠진다. 같은 업무를 반복하다 보면 초창기의 긴장감은 사라지고 대충 해버리는 타성에 빠지는 것이다. 매너리즘은 어디서나 나타나지만 업무 변화가 적고 폐쇄적인 조직에서 빈번하게 발생하는 경향이 있다. 매너리즘이란 단어를 뜯어보면 '수단, 방법'을 뜻하는 단어 'manner'에 '주의, 경향'을 의미하는 접미사 '-ism'이 붙어 있다. '여태까지의 방법 그대로'라는 의미가 단어만 봐도 바로 드러난다. 별 다른 생각 없이 흔히 사용하는 말이지만 이 단어가 원래는 미술 분야에서 나온 용어라는 사실을 아는 사람은 많지 않다. ○ ●

매너리즘의 발생

레오나르도 다 빈치, 미켈란젤로, 라파엘로를 르네상스 3대 거장이라고 부른다. 그들은 인체 묘사 기법이나 원근법의 문제, 공간 구성 방법 등 15세기부터 미술가들을 괴롭히는 문제를 깨끗하게 정리함으로써 16세기 르네상스 미술의 전성기를 열었다. 그들이 야기한 사소한 문제가 있다면 후대 미술가들이 할 일을 남겨놓지 않았다는 정도랄까.

그래서인지 세 거장의 뒤를 이은 이탈리아의 미술가들은 르네상스 미술을 더욱 가다듬고 발전시키는 데에는 관심을 기울이지 않았다. 오히려 거장의 기법을 따라 하면서 더욱 세련되게 다듬는 일에만 몰두했다. 이제까지의 르네상스 미술이 자연을 관찰하고 정확하게 묘사해서 아름다움을 추구하는 것이 목적이었다면, 1510년 이후 미술가들은 선배 작가들의 작품 자체를 모델로 삼게 되었다. 그중 일부 미술가들은 라파엘로와 미켈란젤로의 화풍과 기법을 그대로 따라 하는 경향을 보이게 되었다. 비평가들은 그들이 거장의 작품에 녹아 있는 정신과 철학은 배우려 하지 않고 그 기법manner만 모방하는 잘못을 저지르고 있다고 보고, 그러한 작품들을 통칭하여 '매너리즘mannerism'이라고 불렀다.

훌륭한 성과를 모방한다 해서 문제가 되는 건 아니다. 하지만 다른 사람의 기법만 흉내내면서 그를 넘어서려는 욕심을 부리면 무리수가 나오게 된다. 기교적인 과장이 끼어드는 것이다. 거기에 당시의 불안정한 시대 상황까지 겹쳐지게 되니 병적이고 때로는 기괴하기까지 한 작품들이 나오게 되었다. 그래서 매너리즘 작가의 작품들에는 인체를 길게 늘이는 과장된 표현이나 구불거리는 형상, 불안정한 구도와 기괴한 효과가 자주 나타난다. 뭔가 있어 보여야 한다는 압박도 심했는지, 전문가들만이 알아볼 수 있는 암시나 상징을 숨겨놓기도 한다. 조금 심하게 얘기하자면 정신이 빈곤한 사람이 비싼 장신구로 자신을 돋보이게 하려는 심리와 다를 것이 없어 보인다. 그렇게 시간이 흘러 16세기 말에 이르니 이성과 자연의 조화, 아름다움과 기능의 균형을 추구하던 르네상스의 이상은 간데없고 기형적인 자세, 불안정한 구도, 자의식 강한 기교와 모호함으로 대변되는 매너리즘이 자리를 차지하게 되었다.

파르미지아니노Parmigianinio, 본명은 미란체스코 마촐라Francesco Mazzola가 그린 〈목이 긴 성모〉에는 이런 매너리즘의 특징이 잘 드러나 있다. 파르미지아니노는 라파엘로의 우아하고 리듬감 있는 곡선에 많은 영향을

| 그림 | 파르미지아니노, 〈목이 긴 성모〉(1534~1540년)

받았다. 하지만 라파엘로의 아름다운 곡선은 길게 늘어져 비정상적인 비율로 변모되고 말았다. "목이 긴"이라는 말은 물론 후대 사람들이 붙였겠지만, 그만큼 성모 마리아의 목과 팔다리가 길게 늘어져 있다. 성모의 품에 안긴 예수는 아기임에도 불구하고 팔다리가 죽죽 뻗은 8등신이다. 이렇게 인체를 길게 늘여 왜곡시키는 것은 매너리즘 작가들의 특징이다. 뿐만 아니다. 그림에는 언뜻 봐서는 이해가 되지 않는 암시와 상징이 발견된다. 성모 오른쪽의 기둥은 위에는 하나인

데 아래에는 여러 개가 보이는가 하면, 두루마리를 들고 있는 예언자는 무슨 의미를 담고 있는지 분명치 않다.

엘 그레코, 매너리즘의 정점을 찍다

매너리즘을 대표하는 화가로 스페인의 엘 그레코El Greco를 들 수 있다. 그리스 출신인 그를 스페인 사람들은 그리스인이라는 의미로 엘 그레코라 불렀다. 그가 그려낸 세계는 원근법이 지배했던 르네상스 그림 속의 세계와는 전혀 다르다. 그림 속 인물의 크기는 들쭉날쭉할 뿐더러 기다랗게 늘어진 팔다리는 등장인물을 9등신이나 10등신으로 만들어버린다. 이처럼 엘 그레코는 길게 늘어뜨리는 인체 묘사와 부자연스러운 원근법을 활용함으로써 극단적 상황을 표현하는 매너리즘 작가로 잘 알려져 있다.

그의 작품 중 하나인 〈요한 묵시록의 다섯 번째 개봉〉은 자연적인 형태와 색채를 중시하는 르네상스적 아름다움을 간단하게 무시하고 있다. 어두움으로 가득 찬 갈색의 색조와 달빛에 비치는 으스스한 구름들, 그리고 유령과 같이 길게 늘어진 사람들이 하늘을 향해 손을 뻗어 올리고 있다. 왠지 섬뜩하기도 하지만 관람자들은 마치 환상 속에 들어와 있는 느낌을 받게 된다.

엘 그레코는 강렬한 원색으로 자신만의 독특한 분위기를 만들어냈다. 그리고 형태를 표현하는 데 있어서도 그만의 스타일을 창조해냈다. 엘 그레코에 이르러 매너리즘은 대가들의 양식을 모방하는 데

에서 벗어나 독특한 자신만의 스타일을 갖추는 데 성공했다.

초창기에는 매너리즘이 과장되고 인위적인 장르일 뿐이라는 평가가 대세였다. 하지만 그레코를 지나면서 매너리즘에 대한 평가가 많이 달라졌다. 일단 지나치게 완벽한 조화를 추구하던 르네상스 미술에 반기를 들었다는 점만으로도 그 가치가 충분하다는 것이다. 그저 팔다리가 늘어진 걸로만 보이는 것이, 실상은 사실적인 한계를 초월함으로써 추상성을 확보하게 된 놀라운 성과라는 것이다. 특히 그레코는 19세기 이후 폴 세잔을 비롯한 많은 화가들에게 영향을 끼쳤으며, 20세기 독일 표현주의가 등장하면서 그는 미술사에서 신기원을 이룬 가장 중요한 작가 중 한 사람으로 지위가 격상되었다.

매너리즘과 파괴적 혁신

매너리즘이 처음 등장했을 땐 기존 장르인 르네상스 미술보다 열등하다는 평가가 대세였다. 하지만 나름의 장르적 특성을 발전시키면서 대중들의 인정을 넓혀나갔고, 종국에는 독창적인 미술 사조의 하나로 당당히 자리 잡을 수 있었다.

매너리즘의 발전 과정은 하버드 대학의 클레이튼 크리스텐슨 Clayton Christensen 교수가 주창한 '파괴적 혁신 Disruptive Innovation'과 일맥상통하는 점이 있다. 일반적으로 혁신이라고 하면 기존 제품보다 월등한 기술과 성능을 구현하는 것을 말하지만, 파괴적 혁신은 그 반대다. 기존 제품보다 상대적으로 열등한 기술과 성능으로 시장에 들어온다. '상대적으로'라는 표현을 한 이유는 기존 제품의 성능을 충분히 활용하는 우량 고객의 입장에서는 다소 성능이 떨어져 보인다는 의미다. 이런 제품이 나오면 경쟁업체들은 '새로 나온 제품이라던데. 별로잖아? 성능도 떨어지고'라며 별 주의를 기울이지 않는다. 하지만 점차 시장 점유율을 늘려가면서 일정 시점이 지나면 기존 소비자들까지 빨아들이고, 마침내 시장을 완전히 붕괴시켜버린다. 이런 속성 때문에 '파괴적'이라는 이름을 갖게 되었다. 먼저 파괴적 혁신의 사례를 살펴보고, 이런 종류의 혁신은 왜 일어나는지, 기업 입장에서는 어떻게 대비해야 할지 알아보자.

닌텐도의 성공 원인

전임 대통령 중 한 분이 "왜 우리는 이런 걸 못 만드냐"고 감탄한 제품이 있다. '도대체 뭐기에?' 싶었는데 알고 보니 닌텐도 게임기였다. '겨우 게임기 하나 가지고 호들갑'이라고 생각할 수도 있지만, 내막을 알고 보면 대통령이 흥분할 만도 했다. 한창 잘 나가던 2007년. 닌텐도 직원 한 명이 올린 수익이 무려 160만 달러였다. 세계적 투자회사인 골드만삭스의 124만 달러를 가볍게 뛰어넘는 수치였으니 당시 닌텐도의 센세이션이 어느 정도인지 짐작할 만하다.

당시 게임기 시장은 소니의 플레이스테이션과 마이크로소프트의 X-박스가 양분하고 있었다. 이 두 게임기는 엄청난 성능의 그래픽 칩과 하드웨어가 구현하는 화려한 그래픽과 빠른 스피드, 복잡한 게임 스토리를 통해 당시 게임 업계의 주 고객이던 10대 청소년들을 열광시키고 있었다. 닌텐도의 성공이 놀라운 점은 이 두 거대 공룡의 틈바구니를 뚫어냈다는 점도 있지만, 게임기 자체가 좀 어설프다는 사실이었다. 엉성한 그래픽은 물론이고 심지어 흑백으로 된 게임도 있었다. 검은 화면 양쪽에서 흰 막대가 왔다 갔다 하며 공을 쳐내는 게임은 마치 20~30년 전 게임을 다시 하는 느낌이었고, 심지어 두뇌 훈련이라는 명목으로 덧셈, 뺄셈 같은 단순한 게임마저 있었다. 게임기의 성능이나 기술적인 측면에서 볼 때 경쟁 제품보다 열등하

일상의 경영학

다는 평가를 받기에 충분했다.

경쟁 제품보다 기술적으로 열등한 제품으로 닌텐도가 커다란 성공을 거두게 된 원인은 무엇일까? 당시 게임기의 핵심 고객은 10대 청소년들, 그중에서도 남학생들이었다. 아드레날린이 넘치는 10대 남학생들은 더 빠르고 더 자극적인 게임을 원했다. 게임기는 점점 더 복잡해졌고, 그들은 이런 게임에 아낌없는 성원을 보냈다. 문제는 이런 속성 때문에 게임을 즐기고 싶어도 즐길 수 없는 사람들이 나타났다는 점이다. 나이 들었다고 해서, 여자라고 해서 게임을 싫어하는 것은 아니다. 게임의 구조와 기기 작동법을 익히려면 상당한 시간을 투자해야 하니 그냥 포기했던 것이다. 닌텐도 성공의 비결은 게임을 즐기지 않던 대다수 비고객을 고객으로 전환시키는 파괴적 혁신에 성공했기 때문이다.[17]

기술 혁신 vs. 파괴적 혁신

파괴적 혁신을 그림으로 설명해보자. 그림에서 X축은 시간, Y축은 성능을 의미한다. 성능이라 함은 소비자가 제품을 선택할 때 가장 중요하게 여기는 것을 말한다. 게임기라면 속도나 그래픽이 될 것이다. 실선은 기술의 발전 속도이고 점선은 고객이 이용하고 있는 성능이다. 중요한 것은 고객이 원하는 성능이 아니라 고객이 이용하는 성능이라는 것이다. 이 때문에 점선의 기울기는 실선의 기울기보다 완만하게 증가하게 된다.

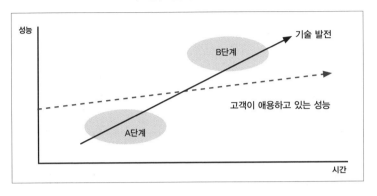

|그림| 기술과 수요의 진화

대부분 산업은 A단계부터 시장이 형성된다. 고객이 요구하는 성능을 기술이 받쳐주지 못하는 경우가 대부분이다. 이 단계에선 경쟁사에 비해 우수한 기술과 성능을 가진 제품이 경쟁 우위를 차지하게된다. 하지만 산업이 성숙기에 들어간 B단계가 되면 고객이 제품의기능을 충분히 사용하지 못하는 상태가 된다. 이 단계에 도달하면 더나은 기술과 성능을 가진 제품이 경쟁 우위를 보장해주지 못한다. 이미 고객은 기존 제품의 성능도 100퍼센트 충분히 활용하지 못하고있기 때문이다. 오히려 가격이 저렴하면서 '충분히 쓸 만한' 제품이고객이 쓰지도 않는 고기능으로 무장한 제품을 압도하는 역설적 상황이 벌어지기도 한다. 펜티엄 제품이 봇물을 이룰 때 386수준의 성능밖에 내지 못했던 셀러론 CPU가 시장에서 일정 부분 자리를 차지할 수 있었던 것도 이런 식으로 설명할 수 있다.

여기서 의문이 하나 떠오른다. 도대체 기업들은 왜 일반 소비자들이 원하지도 않는 고성능의 제품을 만들기 위해 그렇게 애를 쓰는 것일까? 기업들이 그토록 목을 매는 '고객 중심 경영'에서 그 답을 찾을 수 있다. 고객 중심 경영에서는 고객에게 가까이 다가가 그들의 불만을 경청하고 해법을 제시하는 것이 중요하다. 그러다 보니 기업들은 고객의 반응에 민감할 수밖에 없다. 특히 자사의 제품을 가장 잘 알고 기능을 100퍼센트 활용하는 우량 고객의 피드백을 주로 받게 되는데, 여기서 의도하지 않은 심각한 문제가 생기는 것이다. 예를 들어보자. 대다수 사람들은 사칙연산을 하는 정도로만 엑셀을 사용한다. 기껏해야 평균을 매기고, 순서대로 정렬하는 정도이다. 엑셀의 기능 중 1~2퍼센트 정도밖에 안 될 기능을 사용하려고 비싼 돈을 들이고 있는 셈이다. 우리는 이미 충분히 만족하고 있는데도 제조사에서는 1~2년에 한 번씩 기능을 보완해서 업그레이드한 버전을 발표한다. 그 이유는 제조사 입장에서는 엑셀을 100퍼센트 활용하고 있는 고객까지 만족시켜야 하기 때문이다. 우량 고객들은 "소수점 아래 32자리까지도 계산이 되어야 합니다." "시트 한 장에 더 많은 데이터가 들어갈 수 있게 해주세요." 하는 식으로 하소연한다. 게임기 역시 마찬가지다. 핵심 고객의 요구를 외면할 수 없기 때문에 일반 고객의 니즈와는 점점 멀어지게 된다.

여기에 파괴적 혁신이 주는 시사점이 있다. 소니나 마이크로소프트처럼 압도적인 기술력을 자랑하던 회사가 닌텐도처럼 기술적으로 열등한 제품에 속절없이 당한 이유는 혁신 문제를 기술 향상 관점에서만 접근했기 때문이다. 기술 혁신이 의미 없다는 얘기를 하려는 것이 아니다. 하지만 기술 혁신보다 중요한 것은 대다수 고객이 제품에 대해 어떤 기대를 갖고 있는지 파악하고 그것을 어떻게 충족시킬 수 있을지 고민하는 것이다. 이러한 고려 없이 그간 산업이 발전해온 방향으로 기술 개발에만 몰두하다가는 더 큰 파괴적 혁신을 이루어낸 기업에게 속절없이 시장을 내주게 될 수도 있다는 점을 잊지 말아야 할 것이다.

○● 신제품이 기존 제품을 몰아내고 성공을 거두면 우리는 흔히 신제품이 기존 제품보다 성능이 좋아서 소비자들의 선택을 받았다고 여긴다. 이 때문에 혁신의 노력은 기존 제품의 성능을 높이는 방향으로 진행되기 마련이다. 하지만 무조건 기술 혁신에만 목을 매기 전에 한 번 따져볼 일이다. 고객들이 기존 제품의 성능을 100퍼센트 사용하고 있는지, 기존 제품보다 저사양인 제품을 판매하는 업체가 있는지, 혹시 우리 회사의 제품이 소비자 니즈에 비해 지나치게 고사양은 아닌지 말이다. 만약 그렇다고 생각된다면 혁신의 방향에 대해 다시 한 번 숙고해야 한다. 다수의 일반 고객들은 가격이 저렴하기만 하다면 기존 제품보다 훨씬 열등한 제품으로도 옮겨갈 준비가 되어 있을지도 모른다. ○●

ART

이성에 대한 맹신을 경고한 화가
감정을 자극해 행동을 변화시키다

○● 80년대에 학생 운동은 일상적인 일이었다. 학교 안 모임은 집회라고 불렸고, 교문을 벗어나 공권력과 대치하면 시위라고 불렀다. 집회는 대개 다음의 순서로 진행됐다. 일단 점심 이후 과방이나 동아리방에서 소규모 모임을 갖는다. 당일 이슈에 대해 정보를 나누고 학습하는 시간이다. 공부가 어느 정도 되면 다 함께 모인다. 내가 다녔던 학교의 경우, '아크로'라 불리던 도서관과 대학 본부 사이의 공터에서 깃발을 들고 모였다. 3, 4시가 되면 아크로는 이렇게 모인 학생들로 제법 북적거린다. 학생회 간부를 비롯한 연사들의 연설이 끝나면 학생들은 스크럼을 짜고 교문까지 행진한다. 교문에서는 시위 소식을 듣고 달려온 전투 경찰들이 학생들을 막아선다. 학생들은 돌을 던졌고, 전경들은 최루탄을 쏘아댔다. 가끔은 학생들

이 화염병을 투척하기도 했는데, 그런 날에는 '백골단'이라 불리는 오토바이 헬멧을 쓴 사복 경찰들이 주동자를 잡으러 학교 깊숙한 곳까지 들어오곤 했다.

겁이 많았던 나는 시위에 동참해본 적은 없지만, 아크로 한 귀퉁이에 서서 연설은 자주 들었다. '음, 요즘 정치에 문제가 많구나' 하고 생각됐지만 강연만 끝나면 자리를 벗어났다. "투쟁에 동참하자"고 연사가 아무리 부르짖어도 나는 그들과 함께 움직이지 않았다. 최루탄도 싫었고 백골단이 무서웠기 때문이다. 그런데 어떤 날은 열변을 토하며 투쟁을 호소하는 대신에 연설 말미에 민중가요를 틀어주기도 한다. 참 이상한 것이 투쟁의 당위성을 아무리 논리적으로 호소해도 전혀 흔들리지 않았지만 스피커에서 흘러나오는 민중가요를 들을 때면 엉덩이가 들썩거리곤 했다.

집회와 시위는 냉철한 분석과 비판을 바탕으로 하는 지극히 이성적인 행동이다. 그럼에도 불구하고 논리적인 설득보다는 감정적인 자극 때문에 행동을 결정하는 경우가 많다. 지극히 이성적인 판단이 필요한 경우에도 이런데 다른 경우에는 더 심할지도 모른다. 인간은 이성적인 존재라고 믿어 의심치 않지만 혹시 우리는 이성보다 감정에 더 많이 휘둘리고 있지는 않을까? ○ ●

이성의 잠은 괴물을 낳는다

한 남자가 책상에 엎드려 있다. 두 팔에 머리를 묻고 잠에 빠진 듯하다. 남자의 뒤쪽에는 늑대가 고개를 들고 부엉이와 박쥐가 날갯짓을 하고 있다. 남자가 기대 있는 책상 앞에는 "이성의 잠은 괴물을 깨운다"는 글귀가 적혀 있다. 자고 있는 것은 사람인데 '이성의 잠'이라고 표현했다. 사람은 이성적인 존재이고, 이성은 곧 그 자체로 사람이라고 여기는 듯하다.

고야의 1799년 그림 〈이성의 잠은 괴물을 깨운다〉는 1789년 프랑스 혁명의 영향을 받은 작품임이 분명하다. 여행을 다녀 본 사람들은 공감하겠지만 유럽에서는 한 나라에서 다른 나라로 넘어가는 일이 너무 쉽다. '지금 국경을 넘은 거 맞아?' 하는 생각이 들 정도다. 좁

| 그림 | 프란시스코 고야, 〈이성의 잠은 괴물을 낳는다〉(1746년)

은 공간에서 붙어살다 보니 생겨난 현상일 것이다. 국경이란 개념이 없기로는 지금이나 당시나 마찬가지였을 터. 프랑스 혁명은 프랑스에만 영향을 미친 것이 아니라 유럽 전체를 흔들어놓았다. 종교와 신분제에 기반한 중세 시대의 논리가 아니라 개인의 이성을 중시하는 계몽주의가 유럽 전역으로 뻗어나갔다. 자유, 평등, 박애라는 혁명의 가치는 종교와 신분제에 억눌려 살아온 유럽인들에게 개인이 주인공이 되는 새로운 사회를 향한 열망을 불어넣었다.

하지만 스페인은 예외였다. "피레네 산맥 건너편은 유럽이 아니"라고 한 나폴레옹의 말이 사실이기라도 되는 양, 스페인은 조용했다. 피레네 산맥은 이웃 나라 프랑스에서 끓어오르는 열기를 완벽하게 막아주었다. 오히려 왕족과 성직자를 중심으로 한 지배세력의 부패와 전횡은 그 도를 점점 높여가고 있었다. 고야는 계몽주의적 이성이 잠들어 있는 스페인을 고발하고 싶었다. 이성이 잠든 자리를 파고드는 무지와 어리석음을 괴물에 비유했다. 개인의 이성이 주인공이 되는 새로운 사회가 도래해야 한다고 역설하는 듯하다. 그렇다면 고야가 기대한 대로 이성은 과연 인간 사회에서 괴물을 몰아냈을까?

이성에 대한 맹신은 또 다른 괴물을 낳는다

서양 사상사에서 감정에 대한 이성의 우위는 플라톤까지 거슬러 올라간다. 플라톤은 이원론을 주장했다. 간단히 말하자면 육체는 시간이 지나면 죽어 없어지니 악한 것이고, 영혼은 시간에 무관하게 영원하기 때문에 선하다는 것이다. 그렇다면 감정은 육체에 속할까, 영혼에 속할까? 서양 철학자들 대부분은 감정은 육체적인 것이자 죄악으로 여겼다. 그래서 그들은 천국에 들어가기 위해서는 이성과 의지의 힘으로 감정의 유혹에 저항해야 한다고 생각했다.

특히 르네 데카르트René Descartes는 가장 먼저 의심해야 할 대상으로 감각과 감정을 꼽았다. 육체의 기능에 속하는 것들이 인간을 진리로 인도할 리는 없기 때문에, 감각과 감정을 철저히 배제하고 이성적인 사고에 의지해야 한다고 주장했다. 감각과 감정을 배제한 이성적 사고란 결국 수학이다. 미적분을 푼다고 가정해보자. 합리적 이성만 있으면 얼마든지 진리에 도달할 수 있다. 하지만 이런 수학적 합리성은 도구적 이성으로 변질될 수밖에 없다. 감정이나 도덕적 가치판단을 배제하고 답을 구한다는 주어진 목적에만 도달하기 위한 수단적 합리성을 모든 사고의 출발점으로 삼게 될 때, 과학과 기술에 대한 맹신이 싹트게 된다.

문제는 여기서부터 시작된다. 계몽주의에서 촉발된 합리적 이성은 신분제나 마녀 사냥과 같은 괴물을 몰아내는 데는 성공했지만 또 다른 괴물을 스스로 창조했다. 무분별한 산업화가 가져온 환경 파괴, 빈부 격차, 자원 고갈 등은 물론이고 과학기술에 대한 맹신은 생명 경시, 유전자 조작, 대량 살상 무기와 같은 많은 문제점을 만들어냈다. 이성이 잠들었기 때문에 생긴 괴물보다 이성과 함께 태어난 괴물들이 더 징그럽고 흉측할 수도 있는 것이다.

이성과 감성은 서로 영향을 미친다

다시 시위 현장으로 돌아가 보자. 가두집회는 용기를 필요로 한다. 그러기 위해서는 백골단과 최루탄에 대한 두려움을 없애야 한다. 용기나 두려움은 모두 감정이다. 하지만 용기를 북돋우고 두려움을 없애기 위해서는 '용기를 내자' 하는 의지만으로는 부족하다. 이성을 동원해야 한다. 즉, 교문까지 나가도 위험이 크지 않다는 것, 도망갈 경우 후회와 부끄러움을 감수해야 한다는 등의 이성적인 사고를 해야 한다. 반대의 경우도 마찬가지다. 감정이 이성적인 판단에 영향을 미치기도 한다.

EBS 다큐멘터리 〈인간의 두 얼굴〉에는 재미있는 실험이 나온다. 장면은 수업이 끝날 즈음의 초등학교 교실. 1반 선생님은 아이들에게 말한다. "내일은 불우한 할머니, 할아버지들을 위한 성금을 가지고 오세요." 하고 생각에 마음이 들뜬 아이들은 가방을 챙기면 일제히 "네" 하고 대답한다. 2반에서도 같은 상황이 벌어진다. 하나 차이가 있다면 짧은 동영상을 틀어줬다는 것. 혼자 사는 할머니, 할아버지들의 힘겨운 모습이 담긴 동영상이다. 마음이 찡해지는 음악도 같이 나온다.

다음 날 모금함을 열어보면 어느 반에서 모금액이 더 많이 나올까? 당연히 2반이다. 1반에서 ,7000원 정도가 모인 반면 2반에서는 무려 3만 원이 넘는 돈이 걷혔다. 4배나 많은 액수다. 집안 형편이 크게 차이 나는 것도 아니고, 2반 아이들이 특별히 더 착하다고 할 수도 없다. 두 실험 집단의 차이는 동영상밖에 없었다. 마음 찡한 동영상 한 편이 아이들로 하여금 기꺼이 더 많은 돈을 내놓게 만든 것이다.

사람의 감정과 이성은 칼로 베듯 딱 부러지게 분리할 수 있는 것이 아니다. 이성적 사고로 감정이 촉발될 수도 있고, 감정의 요동 때문에 합리적 판단이 왜곡될 수도 있다. 하지만 아직도 우리는 인간은 이성적인 존재라는 환상을 굳게 믿고 있다. 그래서 사람의 행동을 이성으로만 설명하려는 실수를 자주 저지른다. 이성과 논리로 움직이는 기업이라 해서 예외는 아니다.

행동 변화를 이끌어내는 감정의 힘

어떤 업종이나 마찬가지겠지만 고객이 늘어나면 불만 건수도 같이 늘어나는 법이다. 문제는 매출보다 불만 건수가 더 빠르게 늘어나는 경우다. 현대카드는 독특하고 기발한 마케팅을 기반으로 업계 최하위에서 일등까지 치고 올라갔다. 하지만 가파르게 늘어나는 고객 불만을 컨트롤하지 못한다면 지속적인 성장에 장애 요인으로 작용할 것이 분명했다. 이를 간파한 경영진은 고객의 불만을 더 꼼꼼하게 관리라고 직원들을 다그쳤지만, 두 집단이 느끼는 온도에는 차이가 있었다.

고민 끝에 경영진은 본사 사옥 1층 벽에 모니터 60개를 길게 붙였다. 띠 모양의 전광판에 뉴스가 흘러가듯이, 고객의 불만을 그대로 띄워놓았다. "정말 짜증나서 현대카드 못 쓰겠다"는 둥 "포인트 준다고 해서 가입했더니 왜 이제 와서 말이 달라지느냐"는 등 고객이 퍼부어댄 불만을 가감 없이 그대로 보여주었다. 뿐만 아니라, 전 직원이 늘 들여다보는 사내 인터넷에는 고객 불만 건수를 기상도로 표시하기도 했다. 불만 접수가 많은 날은 번개 모양의 아이콘, 적은 날에는 햇살 모양의 아이콘으로 볼 수 있게 만들어서 직원 스스로 고객만족도가 어느 수준에 와 있는지를 볼 수 있도록 했다.

결과는 어땠을까? 본사 1층은 직원들뿐만 아니라 여러 관계자들이 들락거리는 곳이다. 벽에서 끊임없이 흘러나오는 시각화된 고객의 소리는 직원들을 부끄럽게 만들었다. "창피해서 회사 못 다니겠다"는 불만이 여기저기서 터져 나왔다. 하지만 몇 달 동안 스스로 보고 느끼게 한 결과, 직원들의 행동이 변하기 시작했다. 2010년 상반기 1만 7,000건이었던 고객 불만 건수는 하반기에는 8,600건으로 절반 가까이 줄어들었다. 그 해 한 해 동안 나온 서비스 개선 아이디어만 3,000건이 넘었다.

이뿐만이 아니다. 감정을 자극함으로써 행동을 변화시킨 사례는 얼마든지 있다. 우리나라에선 이랜드가 중저가로 팔리지만 중국에서는 고가 브랜드다. 하지만 품질은 고가에 걸맞지 않았다. 패딩 코트는 누빔 두께가 일정하지 않았고, 모직 코트는 박음질이 고급스럽지 못했다. 경영진은 현지 근로자들에게 품질의 중요성을 반복해서 설명했지만, 달라진 것은 없었다. 결국 중국 내 생산 직원을 한자리에 모았다. 그리고 백화점에서 리콜한 60만 원짜리 코트 1,700벌을 가위로 모두 잘라버렸다. 10억 원이 넘는 분량이었다. 자신이 만든 제품이 눈앞에서 잘려나가는 모습을 본 직원들 중 일부는 눈물을 흘리기도 했다. '리콜 상품 절단식'의 파장은 컸다. 그 이후로 과거보다 훨씬 더 엄격하게 품질에 신경을 쓰게 되었음은 물론이다.[18]

○● 흔히들 사람은 이성적인 존재라고 한다. 하지만 이성적으로 납득하게끔 충분하고 자세히 설명해준들 사람은 달라지지 않는 경우가 태반이다. 사람은 이성과 감성을 모두 갖춘 존재라는 사실을 다시 한 번 떠올려보자. 그리고 감성적인 측면까지 함께 활용해서 사람을 움직일 수 있는 방법을 생각해보자. 때로는 보고 느끼는 것이 친절한 설명보다 훨씬 더 강력할 수도 있다. ○●

—

참고문헌

—

Part 1 일상의 경영학, 역사를 만나다

1) 〈조선조 역대 왕의 사인, 종기, 복통, 열병이 많았다〉, 《동아일보》(1981년 5월 9일자)

2) 이상곤, 《왕의 한의학》(사이언스북스, 2014)

3) 구완희, 〈왕의 하루–구완희의 역사 스캔들〉, 《우먼센스》(2014년 8월 1일자)

4) 예지은, 〈권한위임의 정석〉, 《SERI 경영노트》(삼성경제연구소, 2012)

5) 존 맥스웰, 《리더십 불변의 법칙》, 홍성화 옮김(비즈니스북스, 2010)

6) 로버트 그린, 《전쟁의 기술》, 안진환·이수경 옮김(웅진지식하우스, 2006)

7) Barry Schwarz, *The Paradox of Choice: Why Move Is Less*(New York : Ecco, 2003)

8) 칩 히스·댄 히스, 《스위치》, 안진환 옮김(웅진지식하우스, 2010)

9) 찰스 두히그, 《습관의 힘》, 강주헌 옮김 (갤리온, 2012)

10) 오니시 야스유키, 《이나모리 가즈오 1,155일 간의 투쟁》, 송소영 옮김 (한빛비즈, 2013)

11) 김민주, 《하인리히 법칙》 (토네이도, 2008)

12) 한창수, 〈돌발 사태와 기업의 위기 대응〉, 《CEO Information》 (삼성경제연구소, 2001)

13) 한덕웅 외, 《사회심리학》 (학지사, 2010)

14) 공원국, 《춘추전국이야기 5》 (역사의 아침, 2012)

15) 크리스 주크·제임스 앨런, 《핵심에 집중하라》, 김용열·이근 외 옮김 (청림출판, 2002)

16) 전우용, 《서울은 깊다》 (돌베개, 2008)

17) 이우창, 〈후발주자에 고객 안 뺏기려면…… 터치스크린 업체의 기발한 발상〉, 《한국경제신문》 (2013년 3월 21일자)

18) 시오노 나나미, 《로마인 이야기 2》, 김석희 옮김 (한길사, 1995)

19) 이우창, 〈일부러 타이핑 어렵게 한 쿼티 자판, 사람들이 계속 쓰는 건 전환비용 때문〉, 《한국경제신문》 (2013년 2월 21일자)

20) 최철규·김한솔, 《협상은 감정이다》 (쌤앤파커스, 2013)

Part 2 일상의 경영학, 철학을 만나다

1) 장 프랑수아 만초니·장 루이 바르수, 《확신의 덫》, 이아린 옮김 (위즈덤하우스, 2014)

2) 박홍순, 《미술관 옆 인문학》 (서해문집, 2010)

3) 조현국 외, 《워크스마트 실천전략 연구》 (삼성경제연구소, 2011)

4) IGM세계경영연구원, 《세상 모든 CEO가 묻고 싶은 질문들》 (위즈덤하우스,

2012)

5) 강신주,《상처받지 않을 권리》(프로네시스, 2009)

6) 장 보드리야르,《소비의 사회》, 이상률 옮김(문예출판사, 1992)

7) 제임스 길모어,《진정성의 힘》, 윤영호 옮김(세종서적, 2010)

8) 이우창,〈무차별 광고시대, 이제 진심만이 통한다〉,《DBR》, Vol. 136(2013)

9) 강신주,《상처받지 않을 권리》

10) 대니얼 카너먼,《생각에 관한 생각》, 이진원 옮김(김영사, 2012)

11) 잭 내셔,《딜》, 유영미 옮김(작은씨앗, 2014)

12) 요한 하위징아,《호모 루덴스》, 김윤수 옮김(연암서가, 2010)

13) http://blog.naver.com/justalive?Redirect=Log&logNo=220083769397

14) 이성호,〈게임화의 확산과 선진 기업의 대응〉,《SERI 경영노트》, Vol. 160(삼
    성경제연구소, 2012)

15) 김인수,〈노자가 말한 최고의 리더는 뺄셈의 리더〉,《매일경제신문》(2014년
    10월 7일자)

16) 최진석,《생각하는 힘, 노자 인문학》(위즈덤하우스, 2015)

17) 강준만,〈인정투쟁, 민주화시대의 명암〉,《한겨레21》(2005년 8월 21일자)

18) 빌헬름 프리드리히 헤겔,《정신현상학》, 김양순 옮김(동서문화사, 2011)

19) 방송 프로그램 EBS 교육대기획〈학교란 무엇인가〉10부작 중 6부 "칭찬의
    역효과" 중에서

Part 3 일상의 경영학, 문학을 만나다

1) 김용옥,《동양학 어떻게 할 것인가?》(통나무, 1986)

2) 미타니 고지,《경영전략 논쟁사》, 김정환 옮김(엔트리, 2013)

3) 이우창,〈직원을 뛰게 하는 CEO의 말은 추상적 단어 아닌 현장의 언어〉,《한

국경제신문》(2012년 11월 8일자)

4) 권순긍·신동흔 외,《살아있는 고전문학 교과서》(휴머니스트, 2011)

5) 무라사키 시키부,《겐지모노가타리》, 이미숙 옮김(서울대학교출판문화원, 2014)

6) 박현욱,《아내가 결혼했다》(문학동네, 2014)

7) 토머스 불핀치,《그리스 로마 신화》(혜원출판사, 2011)

8) 조주현,〈한 달에 3만 6,000원 받는데 무슨 호화생활〉,《한국경제신문》(2009년 11월 25일자)

9) 김성호,〈반공 만화 똘이장군을 아시나요?〉,《머니투데이》(2014년 6월 6일자)

10) 이강혁,《스페인 역사 다이제스트 100》(가람기획, 2012)

11) 유정식,《착각하는 CEO》(알에이치코리아, 2013)

12) 한철환·최미림,〈주인의 권리를 누리게 하라! 자율적 성과 몰입, 저절로 따라온다〉,《DBR》, Vol. 152(2014)

13) 〈사무엘상〉,《주석성경》, 17장

14) 말콤 글래드웰,《다윗과 골리앗》, 선대인 옮김(21세기북스, 2014)

15) 김보람,〈삼성 강력한 리더십으로 혁신 가속…… 소니, 우리가 최고 자만으로 몰락 자초〉,《조선일보》(2012년 11월 2일자)

16) 김용석,《고전문학 읽은 척 매뉴얼》(멘토르, 2014)

17) 마크 롤랜즈,《우주의 끝에서 철학하기》, 신상규·석기용 옮김(책세상, 2014)

18) 한철환·최미림,〈명확한 끝그림은 몰입의 묘약〉,《DBR》, Vol. 153(2014)

19) 남보라,〈모욕 스터디, 맷집 키우고 대머리 모임 역발상 지혜〉,《한국일보》(2015년 3월 20일자)

20) 테렌스 데 프레,《생존자 : 죽음의 수용소에서의 삶의 해부》, 차미례 옮김(서해문집, 2010)

21) 테렌스 데 프레,《생존자 : 죽음의 수용소에서의 삶의 해부》, 123~124쪽

22) 한철환·김한솔,〈역경 속에서도 통통 튀는 고무공, 좌절과 짜증에 깨지는 유리공〉,《DBR》, Vol. 167(2014)

23) 이두용,〈행복이 산 정상에 있어 오릅니다〉,《월간 아웃도어》(2014년 11월)

24) 조승연,《언어천재 조승연의 이야기 인문학》(김영사, 2013)

Part 4 일상의 경영학, 예술을 만나다

1) 진중권,《진중권의 서양미술사, 모더니즘 편》(휴머니스트 출판그룹, 2011)

2) 이명옥,《이명옥의 크로싱》(21세기북스, 2011)

3) 배영일,〈'벤치마킹 항복' 선언한 일본 기업〉,《DBR》, Vol. 18(2008)

4) 손동우,〈가족력〉,《경향신문》(2014년 12월 23일자)

5) 권기범·문권모·박창규,〈리턴십 도입 1년, CJ의 성공 모델 만들기〉,《동아일보》(2014년 10월 10일자)

6) 최태욱,〈실버택배 400명 운영…… 어르신, 고객, 회사 모두 만족〉,《조선일보》(2014년 12월 23일자)

7) 유경희,〈소심과 의심 사이…… 세잔의 갈고리 콤플렉스〉,《주간조선》, 2272호(2013)

8) 진중권,《미학 오디세이 2》(휴머니스트, 2003)

9) 미타니 고지,《경영전략 논쟁사》, 김정환 옮김(엔트리, 2013)

10) 신동엽,〈근시안적 학습과 성공의 덫〉,《DBR》, Vol. 27(2009)

11) 송재용,《스마트 경영》(21세기북스, 2011)

12) IGM세계경영연구원,《세상 모든 CEO가 묻고 싶은 질문들》

13) 던컨 왓츠,《상식의 배반》, 정지인 옮김(생각연구소, 2011)

14) 박상수,〈엔론사 파산이 던져준 교훈〉,《LG주간경제》(LG경제연구원, 2002)

15)〈피습 41주년 맞은 미켈란젤로 걸작 피에타〉,《연합뉴스》(2013년 5월 22일자)

16) Kathleen M. Eisenhardt·Donald Sull, "Strategy as Simple Rules", *Harvard Business Review*(Jan., 2001)

17) 김한얼, 〈닌텐도의 파괴형 혁신과 산업 리더십〉, 《DBR》, Vol. 26(2009)

18) 유은정, 〈고객만족을 위해서라면 10억원 쯤이야〉, 《아주경제》(2011년 1월 14일자)

일상의 경영학

한 끗 차이를 만드는 일상의 놀라운 발견

초판 1쇄 발행 2015년 7월 5일
초판 8쇄 발행 2022년 7월 11일

지은이 이우창

펴낸이 김현태
펴낸곳 책세상
등록 1975년 5월 21일 제2017-000226호
주소 서울시 마포구 잔다리로 62-1, 3층(04031)
전화 02-704-1251
팩스 02-719-1258
이메일 editor@chaeksesang.com
광고·제휴 문의 creator@chaeksesang.com
홈페이지 chaeksesang.com
페이스북 /chaeksesang 트위터 @chaeksesang
인스타그램 @chaeksesang 네이버포스트 bkworldpub

ISBN 978-89-7013-934-0 03320